Ademar Bogo (org.)

TEORIA DA ORGANIZAÇÃO POLÍTICA III

Escritos de Sun Tzu, Maquiavel, Clausewitz, Trotsky, Giap, Fidel Castro, Carlos Fonseca e Florestan Fernandes

Ademar Bogo (org.)

TEORIA DA ORGANIZAÇÃO POLÍTICA III

Escritos de Sun Tzu, Maquiavel, Clausewitz, Trotsky, Giap, Fidel Castro, Carlos Fonseca e Florestan Fernandes

1ª edição

EDITORA EXPRESSAO POPULAR

São Paulo - 2008

Revisão: *Geraldo Martins de Azevedo Filho, Dulcinéia Pavan e Miguel Cavalcanti Yoshida*
Projeto gráfico e capa: *ZAP Design*
Diagramação: *Mariana Andrade*
Emendas: *Rilk Roger*
Ilustração da capa: *Ludwig Meidner, detalhe do quadro* Revolução
Impressão e acabamento: *Cromosete*

Dados Internacionais de Catalogação-na-Publicação (CIP)

T314 Teoria da organização política III : escritos de Sun Tzu, Maquiavel, Clausewitz, Trotsky, Giap, Fidel Castro, Carlos Fonseca, Florestan Fernandes / Ademar Bogo (org.) – 1.ed.-- São Paulo : Expressão Popular, 2008.
440 p.

Vários autores e tradutores.
Indexado em GeoDados - http://www.geodados.uem.br.
ISBN 978-85-7743-050-5

1. Política. 2. Escritos políticos I. Bogo, Ademar. II. Título.

CDD 320.1
320.5

Bibliotecária: Eliane M. S. Jovanovich CRB 9/1250

Edição revista e atualizada conforme a nova ortografia

1ª edição: 2008
1ª reimpressão: janeiro de 2017

Editora expressão Popular
Rua Abolição, 201 – Bela Vista
CEP 01319-010 – São Paulo – SP
Tel: (11) 3522-7516 / 4063-4189 / 3105-9500
livraria@expressaopopular.com.br
www.facebook.com/ed.expressaopopular
www.expressaopopular.com.br

SUMÁRIO

INTRODUÇÃO

O tema da estratégia é obrigatório para quem se coloca a tarefa de pensar a transformação da sociedade. Não há como avançar com consciência dos riscos e das possibilidades de vitória sem observar, prever e planejar para alcançar o fim desejado.

Na história da humanidade, os termos estratégia e tática foram e são aplicados com diferentes conteúdos e intenções. Como forma de conhecimento, podemos passar em revista alguns momentos, estabelecer e fixar, a partir de períodos, os processos de guerras e lutas políticas, e perceber como algumas delas evoluíram e terminaram. Perceber, embora limitadamente, como se desenvolveram e influíram no destino da humanidade ou deixaram de influir. Por fim, visualizar a atualização dos conceitos a partir do movimento que empurra a revolução para a frente.

O que pretendemos com este volume é facilitar para a militância deste século – que já se distancia por várias décadas dos processos revolucionários ocorridos em nosso país (embora tenha participado de lutas intensas) – o conhecimento do caminho para o aprofundamento do assunto.

Sem dúvida, pela experiência histórica, podemos afirmar que, seja nas lutas sociais, seja na luta política ou militar, em que duas ou mais forças se enfrentaram, venceu sempre aquela cuja capacidade de seus estrategistas foi infinitamente superior à dos seus adversários.

1. Tática e estratégia na literatura geral

Há uma infinidade de textos sobre o assunto escritos em diferentes épocas que, de uma forma ou de outra, acrescentam elementos conjunturais ao que se estabeleceu na formulação clássica. Sem desconsiderar nem subestimar nenhum, destacamos três autores, até o século 19, cujas obras marcaram e se mantiveram ao longo do tempo como referências fundamentais para os estudos e as elaborações posteriores. Com maior ou menor vigor, aparecem sempre, claramente ou nas entrelinhas, nas discussões e escritos contemporâneos. São eles: Sun Tzu, com *A arte da guerra*; Nicoló Dei Maquiavelli, com *O príncipe*, e Carl Von Clausewitz, com o livro *Da guerra*. Como veremos, esses três autores se destacam não apenas por terem sido astutos na elaboração teórica, mas também porque conseguiram antever e participar das mudanças de épocas na história da humanidade.

Sun Tzu foi um sábio chinês que viveu provavelmente entre os anos de 500 e 300 antes de Cristo. Escreveu a sua teoria em 13 capítulos,[1] em que tratou das mais diversas situações e possibilidades de vitória e derrota das forças em ação, e destacou a importância de garantir a vitória com luta ou sem o uso dela. Embora essa teoria só tenha sido conhecida na Europa muitos

[1] TZU, Sun. *A arte da guerra*. 2ª ed. Rio de Janeiro: Record, 1983.

séculos depois, ela serviu de referência para inúmeras guerras no mundo asiático.

Com a desintegração do império Romano no século 5, a Europa Ocidental passou a se organizar em reinados. Esses, por estarem espalhados, eram atacados e viviam em permanentes guerras; até o século 10, assistiram à decomposição da monarquia e do Estado centralizado, onde os reis tinham poderes de direito, mas não de fato. Os senhores de escravos, depois os senhores feudais, detinham suas próprias forças militares.

Por volta do século 12, a burguesia nascente ligada ao comércio, com o sistema de feudos independentes, sentia seus interesses prejudicados pelos senhores feudais, que impunham pesados impostos e mantinham diferentes moedas, o que dificultava a passagem de um feudo para o outro com as mercadorias.

As guerras e os conflitos eram constantes e permearam os séculos seguintes. Os senhores feudais impediam à força qualquer tentativa de mudança, enquanto que a burguesia comercial buscava desgastar esse poder arcaico e contra-revolucionário.

Nicoló Bernardo Dei Maquiavelli – o que para o mundo se tornou simplesmente "Maquiavel" – geralmente citado como sinônimo de "perversidade", sintetizou em sua obra clássica *O príncipe*[2] aquilo que era a política na época e avançou, antevendo, principalmente para a Itália, quais seriam as saídas.

Maquiavel nasceu na Itália em 1469 e viveu até 1527, num período que pode ser caracterizado como pré-capitalista e de grandes transformações, tanto no campo econômico, com o predomínio do capital comercial, quanto na área política, com a preparação da formação do Estado moderno. Naquele período

2 MAQUIAVEL. *O príncipe*. 11ª ed. São Paulo: Bertrand, 1986.

se iniciava a gestação da formação dos Estados nacionais, com a instalação das monarquias absolutas. A Alemanha e a Itália, cujas situações geográficas dificultaram a unificação, não chegaram a se constituir em Estados independentes.

Havia na época uma interrelação de poder entre o Estado e a Igreja. A Igreja também tinha os seus reinados, e entre os séculos 11 e 13, manteve uma forte força militar em ação, conhecida como as Cruzadas, que para "libertar" a Terra Santa do domínio muçulmano, atuava como poder independente dentro dos territórios.

Na estrutura de poder da época, ao rei cabia uma designação divina. Mas a burguesia nascente, evitando o enfrentamento direto, foi astuta em dividir o poder das forças, oferecendo ao rei os serviços de que necessitava para qualificar a administração. Com isso, afastou-o dos senhores feudais. Mas a crise do feudalismo dos séculos 14 e 15 questionou a subordinação do poder político aos fundamentos da moral cristã.

Se, por um lado, na Alemanha, a reforma protestante liderada por Lutero impediu a unificação, na Itália, os cinco grandes Estados locais dominavam o cenário político (ao sul, o reino de Nápoles, nas mãos dos Aragão; no centro, os Estados papais controlados pela Igreja e a república de Florença, presidida pelos Médicis; ao norte, o ducado de Milão e a república de Veneza).[3] Foi para induzir a que um soberano unificasse a Itália que Maquiavel escreveu *O príncipe*, uma filosofia política, em que a preocupação fundamental foi discutir o Estado e o poder.

Para Maquiavel, havia duas formas de governo: o principado e a república. Eram, no seu entender, as duas maneiras de se

[3] SADEK, Tereza Maria. "Nicolau Maquiavel: o cidadão sem fortuna, o intelectual de *virtu*". *In*: *Os clássicos da política*. WEFFORT, C. Francisco. São Paulo: Editora Ática, 2003, pp. 14-15.

organizar o poder do Estado e, para tanto, o governante tinha que observar duas características: a *Virtu* – qualidades intelectuais e morais que colocariam o governante acima dos demais cidadãos; e a *Fortuna* – os meios, as articulações, as ajudas etc. para chegar ao reinado.

Maquiavel não viveu o suficiente para ver o nascimento do Estado moderno.

Em 1531, alguns anos após a morte de Maquiavel, Henrique VIII, rei da Inglaterra, revoltou-se contra o papa. Este não concordava com o divórcio do rei com Catarina de Aragão para se casar com Ana Bolena. Houve o rompimento com a Igreja católica e o rei foi proclamado chefe da Igreja anglicana, iniciando assim a grande separação sonhada por Maquiavel.[4]

As contradições próprias do modo de produção feudal estimularam a evolução do pensamento – desde o século 16 com Maquiavel; depois, com os ingleses Hobbes e Locke, no século 17; e, no século 18, com os franceses Montesquieu e Rousseau e outros – naquilo que veio a ser o Estado moderno.

Em 1789, com a Revolução Francesa, a burguesia enfim, impulsionada pelo avanço das forças produtivas, chega ao poder e daí em diante oficialmente se inicia o modo de produção capitalista.

Dez anos antes do triunfo da Revolução Francesa, na Prússia, em 1780, nasceu Carl Von Clausewitz, que ainda presenciou a existência do "príncipe" descrito por Maquiavel e viveu o período, qualificado por Eric Hobsbawm como "A era das revoluções",[5] que se estendeu até 1848. É assim denominado pelo autor aquele período por terem ocorrido nele a "Revolução

[4] GRUPPI, Luciano. *Tudo começou com Maquiavel: As concepções de Estado em Marx, Engels, Lenin e Gramsci*. Porto Alegre: L&PM, 2001, p. 9.

[5] HOBSBAWM, J. Eric. *A era das revoluções*. Rio de Janeiro: Paz e Terra, 1997.

Francesa" e a "revolução industrial" inglesa, que influenciaram todos os países do mundo a fazerem grandes mudanças ao mesmo tempo.

De 1792, ano em que Clausewitz entrou para o serviço militar alemão, com a idade de 12 anos, até 1815, as guerras foram intensas na Europa, na Ásia e nos Estados Unidos contra a Inglaterra.[6]

Devido ao elevado nível da formação dos exércitos para as guerras e os altos custos, elas eram desenvolvidas com extremo cuidado, tendo em vista que os príncipes não arriscavam grandes perdas pessoais.

A "arte da guerra" do século 18 era a arte de executar belas manobras estéticas, a aparência concorria com a desenvoltura e a bravura das forças em luta. A habilidade de um oficial se assemelhava a de um maestro,[7] que tinha sob seu comando soldados altamente treinados para executarem os movimentos exigidos.

Napoleão Bonaparte modificou aquela lógica. Introduziu o formato do soldado profissional e do recruta, tornando-os "patriotas" que tinham um objetivo para fazer a guerra e por isso, mesmo que viessem a morrer, deveriam se preocupar em vencer. Tinham que aniquilar as tropas adversárias.

Napoleão deixou como lição que "o crédito da política e do poder reside na habilidade de conseguir a destruição física".[8] Clausewitz teria tirado daí a ideia de ligar a política com a guerra e, com isso, chegou à conclusão de que "a guerra é a política por outros meios". Daí para a frente, as guerras ganharam novo

---

6 *Idem*, p. 95.

7 RAPORT, Anatole. Prefácio, *in: Da guerra,* Clausewitz. São Paulo, Martins Fontes, 2003, p. 14.

8 *Idem*, p. 15.

conteúdo e novas formas de serem executadas, principalmente com a participação popular.

2. Tática e estratégia na tradição marxista

Marx e Engels não se apegaram especificamente aos conceitos de tática e estratégia como referência para a análise e proposição de planos e ações. Mais do que o apego aos conceitos, eles se preocuparam com o programa como caminho para chegar ao socialismo.

O Manifesto do Partido Comunista é o documento inicial que apresenta o desenvolvimento histórico e as contradições da sociedade, assim como o rumo da superação que deveria se dar com o esforço organizado do proletariado. As contradições crescentes entre as forças produtivas e as relações sociais de produção ajudariam a externar os caminhos para a revolução proletária.

Há vários textos importantes, cujo conhecimento é obrigatório, que não serão colocados neste volume: *O 18 Brumário de Luís Bonaparte*, escrito por Marx em 1852, no qual desenvolveu a teoria da luta de classes e apresentou o entendimento dialético do que é o Estado.

Um segundo texto é *A guerra civil na França*, em que Marx analisa a luta dos operários naquilo que se passou a ser conhecido como "A Comuna de Paris", que triunfou por 72 dias em 1871

Mas um texto que analisa toda a história e é imprescindível de se ler é a introdução para a reedição de *As lutas de classes na França*, escrito por Engels em 1895, no qual ele descreveu e analisou as mudanças ocorridas na realidade física das cidades e, por isso, as táticas como a das barricadas tinham perdido a eficácia, pelo fato de as cidades terem tomado grandes extensões e os exércitos se qualificado e se equipado com armas mais potentes.

No texto *Revolução e contrarrevolução na Alemanha*, Engels expôs aquilo que seria a estratégia da insurreição, no qual, afirmando que essa é uma arte que está submetida a certas regras, alertou que "jamais se deve brincar com a insurreição".

Em 1878, Engels escreveu o *Anti-Dühring,* no qual, na segunda parte, tratou da "A teoria da violência". Nesse texto expôs que o conflito não tem origem em si, mas na sociedade dividida em classes e fundamentalmente na concentração econômica, tendo na propriedade privada a primeira manifestação de violência. Ela obriga os proprietários a criarem uma força armada para defendê-los. Não será nunca uma força espontânea, mas uma "força pública especial". Portanto, quem gera a violência é o capital e não os explorados. E a luta dos trabalhadores nada mais é do que a autodefesa da violência do Estado e do capital.

Lenin dedicou-se a compreender e a buscar formas de aplicar a teoria de Marx e Engels. Traduziu, com 22 anos de idade, em 1892, do alemão para o russo, o *Manifesto do Partido Comunista* e copiou à mão, em 1895, na Biblioteca Pública de Londres, obras raras na Rússia como *A sagrada família* e posteriormente se dedicou ao estudo de outras obras.

Aquilo que em Marx e em Engels era análise e proposição, Lenin transformou em execução. Grande parte de seu pensamento esteve voltado para a conquista do poder e da organização do socialismo. Iniciou pela análise do capitalismo na Rússia e em seguida propôs a organização do partido de novo tipo[9] para diferenciar-se das iniciativas partidárias anteriores.

Conhecedor das ideias de Clauzewitz, Lenin tratou os conceitos de estratégia e tática envolvidos entre si. Em 1905 deixou

9 LENIN, V. I. "Que fazer?" *In: Obras escolhidas*. Vol 1. São Paulo: Alfa Omega, 1986.

claro no livro: *Duas táticas da social-democracia*[10] qual deveria ser o caminho a trilhar para chegar ao poder. Ao mesmo tempo em que fariam a luta pela democratização do país, por meio da instalação da república, deveriam lutar pelo socialismo.

Nesse sentido, Lenin, mais do que analisar as classes e as forças, estabeleceu o caminho para a sua colocação. Sem dúvida, levou ao pé da letra a aplicação do princípio da guerra como sendo "a política por outros meios".

Ao verificar a importância dos camponeses na luta revolucionária, a sua visão estratégica levou-o, sem abrir mão da natureza proletária da revolução, a propor uma aliança, e, no momento propício, a determinar o ataque definitivo ao poder dominante, pela da insurreição popular como desfecho final, tendo como princípio que não poderiam ocultar das massas a necessidade da guerra como tarefa delas mesmas.

Em 1920, logo após ter sido criada a Terceira Internacional Comunista, Lenin, insatisfeito com o comportamento e com as posições polêmicas dos comunistas em geral, escreveu o texto: *A doença infantil do esquerdismo no comunismo*, no qual fez questão de resgatar, passo a passo, todo o processo da revolução: "Os partidos revolucionários devem completar a sua instrução. Aprenderam a atacar. Agora têm de compreender que é preciso completar essa ciência com a ciência de saber recuar acertadamente".[11] Ou seja, aplicou as mesmas categorias das forças em luta na guerra, para reorganizar a ação política. Leon Trotsky complementou essa concepção na sua elaboração sobre a "revolução permanente".

Rosa Luxemburgo, que viveu no mesmo período que Lenin, compreendia a revolução como um processo, um movimento

---

10 *Idem.*

11 LENIN, V. I. "A doença infantil do esquerdismo no comunismo". *In: Obras escolhidas.* Vol. 3. São Paulo: Alfa Omega, 1986, p. 284.

para a frente. Usou como referência de análise as categorias empregadas por Lenin de "força motriz" e "força dirigente", mas valorizou imensamente a espontaneidade e a criatividade das massas.

A tese da espontaneidade do movimento de massas não significava para Rosa o desprezo do partido. Ela compreendia que a organização era a expressão da luta de classes e não o contrário, mas o movimento de massas não podia ser asfixiado no seu espírito criador pelo partido. O partido, por meio do centralismo democrático, não poderia conduzir as massas como os domadores faziam com os animais frente às jaulas.

Antonio Gramsci, italiano, rompeu com o Partido Comunista da União Soviética em julho de 1924, quando se realizou o 5º Congresso da Terceira Internacional, por não concordar com as teses estalinistas do socialismo em um só país e da coexistência pacífica com os países capitalistas, inclusive na Itália governada por Mussolini. Gramsci estabeleceu novos elementos como referência: "a grande política e a pequena política" sendo a primeira a mais ampla e a segunda "... a política de corredores e intrigas".[12]

De acordo com o desenvolvimento econômico e social da Itália, Gramsci diferenciou o Ocidente do Oriente e aplicou sobre essa diferença, dois conceitos amplos: "guerra de posição" e "guerra de movimento". Segundo ele, a partir de 1870, após a crise de superprodução do capitalismo, houve uma enorme expansão colonial europeia e os elementos de controle e manutenção do poder na sociedade haviam sido ampliados. Logo, "ocorre na arte política o que ocorre na arte militar: a guerra de

---

12 GRAMSCI, Antonio. *Cadernos do cárcere.* Vol 3. Rio de Janeiro: Civilização Brasileira, 2002, p. 21.

movimento torna-se cada vez mais guerra de posição...",[13] ou seja, a "posição" era avançar para criar a hegemonia, um certo consenso, entre as forças na sociedade civil para lutar pela tomada do poder geral do Estado (sociedade política), e em toda a sociedade estruturada e organizada por diversas forças.

A partir da morte de Lenin, em 22 de janeiro de 1924, Josef Stalin assumiu o comando não só da União Soviética, mas também o controle da Terceira Internacional, que mantinha os partidos comunistas do mundo alinhados, atrelados à política de interesses do grupo dirigente soviético. A partir daí, definitivamente, os conceitos de tática e estratégia foram deslocados da luta militar e utilizados também na política, em todos os países onde os tais partidos estavam organizados e alinhados. Isso influenciou a mudança na linguagem política e as forças de esquerda, como forças contrárias entre si, passaram a usá-los para se digladiarem nas disputas internas.

Na Revolução Chinesa, do seu processo de eclosão em 1927 ao seu desfecho em 1949, vamos encontrar, de outra maneira, a visão de tática e estratégia aplicadas na arte militar. Havia profundas tensões entre Mao Tse-tung e os dirigentes do Partido Comunista, que chegaram a expulsá-lo de suas fileiras, por não concordarem com sua visão política da guerra. Mas a habilidade política de Mao levou-o a retornar, em 1935, como presidente eleito do Partido Comunista Chinês, quando aplicou, contra a vontade de Stalin (que achava a China um país atrasado e tinha que, antes de pensar em revolução, desenvolver o capitalismo), a estratégia de guerra prolongada para preparar a insurreição, o que veio a ocorrer em 1º de outubro de 1949.

---

13 *Idem*, p. 24.

Na longa marcha iniciada em 16 de outubro de 1934, aprendeu a formular métodos e conceitos adaptados às circunstâncias. Aos planos de curto prazo chamou de "métodos de ação e tarefas"; aos de longo prazo, "linha política geral".

Como a política e a guerra andavam interligadas, destacou que "a política comanda os fuzis". Também utilizou as duas referências conceituais: "tática e estratégia", principalmente porque na situação da China havia a necessidade de estudar "as leis da guerra" e desenvolver uma teoria própria. Foi assim que descreveu os conceitos de "guerra prolongada", "guerra de movimento" "guerra de cerco e aniquilamento" e "guerra de decisão rápida".

Assim se expressou para caracterizar a colocação das forças:

> As revoluções e as guerras revolucionárias são ofensivas, mas conhecem igualmente a defensiva e a retirada. Essa é a única afirmação inteiramente justa. Defender-se a fim de atacar, retirar-se a fim de avançar, dirigir um ataque de flanco a fim de operar um ataque de frente e fazer desvios a fim de tomar o caminho reto...[14]

No curto processo da Revolução Cubana até a chegada ao poder, Fidel Castro e Che Guevara utilizaram com maestria a arte militar como complementação da estratégia política. O ponto de partida para a Revolução Cubana foi o pressuposto de que o povo estava desejoso em realizar as mudanças.

> Partimos desse pressuposto. Esse pressuposto era real, e porque esse pressuposto era real, realizaram-se as esperanças, as possibilidades que tínhamos vislumbrado. Isso ensina a primeira lição: não pode haver revolução, em primeiro lugar, se não existem circunstâncias objetivas que em um dado momento histórico facilitem e tornem possível a revolução.[15]

---

14 TSE-TUNG, Mao. *Obras*, tomo II. Lisboa: Edições Proletário Vermelho, 1975, p. 91.

15 HARNECKER, Marta. *Fidel. A estratégia política da vitória*. São Paulo: Expressão Popular, 2000, p. 45.

Na Revolução Cubana inovou-se a aplicação da arte militar pela organização de "colunas guerrilheiras" que permitia, além de fustigar o inimigo em vários lugares ao mesmo tempo, integrar a luta armada com a luta popular e aproximar a simbologia dos combatentes com as massas em ação.

Na Revolução Vietnamita, vitoriosa em 1975, vamos encontrar, de certa forma, os mesmos elementos da Revolução Chinesa, "revolução nacional e democrática", tendo em vista que tanto Ho Chi-minh quanto Vo Nguyen-giap estudaram e se instruíram militarmente a partir de 1939 no Sul da China. Mas a fundamental descoberta foi incluir na análise o elemento da "resistência prolongada". Ela permitia a espera do dia de fazer a "contraofensiva". Por sua vez, eles estabeleceram um conceito novo de guerra, que não era puramente militar, mas uma "guerra do povo", para além do que tinha ido Napoleão Bonaparte: a nação era o exército. "Cada cidadão seja um combatente; cada aldeia, uma fortaleza".

Na revolução da Nicarágua, vitoriosa em 1979, os conceitos marxistas se misturam com os conceitos da educação popular. A participação e a insurreição popular permitiram que se desenvolvessem, juntamente com os conceitos de tática e estratégia, princípios fundamentais que se disseminaram posteriormente nos movimentos sociais, como direção coletiva, disciplina consciente, espírito de sacrifício, vinculação da direção com as massas e outros.

Carlos Fonseca, o criador da Frente Sandinista, teve participação efetiva no alinhamento dos objetivos que somente poderiam ser alcançados com profunda clareza, coerência moral e política. Foi a partir da criação da Frente Sandinista que se começou a pensar na estratégia de "poder popular" – um novo conceito de poder.

Florestan Fernandes, em 1978, procurou restabelecer a paz entre os grupos de esquerda no Brasil e empenhou-se na elaboração para advertir sobre a importância do movimento socialista para dar vigor à estratégia e às táticas. É a partir desse movimento que se pode pensar no partido político e na aliança de classe. O socialismo estava colocado como referência fundamental da luta estratégica.

3. Tática e estratégia nos partidos de massas, movimentos sociais...

A partir da revolução da Nicarágua em 1979, embora a luta armada ainda permanecesse intensa em países como El Salvador, Colômbia e Guatemala, ampliaram-se as lutas pela América Latina. As Comunidades Eclesiais de Base, vinculadas à Igreja Católica, o movimento sindical, os movimentos populares e os partidos políticos de massas integraram-se em mobilizações comuns para estabelecer as bases do "projeto popular".

Por serem conceitos correntes na linguagem política, tática e estratégia continuaram a ser utilizados nos diferentes espaços. Mas, aos poucos, foram ganhando outras denominações, com diferentes conteúdos que foram se distanciando da visão marxista.

Nas Comunidades Eclesiais de Base, embora se utilizassem algumas categorias de análise marxista, aplicava-se como "método" o "ver, julgar e agir", numa clara visão de curto prazo. Era tudo.

Nos movimentos populares e sociais de classe, o conceito de "metodologia de trabalho de base" tornou-se referência. As análises nunca permaneciam como estudo, tinham que remeter para a base, para o trabalho da organização popular.

Com o decorrer do tempo, os movimentos mais estruturados passaram a fazer referências a dois elementos conceituais básicos: a) para as questões de longo prazo, passou-se a denominar "linhas políticas"; b) para as questões de curto prazo, "planos de ação" ou "planos de luta".

Mas principalmente os movimentos populares e sindical sofreram interferência das entidades de assessoria e ONGs, que, influenciadas pelas ideias revisionistas europeias e pelas políticas de financiamento do Banco Mundial e da Comunidade Econômica Europeia, passaram a utilizar (primeiramente para fins de elaboração de projetos e depois para estabelecer os referencias de ação) os termos: "objetivos específicos" e "objetivos gerais". Com isso, dissolveram as distâncias entre as classes sociais e o "genérico" eximiu da estratégia o "recontro" visto por Clausewitz como desfecho e reunião das ações de forma combinada. Renasceu assim a ideologia egoísta e sectária do corporativismo e se desqualificou a ideologia de classe.

Os partidos políticos de massas, com o decorrer do tempo, foram ganhando espaços na institucionalidade, adequando-se à ordem. Os confrontos entre as forças passaram a se dar nas disputas eleitorais entre opositores e aliados. Logo, os conceitos de tática e estratégia foram sendo substituídos por "plataforma de campanha" e por "programa de governo" e os planos e a propaganda passaram a ser a estratégia para convencer o eleitorado.

Vivemos um tempo em que os conceitos fundamentais que estruturaram as grandes disputas na história da humanidade estão sendo deixados de lado – tem a "inovação" condições de se afirmar como princípio e fundamento dos processos de transformação?

***

Este volume quer trazer para a militância provas de que a luta de classes precisa ser pensada e conduzida com capacidade de ir impondo derrotas aos inimigos, abrindo as portas que levam à liberdade e à dignidade.

Para que possamos avançar com o processo revolucionário, precisamos restabelecer as bases da teoria revolucionária, apoderar-nos dela como nos apoderamos dos alimentos. Muitos alimentos não mudam com o tempo; mudam os temperos e o modo de prepará-los.

Cada militante precisa da quantidade certa de alimento para que consiga se sentir em condições de seguir na luta de classes; assim sentir-se-á forte até o triunfo.

Este volume está ligado com os dois primeiros. Optamos por contar a história da política por "outros meios", mas não consideramos que sejam os únicos e nem que esgotem o assunto. É uma maneira de colocar à disposição da militância outras referências das lutas e das revoluções do mundo.

Por fim, é importante reconhecer que não basta combinar política e arte militar como teoria e ação; é preciso que os dirigentes, sem deixarem de ser políticos, no momento certo, se elevem para a condição de comandantes e se integrem ao coletivo da condução revolucionária da luta. Após cessada "a política por outros meios", se os inimigos assim o permitirem, os comandantes retornam para o grau de dirigentes políticos.

Alcançam-se esses dois níveis de funções intercaladas, com muito estudo e muito treino, mas, acima de tudo, é preciso que os abnegados tenham qualidades para isso, caso contrário, a história seguirá em frente, morosamente.

Todo e qualquer militante político deve estudar política, filosofia e arte militar, não para se tornar "militarista", mas para saber como tratar e colocar as forças que comanda. Para saber quando deve avançar e quando deve recuar para preservar a força e o fôlego. Mas, acima de tudo, compreender porque os inimigos da classe trabalhadora são capazes de todas as façanhas para se manterem no poder.

O LEGADO DE SUN TZU

Não se sabe ao certo quando nasceu Sun Tzu. Estima-se que seja entre 500 e 300 anos antes de Cristo. Seu nome original era Wu e nasceu no Estado de Chi, na China. Era guerreiro e estrategista de guerra. Destacou-se pelas suas habilidades intelectuais e seriedade nos tratos com a prática militar.

A teoria de Sun Tzu está toda voltada para a guerra. Mas não uma guerra a qualquer custo. Ele deu muito valor à sabedoria e à inteligência. Sua preocupação era evitar a derrota e garantir a vitória. Os seus ensinamentos ancoraram-se em experiências passadas e em exemplos históricos concretos.

James Clavell, ao fazer o prefácio de *A Arte da guerra,* de Sun Tzu, descreveu uma cena digna de quem não temia os desafios.

O rei de Wu, Ho Lu, após ter lido a sua teoria, propôs, para comprovar os ensinamentos de dirigir soldados, que fizessem uma prova. Sun Tzu concordou.

O rei tentando constrangê-lo perguntou: "A prova pode ser com mulheres?" E recebeu novamente a resposta afirmativa.

Apresentaram-lhe 180 senhoras do palácio, as quais Sun Tzu dividiu em duas companhias, e colocou duas delas, as preferidas do rei, na direção das companhias. Ordenou em seguida que todas pegassem as suas lanças e iniciou os treinamentos.

Disse ele: "Suponho que saibam a diferença entre frente e costas, mão direita e mão esquerda?" As mulheres responderam que sim.

Sun Tzu prosseguiu: "Quando eu der a ordem: sentido!, têm que olhar para a frente. Quando eu disser: esquerda, volver!, têm de virar para o lado esquerdo. Quando eu disser: direita, volver!, precisam se virar para o lado direito. Quando eu disser: meia--volta, volver!, vocês têm de se virar de costas".

Ao cessar o som dos tambores deu a ordem: "direita, volver", e as mulheres além de não obedecerem começaram a rir às gargalhadas.

Sun Tzu calmamente, repetiu os ensinamentos dizendo: "Se as ordens de comando não foram bastante claras, se não foram totalmente compreendidas, então a culpa é do general". Deu novamente a ordem: "esquerda, volver". As mulheres riram ainda mais alto.

Sun Tzu explicou claramente: "Se as ordens de comando não forem claras e precisas, se não forem inteiramente compreendidas, a culpa é do general. Porém, se as ordens são claras e os soldados, apesar disso, desobedecem, então a culpa é de seus oficiais. E ordenou que cortassem a cabeça das duas mulheres que estavam no comando das companhias.

O rei, que assistia de longe, ao ver que suas duas mulheres preferidas seriam executadas, mandou uma mensagem pedindo que não matasse as mulheres.

Sun Tzu respondeu ainda com mais paciência: "Tendo recebido anteriormente de Vossa Majestade a missão de ser o general de suas forças, há certas ordens de Vossa Majestade que, em virtude daquela função, não posso aceitar". E mandou executar as duas mulheres. Logo em seguida colocou outras duas no comando. O tambor tocou e reiniciaram os exercícios, em que as mulheres executaram todos sem cometer um erro.

Após algum tempo de manobras, Sun Tzu enviou uma mensagem ao rei dizendo que os soldados estavam prontos e este poderia vir passá-los em revista. Mas o rei, certamente enraivecido, pediu que o general parasse com os exercícios e voltasse ao acampamento.

Dispensando a tropa, Sun Tzu exclamou: "O rei apenas gosta muito de palavras, e não sabe transformá-las em atos."[16]

O livro *A arte da guerra* trata de questões práticas do planejamento e do comportamento nas ações e está organizado em 13 capítulos, não muito extensos. São eles: preparação dos planos; guerra efetiva; espada embainhada; táticas; energia; pontos fracos e fortes; manobras; variação de táticas; o exército em marcha; terreno; as nove situações; ataque pelo fogo; o emprego de espiões.

Consta que o livro foi traduzido para o francês pela primeira vez em 1782 pelo padre Amiot e para o inglês em 1905. Vemos portanto que, embora a teoria seja muito antiga, só foi conhecida no Ocidente há apenas dois séculos.

Na atualidade, a teoria de Sun Tzu tem servido para diferentes finalidades. Dezenas de publicações foram feitas direcionadas para certos temas: como exercer a liderança no trabalho; como agir bem nos negócios, na família, no *marketing* etc. Tudo passou a ser visto como uma guerra, como se o gerente, o empresário, o vendedor, o pai, a mãe etc. tivessem

[16] CLAVELL, James. *A arte da guerra*. 2ª ed. Rio de Janeiro: Record, 1983, pp. 10-13.

lidando com inimigos e precisassem pegar em armas todos os dias para se confrontarem com seus opositores. Mas, no verdadeiro sentido para que foi criada tal teoria, poucos se interessam em aplicá-la.

★★★

Selecionamos dessa obra três pequenos capítulos que permitem verificar com precisão o que significa a arte da guerra.

Em primeiro lugar, selecionamos a "Preparação dos planos". Sun Tzu diz que a arte da guerra é governada por cinco fatores constantes: a) a lei moral; b) o céu; c) a terra; d) o chefe; e) o método e a disciplina. São fatores fundamentais que permitem planejar o movimento das forças.

Em seguida, no capítulo: "A espada embainhada", está descrito que lutar e vencer não é a glória, mas a glória suprema consiste em "quebrar a resistência do inimigo sem lutar". Nesse sentido é que a inteligência passa a ser o elemento fundamental para saber quando se deve lutar e quando as condições permitem não lutar, mas mesmo assim vencer.

No capítulo das "Táticas", alerta que é importante sempre se colocar fora da possibilidade de derrota e aproveitar as oportunidades para derrotar o inimigo, isso porque "a garantia de não sermos derrotados está em nossas próprias mãos", mas a oportunidade de vitória é fornecida pelo inimigo.

Divide as táticas em defensivas e ofensivas. As primeiras nos dão a garantia de não sermos derrotados; as outras, de derrotarmos o inimigo.

O bom estrategista vê a vitória onde os outros nada enxergam. Quando todos enxergam a vitória, não há superioridade alguma. O controle da tática está nas mãos de quem comanda.

Para ele, "o general habilidoso conduz o seu exército como se estivesse levando um único homem pela mão".

É importante nunca esquecer que a teoria de Sun Tzu está voltada para o desempenho na guerra. Há elementos que podem ser direcionados para a política e outros que somente servem para a arte militar, tanto nas ações de campanhas quanto nas ações de massas, que não deixam de ser forças em movimento que precisam ser direcionadas.

A ARTE DA GUERRA[17]

SUN TZU

I. Preparação dos planos

SUN Tzu disse:

A arte da guerra é de importância vital para o Estado. É uma questão de vida ou morte, um caminho tanto para a segurança quanto para a ruína. Assim, em nenhuma circunstância deve ser negligenciada.

A arte da guerra é governada por cinco fatores constantes, que devem ser levados em conta. São: a Lei Moral; o Céu; a Terra; o Chefe; o Método e a disciplina.

A Lei Moral faz com que o povo fique de completo acordo com seu governante, levando-o a segui-lo sem se importar com a vida, sem temer perigos.

O Céu significa a noite e o dia, o frio e o calor, o tempo e as estações.

---

[17] Texto gentilmente cedido pela Editora Record. CLAVELL, James. *A arte da guerra*. 2ª ed. Rio de Janeiro: Record, 1983.

A Terra compreende as distâncias, grandes e pequenas; perigo e segurança; campo aberto e desfiladeiros; as oportunidades de vida e morte.

O Chefe representa as virtudes da sabedoria, sinceridade, benevolência, coragem e retidão.

Deve-se compreender por Método e Disciplina a disposição do exército em subdivisões adequadas, as graduações de posto entre os oficiais, a manutenção de estradas por onde os suprimentos devem chegar às tropas e o controle dos gastos militares.

Esses cinco fatores devem ser familiares a cada general. Quem os conhecer, será vencedor; quem não os conhecer, fracassará.

Portanto, quando procurarem determinar suas condições militares, tomem suas decisões tendo como base uma comparação desta forma:

Qual dos dois soberanos está impregnado com a Lei Moral?

Qual dos dois generais tem mais competência?

Com quem estão as vantagens oriundas do Céu e da Terra?

Em que lado a disciplina é mais rigorosamente aplicada?

[Tu Mu faz alusão à notável história de Ts'ao Ts'ao (155-220 d.C.), um disciplinador tão rigoroso que, uma vez, de acordo com seus próprios e severos regulamentos contra o estrago de plantações, condenou-se à morte por ter deixado seu cavalo entrar num milharal! Todavia, em vez de perder a cabeça, foi persuadido, para satisfazer seu senso de justiça, a cortar o cabelo. "Quando fizer uma lei, não permita que seja desobedecida; se for, seu infrator deve ser condenado à morte." – J. Clavell]

Qual o exército mais forte?

De que lado há oficiais e soldados mais bem treinados?

Em que exército existe a absoluta certeza de que o mérito será mais apropriadamente recompensando e o demérito punido sumariamente?

Usando essas sete considerações, posso prever vitória ou derrota. O general que prestar atenção aos meus conselhos e agir de acordo com eles vencerá; deixe que fique no comando! O general que não prestar atenção aos meus conselhos, nem agir de acordo com eles, será derrotado; que seja exonerado! Mas lembre-se: enquanto estiver dando atenção aos benefícios do meu conselho, aproveite-se também de toda a circunstância útil acima e além das regras comuns e modifique seus planos de acordo com ela.

Toda operação militar tem o logro como base. Por isso, quando capazes de atacar, devemos parecer incapazes; ao utilizar nossas forças, devemos parecer inativos; quando estivermos perto, devemos fazer o inimigo acreditar que estamos longe; quando longe, devemos fazê-los acreditar que estamos perto. Preparar iscas para atrair o inimigo. Fingir desorganização e esmagá-lo. Se ele está protegido em todos os pontos, esteja preparado para isso. Se ele tem forças superiores, evite-o. Se o seu adversário é de temperamento irascível, procure irritá-lo. Finja estar fraco e ele se tornará arrogante. Se ele estiver tranquilo, não lhe dê sossego. Se suas forças estão unidas, separe-as.

Ataque-o onde ele se mostrar despreparado, apareça quando não estiver sendo esperado.

O general que vence uma batalha fez muitos cálculos no seu templo, antes de ser travado o combate. O general que perde uma batalha fez poucos cálculos antes. Portanto, fazer muitos cálculos conduz à vitória e poucos, à derrota; até onde mais levará a falta de cálculo! É graças a esse ponto que posso prever quem, provavelmente, vencerá ou perderá.

II. A espada embainhada

Lutar e vencer em todas as batalhas não é a glória suprema; a glória suprema consiste em quebrar a resistência do inimigo sem lutar. Na prática da arte da guerra, a melhor coisa é tomar o país inimigo totalmente e intacto; danificar e destruir não é tão bom. Assim, também é melhor capturar um exército inteiro que destruí-lo; capturar um regimento, um destacamento ou uma companhia, sem os aniquilar.

Portanto, a mais perfeita forma de comandar é impedir os planos do inimigo; depois, evitar a junção das suas forças; a seguir, atacar o exército inimigo no próprio campo; e a pior de todas as políticas é sitiar cidades muradas, porque a preparação de couraças, abrigos móveis e vários implementos de guerra tomará três meses inteiros; e a construção de acessos diante das muralhas levará mais três. O general, incapaz de conter sua irritação, quererá atirar seus homens ao assalto como formigas, tendo como resultado o assassinato de um terço dos seus soldados, com o agravante de que a cidade continuará incólume. São esses os efeitos desastrosos do cerco.

O chefe habilidoso conquista as tropas inimigas sem luta; toma suas cidades sem submetê-las a cerco; derrota o reinado sem operações de campo muito extensas. Com as forças intactas, disputa o domínio do império e, com isso, sem perder um soldado, sua vitória é completa.

Esse é o método de atacar com estratagemas, de usar a espada embainhada.

A regra na guerra é esta: se suas forças estão na proporção de dez para um em relação ao inimigo, faça-o render-se; se forem de cinco para um, ataque-o; se duas vezes mais numerosas, divida seu exército em dois: um para atacar o inimigo pela frente e outro pela retaguarda; se ele responder ao ataque frontal, pode ser esmagado pela retaguarda; se responder ao da retaguarda, pode ser esmagado pela frente.

Se está em igualdade de condições, poderá enfrentá-lo; se ligeiramente inferior em número, poderá evitá-lo; se inferior em todos os aspectos, poderá fugir dele. Embora um combate obstinado possa ser dado por uma força pequena, esta acaba por ser capturada pela força superior.

O general é o sustentáculo do Estado: se o sustentáculo for forte em todos os aspectos, o Estado será forte; se está defeituoso, o Estado será fraco.

Há três maneiras de um soberano levar a desgraça ao seu exército:

– exigindo que avance ou recue, sem dar importância ao fato de que não poderá ser obedecido. Chama-se a isso estorvar o exército;

– tentando comandar um exército da mesma forma que administra o reino, ignorando as condições que prevalecem no exército. Isso provoca inquietação na mente dos soldados. Humanidade e justiça são os princípios com os quais se governa o Estado, mas não o exército; oportunismo e flexibilidade, por outro lado, são virtudes militares em vez de civis;

– e empregando os oficiais do seu exército indiscriminadamente, pela ignorância do princípio militar de adaptação às circunstâncias. Isso abala a confiança dos soldados.

[Su-ma Ch'ien, cerca de 100 a.C., acrescentou a essa seção: se um general ignorar o princípio da adaptação, não deve ser colocado numa posição de autoridade. Um hábil empregador de homens usará o prudente, o bravo, o cobiçoso e o burro. Pois o prudente terá prazer em aplicar seu mérito; o bravo, sua coragem em ação; o cobiçoso é rápido em tirar vantagens e o burro não teme a morte. – J. Clavell]

Quando o exército está inquieto e receoso, é certo haver perturbações provocadas por outros príncipes inimigos. Trata-se apenas de introduzir a anarquia nas tropas, jogando fora a vitória. Assim, precisamos saber que há cinco coisas fundamentais para a vitória:

– será vencedor quem souber quando lutar e quando não lutar;

– será vencedor quem souber como manobrar tanto as forças superiores quanto as inferiores;

– será vencedor aquele cujo exército estiver animado do mesmo espírito em todos os postos;

– será vencedor quem, autopreparado, espera para surpreender o inimigo despreparado;

– e será vencedor quem tiver capacidade militar e não sofrer a interferência do soberano.

Se conhecemos o inimigo e a nós mesmos, não precisamos temer o resultado de uma centena de combates. Se nos conhecemos, mas não ao inimigo, para cada vitória sofreremos uma derrota. Se não nos conhecemos nem ao inimigo, sucumbiremos em todas as batalhas.

III. Táticas

Os bons guerreiros de antigamente primeiro se colocaram fora da possibilidade de derrota e depois esperaram a oportunidade de derrotar o inimigo.

A garantia de não sermos derrotados está em nossas próprias mãos, porém a oportunidade de derrotar o inimigo é fornecida pelo próprio inimigo. Daí o ditado: pode-se saber como conquistar sem ter capacidade de fazê-lo.

A garantia contra a derrota implica táticas defensivas; a capacidade de derrotar o inimigo significa tomar a ofensiva.

Manter-se na defensiva indica força insuficiente; atacar, uma superabundância de força.

O general hábil na defesa esconde-se nos recessos mais secretos da terra; o hábil em atacar o faz como um relâmpago, das maiores alturas do céu. Portanto, de um lado, temos a capacidade de nos proteger; do outro, de obter uma vitória completa.

Ver a vitória apenas quando ela está ao alcance da vista da ralé não é o máximo da superioridade. Como não o é se alguém luta e vence e todo o império diz "Muito bem!". O verdadeiro mérito é planejar secretamente, deslocar-se clandestinamente, frustrar as intenções do inimigo e impedir seus planos, de maneira que, finalmente, o dia possa ser ganho sem o derramamento de uma gota de sangue. Erguer um fio de cabelo grisalho não é sinal de grande força; ver o Sol e a Lua não é sinal de olhar acurado; ouvir o ruído do trovão não é sinal de ouvido apurado.

O que os antigos chamavam de guerreiro inteligente era alguém que não apenas vencia, mas que se sobressaía vencendo com facilidade. Porém, suas vitórias não lhe traziam nem reputação de sabedoria nem crédito pela coragem, na medida em que eram obtidas em circunstâncias não esclarecidas. O mundo, em geral, nada sabia delas e o guerreiro, dessa forma, não conseguia uma reputação de sabedoria, já que todos os Estados hostis, submetidos antes, tinham sido mergulhados em sangue. Ele não recebia prêmio algum pela coragem.

O guerreiro vence os combates não cometendo erros. Não cometer erros é o que dá a certeza da vitória, pois significa conquistar um inimigo já derrotado.

Por isso, o guerreiro hábil coloca-se numa posição que torna a derrota impossível e não perde a ocasião de aniquilar o inimigo. É assim que, na guerra, o estrategista vitorioso apenas procura o combate depois da vitória, considerando que está destinado a perder os primeiros combates para procurar depois a vitória. Um exército vitorioso, frente a frente com um derrotado, é como o peso de um quilo num prato da balança e um grão no outro. A investida de uma força conquistadora é como a irrupção de águas represadas num abismo de mil braças de profundidade.

Um chefe consumado cultiva a Lei Moral e adere estritamente ao método e disciplina; portanto, está em seu poder controlar o sucesso. A mesma coisa para a tática.

O LEGADO DE MAQUIAVEL

Nicoló Bernardo Dei Maquiavelli (Maquiavel) nasceu em 3 de maio de 1469, na cidade de Florença, na Itália. O pai, Bernardo Dei Maquiavelli, era advogado e estudioso de história. Desde a infância incutiu no filho o saber clássico que lhe ajudaria durante a vida. A mãe, Bartolomea Nelli, era poetisa e também muito culta. Aos 16 anos, Nicoló perdeu o pai e a mãe ficou encarregada de sua educação.

Nicoló viveu em um período de glória cultural de Florença e também viu a ruína daquele Estado. O período compreendido entre o final do século 15 e a primeira metade do século 16 foi marcado pela instabilidade política, guerra, divisões dos pequenos Estados italianos e também dos territórios governados pela Igreja. A Itália passou a ser palco de invasões da Espanha e da França que disputavam a hegemonia europeia.

Naquele período, a Itália era extremamente dividida e governada por múltiplos poderes, cada qual com seus territórios assim subdivididos: os da Igreja católica, os dos nobres, os das cidades livres, os dos tiranos, e os dos reis estrangeiros.

Lorenzo de Médici que governava o Estado de Florença no período de juventude de Maquiavel, foi derrubado por um movimento coordenado pelo monge dominicano Savonarola, que liderou a criação da República Florentina. Mas Savonarola, em seguida, foi derrubado do poder, dando espaço para a criação de uma segunda República, liderada por Soderini. É sob esse governo, no ano de 1498, que Maquiavel foi nomeado secretário de Estado, com 29 anos de idade, e depois promovido a segundo chanceler. Mas a república governada por Soderini foi esmagada com a ajuda da invasão espanhola em 1512, liderada pelo cardeal Giovanni de Médici – a população de Florença, assustada, depôs Soderini aceitando de volta os Médici. Giovanni de Médici, que liderou a revolta, foi eleito papa com o nome de Leão X.

Os Médicis acreditaram que Maquiavel, por ter sido chanceler, estava ligado à república anterior; foi preso, torturado e depois demitido.

Com a proibição de deixar Florença, em 1513, refugiou-se numa propriedade rural em San Caciano. Ali dedicou-se ao trabalho e à escrita. Foi quando, pretendendo voltar à vida pública, escreveu seu livro mais famoso *O príncipe*, como um agrado, um presente para Lorenzo de Médici que o havia preso, torturado e demitido.

Nada conseguindo com seu intento, permaneceu no seu mundo de estudo. Em 1520 escreveu um livro complementar a *O príncipe* com o título, de *A arte da guerra,* no qual demonstrou a ineficácia das forças militares e a superação de seu armamento, mas, acima de tudo, quis influir para que Lorenzo investisse na qualificação do exército.

Nessa obra destacou a importância que tiveram e deveriam ter as forças militares. No prefácio do livro, chamou a atenção à fragilidade do poder legal:

> ... Porém as melhores leis do mundo serão desprezadas e pisoteadas se não forem sustentadas, como devem ser, por um poder militar; parecem um palácio magnífico e sem teto que, embora repleto de pedras preciosas e mobília cara, deve logo se consumir em ruínas, pois não tem nada além de seu esplendor e de suas riquezas para defendê-lo das intempéries.[18]

Para elaborar a obra *A arte da guerra* e dar-lhe credibilidade, a astúcia de Maquiavel foi tanta que, de início se desculpa: "... Embora discorrer sobre uma arte que jamais pratiquei possa talvez parecer empreitada presunçosa..." e, em seguida, simulou uma reunião, na qual o comandante militar, Fabrízio Colonna, que retornara da Lombardia onde estivera a serviço da Igreja, respondeu às questões de um grupo de rapazes interessados no assunto da formação da força militar. Assim expôs em sete capítulos aquilo que para ele era fundamental a ser feito para garantir a manutenção do governante no poder.

Durante o período em que Maquiavel esteve no governo, até 1512, foram-lhe confiadas importantes missões, por toda a Itália e também fora dela, e com isso ele percebeu a sua desintegração e concluiu que somente com um Estado único e um governo centralizado e forte conseguiriam garantir a unificação e a defesa da Itália, que vivia dividida entre principados seculares e religiosos. Nos demais países da Europa era diferente, formavam-se monarquias nacionais nas quais os reis concentravam o poder e a autoridade separados da nobreza e da influência da Igreja.

18 MAQUIAVEL, Nicolau. *A arte da guerra*. Rio de Janeiro, Editora Campus, 2004; p. 4.

Maquiavel também acompanhou em viagens o papa Júlio II, recém-eleito, que tentava unificar as cidades pertencentes ao poder da Igreja. Embora admirasse o papa, percebeu que havia incompatibilidade na política se a Igreja também tivesse seus Estados pontifícios.

Para Maquiavel, deveria haver uma separação total da ética religiosa e da política, pois até então seguia a tradição filosófica referenciada em Aristóteles, que acreditava ser "a política uma extensão da ética"; por isso, os elementos da análise política eram os mesmos para avaliar as ações humanas, como certo e errado, justo e injusto, e assim por diante. A política era conduzida pelos fundamentos dos preceitos morais, quando na verdade ela deveria ser a luta para conquistar e manter o poder. Isso não significava que os governantes deveriam se guiar pela imoralidade.

Maquiavel percebia as tendências que as mudanças estavam indicando e por isso compreendia que muitas coisas deveriam desapegar-se do passado. Mas não de tudo como por exemplo:

> Honrar a *virtu*, não desdenhar a pobreza; dar valor à boa ordem e à disciplina em seus exercícios; obrigar os cidadãos a amar uns aos outros, a rejeitar a discórdia e a preferir o bem do público a qualquer interesse privado; e outros princípios desse tipo que seriam compatíveis com nossos tempos...[19]

Para se conquistar e manter o poder e a autoridade, o governante, no caso o príncipe, deveria estar preparado. A moral e a religião poderiam ser úteis quando ajudassem o príncipe no seu intento. Nesse sentido, Maquiavel exaltou os dois papas anteriores a Leão X (Alexandre VI e Júlio II) pela bravura, sucesso militar e político. Teriam sido esses papas pouco éticos

---

[19] *Idem*, pp. 11 e 12.

no respeito aos inimigos, pois o que lhes interessava era manter o reinado e por isso todos os meios eram legítimos de serem usados.

No fundo Maquiavel antevia a formação do Estado moderno descrito e defendido posteriormente por Thomas Hobbes, na obra *O Leviatã*, de 1651.

Maquiavel faleceu em 1527, aos 58 anos de idade, sem ter conseguido retornar oficialmente à convivência com o príncipe, o que tanto almejara.

A política dos fins e dos meios

Maquiavel entendia que a única forma de garantir a unidade da Itália e manter o poder centralizado era ter um só governante, soberano, de "pulso firme", que ele chamou de príncipe. Esse deveria ter em suas mãos o comando com total independência das forças da Igreja, que, no seu entender, deveria cuidar das coisas "do Céu".

Pretendia ele, com sua teoria, convencer o príncipe de que deveria fortalecer o Estado como estrutura de poder central e apresentar um método para conquistar e manter o poder. Acima de tudo, demonstrar quais deveriam ser as características de um governante para assumir tais desafios.

Foi nesse sentido que Maquiavel apresentou a sua teoria como contribuição para a unificação da Itália e, para tanto, se, por um lado, valorizou o príncipe, por outro, deu indicativos ao povo de como deveria reagir. Afirmou o filósofo Rosseau: "Maquiavel, fingindo dar lições aos príncipes, deu grandes lições ao povo".

As suas formulações podem levar a múltiplas interpretações e aplicações desastrosas na atualidade, como esta a ele atribuída de que "os fins justificam os meios". Para ele não significava que qualquer atitude era justificada em vista do fim a ser alcançado, mas que os meios utilizados na política nem sempre tinham concordância com os fins éticos e morais. Ou seja, não é a justificação de se usar qualquer meio, mas aqueles meios "táticos" necessários para derrotar os inimigos para garantir os fins estabelecidos pela política.

É, pois, o velho debate sobre a ética e política, nem sempre possíveis de serem conciliadas entre si, principalmente no modo de produção capitalista. Enquanto a política é, por um lado, o confronto entre forças opostas que visam tomar o espaço umas das outras, a ética é o caráter e o juízo de valor da conduta social. Aquilo que é certo para determinada estratégia política pode não ser para a ética, como, por exemplo, a revelação da verdade e da mentira para o inimigo.

Como nos diz Vázquez:

> Política e moral são formas de comportamento que não podem identificar-se. Nem a política pode absorver a moral, nem esta pode ser reduzida à política. A moral possui um âmbito específico no qual a política não pode interferir. Culpar um inocente não somente é injusto, mas moralmente reprovável, embora o Estado o faça por razões políticas...[20]

Com tal entendimento, Maquiavel, tendo diante de si o "principado" e a "república" como referências a serem buscadas por qualquer governante, – o primeiro para estabilizar e conquistar a ordem e a segunda para governar as sociedades já estáveis – o método de conquista e manutenção do poder estaria firmado sobre a "fortuna" e a "virtude", ou seja, as condições materiais e as capacidades pessoais. A ética, como juízo de valor alimentado pela religião, já não se justificava; o capitalismo nascente já apontava para a formalização das classes

---

[20] VÁZQUEZ, Sanchez Adolfo. *Ética*. 16ª ed. pp. 77 e 78.

sociais "livres", diferentemente do escravismo e do feudalismo. A política ganhava outro conteúdo e "a comunidade harmônica" dos antigos gregos estava se tornando uma sociedade de competição de mercado.

Teceu comparações entre dois reinados, o "turco" e o "francês". Enquanto o turco era centralizado, administrado com subdivisões por pessoas enviadas pelo rei, no reino francês, o rei estava envolvido com antigos senhores. Significava que os senhores eram amados por seus súditos e, no caso, era mais difícil ocupar o reinado turco, mas mais fácil seria governá-lo. Enquanto que o francês, ocupá-lo era fácil, mas governá-lo seria muito difícil; isso porque o poder era também local.

O poder, no entender de Maquiavel, tem origem na vida mundana e não nos desígnios divinos. O poder tem a finalidade de governar e de combater as forças desagregadoras, não apenas nas questões de rebeliões, mas de corrupção, violência, barbárie etc. Para tanto, era necessário superar a ideia da predestinação e da sorte. Os "meios" invocados por Maquiavel se fixavam, nesse sentido, nos planos e nas táticas de combates, que deveriam ser eficientes; não se tratava da deformação do caráter e da perda das virtudes.

★★★

Para um primeiro contato, selecionamos algumas partes do livro *O príncipe* para ter uma visão das polêmicas historicamente colocadas.

Iniciamos com o capítulo três: "Dos principados mistos". Nesse caso, os principados novos eram os mais complicados de controlar, porque a população que sempre muda de governo espera melhoras e é por elas que se embrenha na luta, mas frustra-se mais tarde quando percebe que nada mudou.

Maquiavel recomendou aos príncipes que fossem morar em qualquer território recém-conquistado, pois estando no local, poderiam perceber o nascimento das desordens e reprimi-las de imediato.

A política para ele se assemelhava a uma enfermidade como a tuberculose, que no início é de difícil diagnóstico, mas de fácil cura, mas na medida que o tempo passa essa situação se inverte. Nos assuntos do Estado, a relação é semelhante: "quando se prevê o mal bem antes, o que só é permitido aos homens dotados de grande sagacidade, é possível curá-lo logo; mas quando, por falta de luzes, só é possível prevê-lo quando se torna óbvio para todos, a cura torna-se impossível".

No capítulo cinco temos: "De que modo se devem governar as cidades ou principados que antes de serem ocupados viviam com as suas próprias leis". É uma indicação de tática e estratégia, no sentido de que, se as pessoas eram livres, rebeladas ou descompromissadas, primeiramente se deveria organizar o principado utilizando a indicação metodológica de uma das três maneiras: a) arruiná-los; b) ir habitá-los; c) cobrar pesados tributos por meio de um governo de poucos. No caso de ser já um principado, ao derrubá-lo, as pessoas não teriam mais interesse em escolher outro príncipe. Possivelmente a indicação seria de organizar a república. Mas se a tomada fosse de uma república, as pessoas seriam mais resistentes, haveria mais vida e mais desejo de vingança, aí indicava que as cidades deveriam ser destruídas ou habitadas pelo próprio príncipe – eram as duas saídas que restavam.

Complementou o raciocínio no capítulo oitavo (não constante desta compilação) no qual afirmou que o conquistador, ao tomar um Estado, deveria exercer as ofensas todas de uma só vez, para não precisar renová-las a cada dia, e, para que não fossem aos poucos degustadas e ofendessem menos. No entanto, as coisas boas deveriam ser feitas aos poucos, para que fossem melhor apreciadas.

No capítulo nono, encontramos a preocupação com o principado civil. Nesse capítulo, Maquiavel ofereceu lições ao povo. No caso, o governante civil que tem o apoio da população não precisa tanto da fortuna nem da virtude, mas sim da astúcia. Isso porque, segundo ele, em todas as cidades existem duas tendências: "o povo não quer ser mandado nem oprimido pelos poderosos e estes desejam governar e oprimir o povo". A consequência disso é nascer uma das três coisas: um principado, a liberdade ou a desordem.

Se os grandes não conseguem ganhar o povo e sabem que vão ser derrotados, começam a investir num dentre eles até fazê-lo virar governante; mas o povo também pode usar esse recurso para se proteger e indicar um dos seus. Alertou, porém, que, "sem injúria aos outros" é impossível satisfazer aos grandes.

Mas é no último capítulo, em que se dirige diretamente ao príncipe Lorenzo de Médici, com a "Exortação para procurar tomar a Itália e libertá-la das mãos dos bárbaros", que traça a estratégia de tomada da Itália como uma pátria que "espera por alguém que cure as suas feridas".

Lorenzo era favorecido como príncipe, tanto pela fortuna e pela virtude quanto pela Igreja, pois o seu parente Giovanni de Médici era o papa. Para Maquiavel, as condições tinham se completado. Bastava ter decisão e organizar as próprias tropas comandadas por um só príncipe.

Como Lorenzo não confiava em Maquiavel, o livro *O príncipe* não teve nenhuma função na época. Posteriormente é que passou a ter importância e visto de muitas maneiras; desde o brilhantismo até a rejeição. A mais pejorativa e impopular é esta de que, mesmo sem conhecer a teoria, costuma-se ligá-la à maldade, trapaça ou coisas simplesmente "maquiavélicas".

O PRÍNCIPE[21]

MAQUIAVEL

I. Sobre os principados mistos

É em um principado novo que se encontram todas as dificuldades. Primeiro, se não for inteiramente novo, mas anexado como um membro a outro principado, de modo a formar juntos um corpo que podemos chamar de misto; existe uma primeira fonte de mudança em uma dificuldade natural, inerente a todos os novos principados: os homens gostam de mudar de senhor, na esperança de melhorar sua sorte, mesmo que esta esperança ponha armas em suas mãos contra o governo vigente; mas, na sequência, a experiência mostra-lhes que se enganaram e que apenas agravaram sua situação; consequência inevitável de outra necessidade natural sentida comumente pelo novo príncipe, a de dominar seus súditos, mantendo seus exércitos, além de uma infini-

[21] Textos extraídos de *Le prince,* Paris, Union Générale d'Éditions, 1962. Tradução de Ana Corbisier.

dade de outros encargos que têm como consequência novas conquistas.

A posição desse príncipe é tal que, de uma parte, tem como inimigos todos aqueles cujos interesses feriu ao tomar aquele principado; e, de outra parte, não pode conservar a amizade e a fidelidade daqueles que facilitaram sua entrada, seja por sua impotência em satisfazê-los na medida de suas promessas, seja porque não lhe convém empregar contra eles esses remédios heroicos a que o reconhecimento obriga-o a abster-se; pois, por maior poder que um príncipe tenha em função de seus exércitos, precisa sempre, para entrar em um país, contar com o apoio dos habitantes.

Essa é a razão pela qual Luís XII, rei da França, apoderou-se em um instante de Milão, que perdeu da mesma forma e que, num primeiro momento, apenas as forças de Ludovico Sforza bastaram para tirá-lo de suas mãos. De fato, os habitantes que lhe tinham aberto as portas, vendo-se enganados em sua esperança e frustradas as vantagens que esperavam, não puderam suportar o desgosto de um novo domínio.

É bem verdade que, quando se reconquistam países que se rebelaram assim, é mais difícil perdê-los: o conquistador, prevalecendo-se da rebelião, procede com menos medidas para assegurar sua conquista, seja punindo os culpados, seja perseguindo os suspeitos, seja fortificando todos os pontos frágeis de seus Estados.

Eis também porque bastou, para tirar pela primeira vez Milão da França, um duque Ludovico, estimulando certos rumores sobre os confins dessa província. Foi necessário, para perdê-la uma segunda vez, que todo o mundo se reunisse contra ela, que seus exércitos fossem inteiramente dispersos e expulsos da Itália; o que só pôde acontecer pelas razões que expus anteriormente; no entanto, ele perdeu essa província pela primeira e pela segunda vez.

No que se refere à primeira expulsão, é suficiente ter indicado as suas causas gerais; mas, quanto à segunda, convém deter-se um pouco mais e examinar os meios que Luís XII podia utilizar, e que todo princípe poderia usar em circunstâncias semelhantes para manter-se, um pouco mais do que o rei de França, em suas novas conquistas.

Eu dizia, portanto, que os Estados conquistados a serem anexados aos já pertencentes ao conquistador são ou não são da mesma região que esses últimos, e têm ou não a mesma língua.

No primeiro caso, torna-se fácil conservá-los, sobretudo quando não estão acostumados a ser livres: para possuí-los com segurança, basta extinguir a estirpe do príncipe que era seu senhor; e se, em todo o resto, deixa-se-lhes sua antiga maneira de ser, como os costumes permanecem os mesmos, os súditos viverão tranquilamente.

Por isso a Bretanha, a Borgonha, a Gasconha e a Normandia permanecem unidas à França há tantos anos e, ainda que existam algumas diferenças na linguagem, como os hábitos e os costumes são semelhantes, esses Estados reunidos poderão facilmente se adaptar. É preciso apenas que aquele que se tornou seu senhor esteja atento a duas coisas, se pretende conservá-los: uma, como acabo de dizer, consiste em extinguir a estirpe do antigo príncipe; a outra, em não alterar nem as leis nem o modo das imposições; dessa forma, o antigo e o novo principado tornar-se-ão, em bem pouco tempo, um só corpo.

Mas, no segundo caso, isto é, quando os Estados adquiridos situam-se em outra região em relação àquela à qual passam a estar anexados, quando não têm nem a mesma língua, nem os mesmos costumes, nem as mesmas instituições, as dificuldades tornam-se imensas e é preciso muita sorte e uma grande habilidade para conservá-los. Um dos melhores e mais eficazes meios seria o vencedor ir viver neles: nada tornaria sua posse mais segura e duradoura. Foi também a decisão que tomou o turco com relação à Grécia, que certamente, apesar de todas as outras medidas, não teria conseguido conservar esse território se não decidisse viver ali.

Quando vive no lugar, o novo príncipe vê as rebeliões em seu nascedouro e pode reprimi-las imediatamente. Se estiver afastado, tomará conhecimento delas quando já recrudesceram e quando já não é possível remediá-las.

Aliás, sua presença impede seus oficiais de devorar a província; e, em todo caso, é uma satisfação para os habitantes ter, por assim dizer, ao alcance da mão, a possibilidade de recorrer ao próprio príncipe.

Terão também mais razões, seja de amá-lo, se quiserem ser bons e fiéis súditos, seja de temê-lo, se quiserem ser maus. Enfim, o estrangeiro que desejar assaltar esse Estado ousará fazê-lo com muito menos facilidade, pois, residindo ali o príncipe, torna-se muito difícil tirar dele aquele Estado.

Em seguida, o melhor meio consiste em estabelecer assentamentos (colônias) em um ou dois locais que sejam como chaves do país: sem isso, será necessário manter um grande número de soldados e infantaria em armas. O estabelecimento de assentamentos é pouco dispendioso para o príncipe; pode, sem gastos, ou, pelo menos, quase sem despesas, enviar homens e mantê-los aí, prejudicando apenas aqueles dos quais irá tirar os campos e as moradias para dá-los aos novos habitantes. Ora, sendo os homens assim prejudicados apenas uma parte muito pequena da população, e permanecendo dispersos e pobres, não poderão jamais se tornar nocivos; enquanto todos aqueles que não foram atingidos por seu rigor permanecerão tranquilos por essa única razão; aliás, não ousarão comportar-se mal, devido ao temor de serem também despojados. Em uma palavra, esses assentamentos ou colônias, tão pouco dispendiosos, são não só mais fiéis, mas também um fardo mais leve para os súditos; e, como eu já disse, se os que foram prejudicados permanecem pobres e dispersos, eles são incapazes de causar dano. Quanto a isso, é preciso notar que os homens devem ser afagados ou esmagados: vingam-se das pequenas injúrias; não podem fazê-lo quando elas são muito grandes; de onde se deduz que, quando se trata de ofender um homem, é preciso fazê-lo de maneira a não poder temer sua vingança.

Mas se, em vez de implantar colônias, decide-se manter tropas, a despesa decorrente aumenta sem limites, e todas as rendas do Estado são consumidas para mantê-las. Assim a aquisição torna-se uma verdadeira perda; quanto mais os habitantes se consideram lesados, tanto mais ela é prejudicada, pois todos sofrerão, assim como o Estado, com o alojamento e o deslocamento das tropas. Ora, estando cada um exposto a esse encargo, todos tornam-se inimigos do príncipe, e inimigos capazes de causar danos, pois permanecerão injuriados em seus lares. Esse tipo de guarda é, portanto, tão inútil quanto a das colônias seria útil.

Mas não é tudo. Quando o Estado conquistado encontra-se em uma região diferente daquela pertencente por herança ao conquistador, há muitos outros cuidados que este não deve negligenciar: deve tornar-se chefe e protetor dos príncipes vizinhos menos poderosos, trabalhar para debilitar os que dentre eles forem os mais fortes, e impedir que, sob qualquer pretexto, um estrangeiro tão poderoso quanto ele ali ingresse. Tal fato seria certamente favorecido, pois esse estrangeiro será chamado por todos aqueles descontentes, seja por ambição ou por medo. Foi desse modo, com efeito, que os romanos foram introduzidos na Grécia pelos etolianos, assim como sua entrada em todos os outros países em que penetraram foi-lhes facultada pelos próprios habitantes.

A esse respeito, eis qual será a marcha dos acontecimentos: assim que um estrangeiro poderoso adentra em uma região, todos os príncipes menos poderosos que aí se encontram dedicam-se a facilitar sua empresa, estimulados pela inveja daqueles cujo poder é superior ao seu. Não é difícil, portanto, ganhar esses príncipes menos poderosos, que todos se apressam em se transformar em um só corpo com o Estado que acaba de ser conquistado. O príncipe deve apenas cuidar para que não adquiram demasiada força ou autoridade: com sua ajuda e seus próprios meios, conseguirá sem dificuldade reduzir os mais poderosos, tornando-se o único árbitro da região. Se, nessas circunstâncias, negligenciar o comportamento adequado, perderá logo o fruto de sua conquista; e, enquanto o conservar, experimentará todo tipo de dificuldades e de contratempos.

Os romanos, nos países dos quais tornaram-se senhores, jamais negligenciaram nada do que havia a fazer. Estabeleciam colônias, protegiam os mais fracos, sem, no entanto, aumentar seu poder; rebaixavam os grandes; não admitiam que estrangeiros poderosos adquirissem neles o menor crédito. Basta-me, como prova, um único exemplo. Observe-se o que fizeram na Grécia: apoiaram os aqueus e os etolianos; enfraqueceram o reino da Macedônia, expulsaram Antiochus; e mais, por mais serviços que lhes tivessem prestado os aqueus e os etolianos, não permitiram que esses dois povos aumentassem seus Estados; todas as solicitações de Felipe não conseguiram torná-los seus amigos, sem que nisso ele perdesse fosse o que fosse, e todo o poder de Antiochus jamais os levou a consentir que possuísse o mais mínimo Estado naquela região.

Os romanos, nessas circunstâncias, agiram como devem fazer os príncipes sábios, cujo dever é pensar não apenas nas rebeliões de hoje, mas também naquelas que podem ocorrer, a fim de remediá-las por todos os meios que a prudência possa indicar. É, de fato, prevendo-as de antemão que é mais fácil remediá-las; enquanto que, se se lhes permitiu crescer, já não haverá tempo, e o mal torna-se incurável. Acontece então como com algumas doenças. Doenças que os médicos consideram fáceis de curar no princípio, mas difíceis de identificar, e que, quando progridem, tornam-se fáceis de diagnosticar, porém difíceis de curar.

É o que ocorre com todos os assuntos de Estado: quando se prevê o mal bem antes, o que só é permitido aos homens dotados de grande sagacidade, é possível curá-lo logo; mas quando, por falta de luzes, só é possível prevê-lo quando torna-se óbvio para todos, a cura torna-se impossível. Assim os romanos, que sabiam prever de longe todos os inconvenientes, puderam remediá-los sempre a tempo, não deixando nunca, com o pretexto de evitar uma guerra, que seguissem seu curso: sabiam muito bem que jamais é possível evitá-la e que qualquer adiamento é uma vantagem para o inimigo. Foi assim que, ainda que pudessem evitar a guerra, quiseram enfrentar Felipe e Antiochus, no próprio solo grego, para não ter que enfrentá-los na Itália. Nunca apreciaram estas palavras que se ouve seguidamente sair da boca dos sábios de hoje: aproveite a vantagem do tempo; preferiram o valor da prudência, pois o tempo afasta por igual as coisas diante dele, e traz consigo tanto o bem quanto o mal, tanto o mal quanto o bem.

Mas, voltemos à França e vejamos se foi feita alguma das coisas que acabo de expor. Falarei apenas do rei Luís XII, e não de Carlos VIII, porque, tendo o primeiro conservado por mais tempo suas conquistas na Itália, foi possível conhecer melhor sua maneira de proceder. Ora, foi possível ver que fez exatamente o contrário do que é preciso para conservar um Estado totalmente diferente daquele ao qual se pretende anexá-lo.

O rei Luís XII foi conduzido para a Itália pela ambição dos venezianos, que queriam, com sua vinda, adquirir metade do ducado da Lombardia. Não pretendo criticar o partido tomado pelo rei: uma vez que queria por um pé na Itália, onde não possuía nenhum amigo, e onde, aliás, a conduta de Carlos VIII tinha-lhe fechado todas as portas, foi forçado a aceitar as primeiras amizades que pôde encontrar; e o partido que tomou poderia até ser bom, se, na sequência de suas expedições, não tivesse cometido nenhum outro erro. Assim, depois de ter conquistado a Lombardia, recuperou logo a reputação que Carlos lhe fizera perder: Gênova se submeteu; os florentinos tornaram-se seus aliados; o marquês de Mântova, o duque de Ferrara, os Bentivogli, a senhora de Forli, os senhores de Faenza, de Pesaro, de Rimini, de Camerino, de Piombino, os de Lucca, de Pisa, de Siena, todos correram atrás de sua amizade. Assim, os venezianos tiveram que reconhecer a imprudência cometida quando, para obter duas cidades na Lombardia, tornaram o rei de França soberano de dois terços da Itália.

Em tais circunstâncias, teria sido sem dúvida fácil a Luís XII conservar nessa região toda sua ascendência, se tivesse sabido pôr em prática as regras de conduta expostas acima; se tivesse protegido e defendido esses numerosos amigos fracos e que, temendo, uns, a Igreja, outros, os venezianos, estavam obrigados a ser-lhe fiéis, e por meio dos quais ele poderia facilmente assegurar-se de todos aqueles a quem restava ainda algum poder.

Mas, mal chegara a Milão, fez exatamente o contrário, ajudando o papa Alexandre VI a tomar a Romênia. Não compreendeu que enfraquecia a si próprio, privando-se dos amigos que tinham se lançado em seus braços, e fortalecia a Igreja, acrescentando ao poder espiritual, que já lhe dava tanta autoridade, um poder temporal tão considerável.

Esse primeiro erro levou a tantos outros que foi preciso que o rei viesse em pessoa à Itália para impor limites à ambição de Alexandre e impedi-lo de se tornar senhor da Toscana.

Não foi tudo. Não contente de ter dessa forma fortalecido a Igreja e se privado de seus amigos, Luís, ansioso por possuir o reino de Nápoles, decidiu dividi-lo com o rei da Espanha, de maneira que, sendo o único soberano na Itália, introduziu ali ele próprio um rival, ao qual puderam recorrer todos os ambiciosos e todos os descontentes; e enquanto podia deixar no trono um rei que se considerava feliz de ser seu tributário, derrubou-o para pôr em seu lugar um príncipe em condições de derrubá-lo.

O desejo de conquistar é, sem dúvida, uma coisa comum e natural; e seja quem for que a tanto se dedique, desde que possua os meios, será mais louvado do que criticado. Mas ter esse objetivo sem poder executá-lo é procurar a crítica e incorrer em erro. Assim, pois, se a França tinha forças suficientes para atacar o reino de Nápoles, devia fazê-lo; se não tinha, não devia dividi-lo. Se o compartilhamento da Lombardia com os venezianos podia ser perdoado, era porque deu à França condições para pôr o pé na Itália; mas o do reino de Nápoles, não tendo sido igualmente determinado pela necessidade, permanece imperdoável.

Assim, Luís XII cometeu cinco erros na Itália: arruinou os fracos, aumentou o poderio de um poderoso, introduziu ali um príncipe estrangeiro muito poderoso, não foi viver lá e não implantou colônias.

Entretanto, enquanto viveu, esses cinco erros poderiam não ter sido funestos, se não tivesse cometido um sexto, o de querer despojar os venezianos de seus Estados. De fato, teria sido bom e necessário enfraquecê-los, se para tanto não tivesse fortalecido a Igreja e chamado a Espanha para a Itália; mas, tendo feito uma e outra coisa, não devia jamais consentir que se arruinassem, porque, enquanto permanecessem poderosos, teriam impedido os inimigos do rei de atacar a Lombardia. De fato, por um lado, os venezianos só teriam consentido nisso com a condição de se tornarem senhores desse país; por outro lado, ninguém iria querer tirá-lo da França para dá-lo aos venezianos; e, enfim, teria sido perigoso demais atacar os franceses e os venezianos juntos.

Se me dissessem que Luís só tinha abandonado a Romênia nas mãos do papa Alexandre, e compartilhado o reino de Nápoles com a Espanha, para evitar a guerra, eu diria o que já disse, que nunca se deve, por semelhante motivo, deixar subsistir uma rebeldia, pois não se evita a guerra, ela é apenas adiada, em prejuízo próprio.

Se alegassem ainda a promessa que o rei fizera ao papa de conquistar essa província para ele, afim de obter a dissolução de seu casamento e o chapéu cardinalício para o arcebispo de Rouen (depois chamado cardeal de Amboise), eu responderia o que será dito na sequência, com relação às promessas dos príncipes, e à forma como devem ser mantidas.

Luís XII perdeu pois a Lombardia por não ter seguido nenhuma das regras que seguem todos os que, tendo conquistado um Estado, desejam conservá-lo. Não há nisso milagre algum, trata-se de algo bem simples e muito natural. Eu me encontrava em Nantes na época em que o Valentino (era assim que chamavam então a César Borgia, filho do papa Alexandre VI) tornava-se o senhor da Romênia; tendo o cardeal de Amboise, com quem eu conversava sobre o assunto, dito-me que os italianos não entendiam nada de guerra, eu lhe respondi que os franceses não entendiam nada dos assuntos de Estado porque, se entendessem alguma coisa, não teriam deixado a Igreja fortalecer-se tanto. A experiência, com efeito, deixou claro que a grandeza da Igreja e da Espanha na Itália foram obra da França e, em seguida, a causa de sua ruína naquela região. De onde se pode deduzir esta regra geral que raramente falha, se é que falha alguma vez: o príncipe que torna outro poderoso trabalha para sua própria ruína; pois esse poder é produzido seja pela habilidade seja pela força: ora uma e outra dessas duas causas tornam quem as utiliza suspeito aos olhos daquele em favor de quem são utilizadas.

II. Como devem ser governados os Estados ou principados que, antes da conquista, viviam sob suas próprias leis

Quando os Estados conquistados estão, como eu disse, acostumados a viver livres sob suas próprias leis, o conquistador pode agir de três maneiras para manter-se: a primeira consiste em destruí-los; a segunda, em ir viver ali pessoalmente; a terceira, em deixar lhes suas leis, limitando-se a exigir um tributo, e a estabelecer ali um governo pouco numeroso que os mantenha na obediência e na fidelidade: o que tal governo fará sem dúvida, pois, devendo sua existência ao conquistador, sabe que não poderá conservá-la sem seu apoio e proteção; aliás, um

Estado acostumado à liberdade é mais facilmente governado por seus próprios cidadãos do que por outrem.

Os espartanos e os romanos podem servir-nos de exemplo neste caso.

Os primeiros mantiveram-se em Atenas e em Tebas confiando o poder a um pequeno número de pessoas; entretanto, perderam-nas depois. Os romanos, para permanecerem senhores de Cápua, de Cartago e da Numância, destruiram-nas e não as perderam. Quiseram agir na Grécia como os espartanos: deram-lhes sua liberdade e deixaram-lhes suas próprias leis; mas isso não os favoreceu. Foi preciso, para conservar essa região, destruir um grande número de cidades, único meio seguro de possuí-las. E, de fato, quem quer que, tendo conquistado um Estado acostumado a viver livre, não o destruir, deve saber que será destruído por ele. Em um Estado assim, a revolta é incessantemente fomentada em nome da liberdade e da lembrança das antigas instituições, que nem o decorrer do tempo, nem as benesses de um novo senhor poderão apagar. Sejam quais forem as precauções tomadas, seja o que for que se faça, se o Estado não for dissolvido, se os habitantes não forem dispersados, será possível vê-los, na primeira ocasião, lembrar, invocar sua liberdade, suas instituições perdidas, e se esforçarem por retomá-las. Foi assim que, depois de mais de cem anos de escravidão, Pisa rompeu o jugo dos florentinos.

Mas tudo se passa de outra forma no caso dos países acostumados a viver dominados por um príncipe. Se a estirpe desse príncipe for extinta, os habitantes, já habituados à obediência, não podendo pôr-se de acordo quanto à escolha de um novo senhor, e não sabendo viver livres, terão pouca pressa em pegar em armas, de modo que o conquistador poderá, sem dificuldade, vencê-los e se apoderar deles. Nas repúblicas, ao contrário, existe um princípio de vida bem mais ativo, um ódio bem mais profundo, um desejo de vingança bem mais ardente, que não deixa nem pode deixar um único momento tranquila a lembrança da antiga liberdade: o conquistador não tem então outra possibilidade senão destruir esses Estados ou vir morar neles.

III. Sobre o principado civil

Falemos agora do particular que se tornou príncipe de sua pátria, não por falta de caráter ou por qualquer atroz violência, mas pela vontade de seus concidadãos: é o que podemos chamar de principado civil, ao qual se chega, não graças à habilidade, apenas à habilidade, não apenas graças à virtude, mas principalmente por um feliz acaso.

A esse respeito, digo que alguém chega a esse tipo de principado, seja pela vontade do povo, seja pela vontade dos grandes. Em todos os países, com efeito, encontram-se duas disposições de espírito diferentes: por um lado, o povo não quer ser nem comandado nem oprimido pelos grandes; por outro, os grandes querem comandar e oprimir o povo; e essas disposições contrárias produzem um destes três efeitos: ou o principado, ou a liberdade, ou a desordem. O principado pode também ser obra, seja dos grandes, seja do povo, de acordo com a ocasião. Quando os grandes veem que não podem resistir ao povo, recorrem ao crédito, à ascendência de um deles, tornando-o príncipe, para poder, à sombra de sua autoridade, satisfazer seus desejos ambiciosos; e, da mesma forma, quando o povo não pode resistir aos grandes, deposita toda sua confiança em um indivíduo, tornando-o príncipe, para ser defendido por seu poder.

O príncipe coroado pelos grandes tem mais dificuldade para se manter do que aquele que deve sua coroa ao povo. O primeiro, efetivamente, encontra-se cercado de homens que se acham seus iguais e que, consequentemente, não pode comandar nem manipular à sua vontade; o segundo, ao contrário, está sozinho em seu nível, não tem ninguém à sua volta, ou quase ninguém, que não esteja disposto a obedecê-lo. Além do mais, não é possível satisfazer os grandes sem praticar injustiças, sem agredir os demais; mas o mesmo não ocorre com o povo, cujo objetivo é mais equitativo do que o dos grandes. Estes querem oprimir e o povo quer apenas não ser oprimido. É verdade que, se o povo torna-se inimigo, o príncipe não pode confiar nele, por se tratar de uma multidão, enquanto que, ao contrário, a coisa é muito mais simples em relação aos grandes, que são sempre poucos. Mas, na pior das hipóteses, o que o príncipe pode esperar do povo é ser abandonado por ele, enquanto, com relação aos grandes, deve temer que estes ajam contra ele; pois, sendo mais previdentes e hábeis, sabem sempre obter os meios para sua luta, e buscam situar-se favoravelmente junto ao partido que creem será vitorioso. Observemos, além disso, que o povo com o qual o príncipe deve viver é sempre o mesmo, e que não pode transformá-lo, enquanto que, com relação aos grandes, a mudança é fácil; pode fazê-la e desfazê-la a cada dia; pode, segundo sua vontade, aumentar ou anular o crédito de cada um – assunto sobre o qual pode ser útil prestar aqui alguns esclarecimentos.

Digo pois que, em relação aos grandes, há uma primeira e principal diferença a estabelecer entre aqueles cuja conduta mostra que ligam inteiramente sua sorte à do príncipe e aqueles que agem diferentemente.

Os primeiros devem ser honrados e queridos, desde que não sejam dados à rapina; quanto aos outros, ainda é preciso estabelecer uma distinção. Se há os que agem assim por fraqueza e natural falta de coragem, é possível utilizá-los, sobretudo se forem bons conselheiros, porque honram o príncipe nos tempos prósperos e não precisará temê-los na adversidade.

Mas no caso daqueles que sabem bem o que fazem, e que são determinados pela ambição, é visível que pensam mais em si próprios do que no príncipe. Este deve, portanto, desconfiar deles, vendo-os como se fossem inimigos declarados, pois, em caso de adversidade, apoiarão infalivelmente sua queda.

Concluindo, eis a consequência de tudo o que foi dito. Aquele que se torna príncipe graças à vontade do povo deve trabalhar para conservar sua amizade, o que é fácil, pois o povo não pede mais do que não ser oprimido. Quanto àquele que se torna príncipe pela vontade dos grandes, contra a vontade do povo, deve, antes de qualquer coisa, buscar ganhá-lo, o que também é fácil, pois basta tomá-lo sob sua proteção. Neste caso, o povo ser-lhe-á mais submisso e mais devotado do que se o principado fosse obtido por sua vontade, pois quando os homens recebem algum bem daquele de quem apenas esperam o mal, ficam muito mais reconhecidos. Aliás, o príncipe possui vários meios de ganhar o afeto do povo, mas, como esses meios variam de acordo com as circunstâncias, não me deterei neles; repetirei apenas que é absolutamente necessário que um príncipe conte com a amizade de seu povo e que, se não contar com ela, todo recurso faltar-lhe-á na adversidade.

A Nabis, príncipe de Esparta, estando cercado por toda a Grécia e por um exército romano que já obtivera várias vitórias, para resistir e defender sua pátria e seu poder contra tais forças, bastou contar, em um tão grande perigo, com bem poucas pessoas; o que, sem dúvida, estaria longe de ser suficiente se tivesse contra si a inimizade do povo.

E não me venham com o provérbio tão comum: quem se apoia no povo apoia-se na lama. Isso é verdade no caso de um indivíduo que conte com semelhante base e que está convencido de que, caso fosse oprimido por seus inimigos ou pelos magistrados, o povo tomaria sua defesa; sua esperança seria frequentemente frustrada, como foi a de Nicolau das Gracques, em Roma, e o senhor Giorgio Scali, em Florença. Mas, se se tratar de um príncipe que tenha o direito de comandar, que seja homem de coração, que não perca a coragem na adversidade; que não tenha deixado de tomar as demais medidas apropriadas e que saiba, por sua firmeza, dominar seus súditos, não sofrerá decepções e verá que, ao contar com o povo, ter-se-á apoiado em uma base muito sólida.

Os príncipes de que tratamos não estão verdadeiramente em perigo senão quando, de um poder civil, desejam passar a um poder absoluto, pois este ou é exercido pelos próprios príncipes, ou é exercido pelo órgão dos magistrados. Mas, nesse último caso, ficam mais frágeis e em perigo maior, porque dependem da vontade dos cidadãos a quem as magistraturas são confiadas e que, sobretudo em tempos de adversidade, podem muito facilmente destruir a autoridade do príncipe, seja agindo contra ele, seja simplesmente não lhe obedecendo. Em vão esse príncipe gostaria de retomar para si só o exercício do poder; já não seria tempo, pois os cidadãos e os súditos, acostumados a receber ordens da boca dos magistrados, não estariam dispostos, em momentos críticos, a obedecer àquelas que ele próprio daria. Assim, nesses tempos incertos, sempre teria muita dificuldade em encontrar amigos em quem pudesse confiar.

Um tal príncipe, de fato, não deve reger-se pelo que se passa nos períodos em que reina a tranquilidade, quando os cidadãos têm necessidade de sua autoridade; nesse momento, todo o mundo mostra-se solícito e jura morrer por ele, enquanto a morte apenas se vislumbra na distância; mas, no momento da adversidade, e quando precisa de todos os cidadãos, encontra bem poucos que estejam dispostos a defendê-lo: é o que mostra a experiência; mas obter essa experiência é muito perigoso na medida em que isso só poderia ser tentado uma vez. O príncipe deve, pois, se for dotado de alguma sabedoria, imaginar e estabelecer um sistema de governo tal que, em qualquer tempo e apesar de todas as circunstâncias, os cidadãos tenham necessidade dele: então terá sempre certeza de encontrar fiéis.

IV. Exortação para livrar a Itália dos bárbaros

Refletindo sobre tudo o que expus acima e pensando se hoje as coisas seriam assim na Itália, de tal forma que um novo príncipe pudesse tornar-se ilustre, e se um homem prudente e corajoso encontraria a ocasião e os meios de dar a este país uma nova forma, tal que propiciasse glória para si e fosse útil para os habitantes, parece-me que tantas circunstâncias colaboram para semelhante objetivo, que não sei se jamais houve um tempo mais propício que este para essas grandes mudanças.

E se, como eu disse, foi preciso que o povo de Israel fosse escravo dos egípcios para conhecer a virtude de Moisés; se a grandeza de alma de Ciro só pode explicitar-se na medida em que os persas foram oprimidos pelos medas; se, enfim, para apreciar todo o valor de Teseu foi necessário que os atenienses fossem desunidos, da mesma forma, em nossos dias, para que algum gênio possa ilustrar-se, foi necessário que a Itália fosse reduzida ao ponto a que chegou; que fosse mais oprimida que os hebreus, mais escrava que os persas, mais desunida que os atenienses, sem chefes, sem instituições, vencida, destroçada, invadida e esmagada por todo tipo de calamidades.

Até hoje, algumas luzes pareceram de tempos em tempos anunciar um homem escolhido por Deus para a libertação da

Itália; mas ela logo viu esse homem tolhido pelo acaso em sua brilhante carreira, e espera sempre, quase agonizante, aquele que poderá cicatrizar suas feridas, interromper as pilhagens e os saques de que padece a Lombardia, acabar com os abusos tributários e os vexames que sufocam o reino de Nápoles e o da Toscana e curar enfim suas chagas, tão inveteradas que se transformaram em fístulas.

Nós a vemos também, incessantemente, rogando aos céus para que se digne enviar-lhe alguém que a liberte da crueldade e da insolência dos bárbaros. Nós a vemos, aliás, muito disposta a alinhar-se sob o primeiro estandarte que alguém ouse desfraldar diante de seus olhos. Mas onde poderá ela depositar melhor suas esperanças do que em sua ilustre casa que, por suas virtudes hereditárias, por sua fortuna, pela graça de Deus e da Igreja, de que se ocupa atualmente o trono, pode verdadeiramente conduzir e realizar essa feliz libertação?

Esta não será difícil, se tivermos sempre em mente a vida e as ações desses heróis que acabo de mencionar. Eram, é verdade, homens raros e maravilhosos, mas eram homens, e as ocasiões que aproveitaram eram menos favoráveis do que a que se apresenta agora. Suas empresas não foram mais justas do que esta e não tiveram, mais do que o senhor, a proteção divina. É aqui que a justiça brilha em todo o seu esplendor, pois a guerra é sempre justa quando é necessária, e as armas são sagradas quando são o único recurso dos oprimidos. Aqui, todos os desejos do povo o chamam e, no seio dessa disposição unânime, o sucesso não pode ser incerto: basta que o senhor siga o exemplo daqueles que lhe propus como modelos.

E, mais; Deus manifesta sua vontade por sinais evidentes: o mar se abriu, uma nuvem luminosa indicou o caminho, a rocha fez jorrar água de seu seio, o maná caiu no deserto, tudo favorece sua grandeza. O resto depende de si: Deus não quer fazer tudo, para não nos tirar os méritos e essa porção de glória que nos permite alcançar.

Que nenhum dos italianos de que falei tenha podido fazer o que se espera de sua ilustre Casa; que mesmo no meio das tantas revoluções que a Itália experimentou, e de tantas guerras de que foi palco, a ponto de parecer que todo valor militar esteja extinto, é um fato que não deve espantar: é decorrência de que as antigas instituições eram ruins e não houve ninguém para encontrar outras novas. Não existe nada que honre mais um príncipe novo do que ter sabido introduzir novas leis e novas instituições; se essas leis, se essas instituições apoiam-se em base sólida, se têm grandeza, ele será admirado e respeitado por todos os homens.

A Itália, além disso, oferece um tema suscetível às reformas mais universais. É ali que a coragem explodirá em cada indivíduo, desde que os próprios chefes a manifestem. Veja nos duelos e nos combates entre um pequeno número de adversários quantos italianos são superiores em força, em habilidade, em inteligência. Mas quando combatem em um exército, todo o seu valor se desvanece. É preciso acusar a fraqueza dos chefes; pois, de uma parte, aqueles que sabem não são obedientes, e cada um pensa saber; de outra parte, não houve nenhum chefe bastante elevado, seja por seu mérito pessoal, seja pela sorte, acima dos outros, para que todos reconhecessem sua superioridade e se lhe submetessem. O resultado foi que, durante tanto tempo, e durante tantas guerras que ocorreram durante 20 anos, todo o exército composto somente de italianos apenas colheu derrotas, como testemunham primeiro o Taro, depois Alexandria, Cápua, Gênova, Vailá, Colônia e Mestri.

Se sua ilustre Casa deseja imitar os grandes homens que, em diversas épocas, libertaram seus países, o que deve fazer, antes de mais nada, e o que deve ser a base de sua empresa, é se munir de forças nacionais, pois são as mais sólidas, as mais fiéis, as melhores de que é possível dispor; sendo cada um dos soldados que a compõem bom pessoalmente, tornar-se-á ainda melhor quando todos reunidos virem-se comandados, honrados, mantidos por seu príncipe. É com essas armas que a coragem italiana poderá expulsar os estrangeiros.

A infantaria suíça e a infantaria espanhola são consideradas terríveis; mas uma e outra têm um defeito tal, que é possível formar uma terceira, capaz não apenas de lhes resistir, mas também de vencê-las. De fato, a infantaria espanhola não pôde manter-se contra a cavalaria, e a infantaria suíça deve temer qualquer outra tropa semelhante, que a combata com a mesma obstinação que a sua. Viu-se também, e ver-se-á ainda, a cavalaria francesa destroçar a infantaria espanhola e esta destruir a infantaria suíça; quanto a isso, foi, senão uma experiência completa, pelo menos uma tentativa, a batalha de Ravena, na qual a infantaria espanhola teve que enfrentar os batalhões alemães, que seguem a mesma disciplina que os suíços; viu-se os espanhóis, favorecidos por sua agilidade e cobertos com seus pequenos escudos, penetrar por baixo das lanças as fileiras de seus adversários, golpeá-los sem risco e sem que os alemães pudessem impedi-los; e teriam-nos destruído até o último, se a cavalaria não tivesse vindo, por sua vez, golpeá-los.

Agora que conhecemos o defeito de uma e outra dessas duas infantarias, podemos organizar uma nova que saiba resistir à cavalaria e não temer outros infantes. Não é necessário, para isso, criar um novo gênero de tropa; basta encontrar uma nova organização, uma nova maneira de combater; e é por tais invenções que um novo príncipe adquire reputação e consegue crescer.

Não deixemos, pois, escapar a ocasião que se apresenta. Que a Itália, depois de tão longa espera, veja enfim aparecer seu libertador! Não posso encontrar palavras para exprimir com que amor, com que sede de vingança, com que fidelidade inquebrantável, com que veneração e com que lágrimas de alegria um tal príncipe seria recebido em todas as províncias que tanto sofreram com essas inundações de estrangeiros! Que portas permaneceriam fechadas diante dele? Que povos recusariam obedecer-lhe? Que inveja opor-se-ia a seus êxitos? Que italiano não o cercaria com seu respeito? Existe alguém cujo coração não bata mais forte com o domínio dos bárbaros?

Que sua ilustre Casa assuma, pois, esse nobre fardo com essa coragem e essa esperança no sucesso que inspira uma empresa justa e legítima; que, sob sua bandeira, a pátria comum recupere seu antigo esplendor e que, sob seus auspícios, estes versos de Petrarca possam enfim tornar-se realidade:

Virtù contra furore
Prenderà l'arme, e fia'l combatter corto;
Che l'antico valore
Negl'italici cor non è ancor morto.
Petrarca, Canz. XVI, V. 93-96

O LEGADO DE CARL VON CLAUSEWITZ

Carl von Clausewitz nasceu em Burg, na Prússia, em 1º de junho de 1780 (hoje parte da Alemanha) e, com 12 anos de idade, se integrou ao Exército como porta-bandeira. Passou a sua adolescência brincando com coisas reais, pois participava normalmente das campanhas. Em 1801 entrou na Escola Militar em Berlin.

Participou de inúmeras campanhas pelo mundo, como oficial prussiano ou como oficial russo, quando se integrou àquele exército, onde esteve de 1812 até 1815. Ocupou vários cargos no Exército prussiano e na academia militar de Berlim até 1830, quando foi nomeado chefe do estado-maior do Exército de observação junto à fronteira com a Polônia. Regressou um ano depois para Breslau onde a doença da cólera se manifestou, levando-o à morte em novembro de 1831.

A teoria militar de Clausewitz contida no livro *Da guerra* levou mais de uma década para ser escrita; contudo, é obra inacabada, pois ele achava que somente o primeiro capítulo estava pronto, sendo publicada, pela sua esposa Marie e por pressão dos amigos, somente um ano após a sua morte.

Para ele as guerras eram um fenômeno social, por isso deu ao assunto grande importância sociológica, filosófica, política e moral.

Consciente de que a guerra não possui regras fixas, ele também não se preocupou em escrever um manual para comandar batalhas. O que fez foi colocar, numa certa ordem, um conjunto de elementos e conceitos que possibilitassem ordenar a reflexão e o estudo do assunto.

Consciente também de que "a guerra é a política por outros meios", ao trazer presente o conceito da "guerra", ressaltou: "A guerra é pois um ato de violência destinado a forçar o adversário a submeter-se à nossa vontade".[22]

A vontade, acima de tudo, não poderia ser outra coisa que o interesse político e a guerra, temporariamente, seria o meio adequado para alcançá-lo.

Há algumas controvérsias sobre sua teoria, principalmente no que diz respeito ao conceito de "guerra absoluta", pois ela invalidaria o princípio da submissão desta aos objetivos políticos. Como destaca:

> Dissemos no primeiro capítulo que o esmagamento do inimigo é o fim natural do ato de guerra, e que, se nós quisermos nos manter nos limites estritamente filosóficos do conceito, não pode na realidade lá haver mais nenhum...[23]

Na verdade, o conceito vem interligado com o de "guerra real"; ele mesmo explicou que a guerra absoluta se depara com

---

[22] CLAUSEWITZ, Carl Von. *Da guerra*. São Paulo: Martins Fontes, 1979, p. 73.

[23] *Idem*, p. 707.

diferentes obstáculos que impedem que ela se generalize e, de uma forma ou de outra, afeta a vida do Estado. E advertiu que a guerra e suas formas procedem das ideias, sentimentos e circunstâncias do momento. A teoria tem que admitir que determinadas circunstâncias podem levar a guerra a ganhar forma absoluta, indo além do confronto entre dois exércitos, mas envolver a nação e o povo. Nesse sentido, dedicou o capítulo 26 – "O armamento do povo".

Clausewitz tinha em mente as mudanças no recrutamento e no preparo das forças proporcionadas por Napoleão, que inseriu, nas características dos soldados, o valor patriótico, deixando de constituir as forças armadas somente com soldados e oficiais bem treinados, como tinha sido até então, em que a estética das manobras e das ações eram como princípios que orientavam os enfrentamentos.

Clausewitz tinha profunda admiração por Napoleão Bonaparte, que se tornara imperador da França em 1804, com os méritos de ter reinventado as diretrizes militares para o uso das forças no teatro da guerra.

Com sua visão, não somente os soldados passaram a ser vistos como força de defesa, mas também todo e qualquer cidadão. Enfrentar e aniquilar o inimigo era o ponto central de sua estratégia, por isso não se importava em envolver e perder parte das forças nos combates.

Sem dúvida, as revoluções ocorridas no século 20, tiveram o alargamento dessa ideia para o envolvimento popular. Assim bem descreveu Lenin, no comunicado ao II Congresso dos Sovietes de Operários e Soldados de toda a Rússia, em 26 de outubro de 1917:

> ... Apoiando-se na vontade da imensa maioria dos operários, dos soldados e dos camponeses e na insurreição vitoriosa dos operários

e da guarnição de Petrogrado, o Congresso toma em suas mãos o poder.[24]

É atribuída a Clausewitz a criação do conteúdo dos conceitos de tática e estratégia voltados diretamente para a arte militar. *Da guerra* é a obra clássica que pela primeira vez sistematizou os elementos da teoria militar até então tratados de forma dispersa. O livro representa um divisor dos tempos, o antes e o depois, não por mérito do livro, mas pelas inovações captadas já em andamento nos campos de batalhas do século 19. Como Maquiavel, Clausewitz viveu num século, mas anteviu o que aconteceria no próximo, por isso foi além de seu tempo em suas posições.

★★★

Selecionamos alguns capítulos do livro *Da guerra* que apresentam com maior clareza a questão da tática e da estratégia como partes constitutivas da teoria da guerra.

Em primeiro lugar, vamos verificar o capítulo 1º, do livro 2, que trata de "As áreas na arte da guerra" e é de onde se pode extrair os elementos teóricos dos conceitos de tática e estratégia.

Sendo que a guerra é uma luta que comporta diversas atividades e necessita de diferentes recursos, a arte da guerra é saber utilizar os recursos na sua condução, que possui um lado preparatório que é o recrutamento, treinamento, o equipamento e o armamento, e o processo seguinte, da execução dos preparativos.

O combate não se resume a uma só ação. São várias e distintas ações que buscam o desfecho final do "recontro". Clausewitz define o recontro como:

---

[24] LENIN. *Obras militares escogidas*. La Habana, Cuba; Biblioteca o oficial, 1970, p. 485.

Consequentemente, tudo que se relaciona com as forças militares, e, portanto, tudo que é parte da sua criação, manutenção, e utilização, diz respeito à atividade bélica.

A criação e a manutenção são obviamente, apenas meios, enquanto a utilização é o seu fim.

O combate na guerra não é um combate de um indivíduo contra o outro, mas um todo organizado e composto de muitas partes. Nesse todo, podemos distinguir dois tipos de unidades: aquela determinada pelo sujeito e uma outra pelo objeto. Em um exército a massa dos combatentes sempre se agrupa em novas unidades, que, por sua vez, formam os membros de uma ordem superior. O combate de cada um desses membros também constitui, portanto, uma unidade mais ou menos distinta. Além disso, o propósito do combate – e, portanto, seu objetivo – o constitui como uma unidade.

Com isso, a cada uma das unidades no combate nós damos o nome de recontro.

Se a ideia de combate é a base de toda utilização das forças armadas, logo, o uso das forças armadas em geral, nada mais é que a determinação e a organização de um número específico de recontros.[25]

Portanto, ao ordenar e dirigir os recontros interligadamente se chamou de tática e estratégia.

"Segundo a nossa classificação – diz ele – a tática é pois a teoria relativa à utilização das forças armadas no recontro. A estratégia é a teoria relativa à utilização dos recontros ou agrupamento das ações a serviço da guerra."

Admite, porém, que os dois conceitos estão muito próximos, mas é importante compreender a sua distinção, sendo essa a principal função da teoria, que ajuda, além de esclarecer diretamente, a analisar os problemas.

25 CLAUSEWITZ, Karl von. *On war*, Random House Inc., New York, 1943, p. 25.

> ... A estratégia e a tática são duas atividades que se interpenetram no tempo e no espaço, diferindo sempre uma da outra, e cujas leis internas e relações recíprocas não podem decididamente ser compreendidas, claramente, sem uma definição precisa dessas atividades.

O capítulo 2º do livro 2, também aqui selecionado, fala "Na teoria da guerra". Didaticamente, Clausewitz se pôs a explicar desde a origem da expressão "arte da guerra" ao conhecimento teórico deve se tornar um poder real".

A guerra constituía, no passado, uma arte, por se tratar de coisas práticas, o fazer artesanal e o preparo dos instrumentos e o treinamento dos soldados. A evolução disso se daria com a criação de um cerco como primeiro esboço na condução da própria guerra; mais tarde, no campo de batalha, as táticas cumpririam o papel de combinar as ações.

Houve quem tentasse, segundo ele, na história, estabelecer princípios como se fosse possível regrar a condução da guerra. Foi impossível, pois todas as estruturas teóricas são limitadas diante da dinâmica da guerra, por isso se apegaram e reduziram tudo a dados calculáveis: superioridade numérica; abastecimento das tropas, ou tentar resumir em um só conceito "as bases".

Segundo ele, essas iniciativas foram válidas como teoria, mas a síntese, as prescrições de regras são inúteis. "Elas visam às grandezas certas, enquanto que na guerra tudo é incerto e todos os cálculos se fazem com grandezas variáveis". Isso porque o fator principal não está na ciência, mas no gênio que se eleva acima da regra comum.

A arte da guerra se diferencia das demais ciências, pois ela se dirige primeiramente contra a força material, mas vai além, é dirigida também contra a força intelectual e moral da outra força, tendo como elemento geral o perigo, que somente a coragem e o sentimento da própria força podem alterar o julgamento.

A partir dessa fundamentação, passou a descrever as "particularidades" da teoria e da ação bélica, como as forças morais e os seus efeitos; a particularidade da rapidez da reação; a incerteza acerca de todos os dados. Por fim, empenhou-se em apresentar as circunstâncias como hora do dia, lugar, condições climáticas, os objetivos e os meios etc.

Acima de tudo, chamou a atenção para o conhecimento, que no fundo é o saber político:

> ... estar ao corrente dos assuntos superiores do Estado... saber apreciar corretamente as tendências tradicionais, os interesses em jogo, os problemas a resolver, as personalidades dirigentes.

Mas a preocupação de Clausewitz não se limitou à formulação de uma teoria para uma única força militar, tendo como referência a experiência de Napoleão; dedicou-se a desenvolver também a teoria do "armamento do povo" – capítulo 26, do livro 6.

A "guerra do povo" passou a ser um fenômeno novo a partir do século 19 e ela estava modificando os aspectos tradicionais da guerra, era um novo meio utilizado pelas guerras nacionais e, armando o povo, ou acrescentando à guerra o elemento "guerreiro", dava enorme superioridade às forças locais. Ambas as forças, a popular e a do exército, deveriam estar integradas principalmente quando se tratava de territórios amplos.

Em princípio, ele relativizou o número e a condição social da população, mas admitiu que "se a população é pobre tem mais disposição" para enfrentar os sacrifícios e as dificuldades. Valorizou a dispersão da população, principalmente camponesa, pois, se ela vivesse em vilas, seria facilmente atacada pelas forças inimigas.

A força popular, segundo o seu entender, não deveria ser usada para combater o núcleo central da força do inimigo ou qualquer força importante, mas "minar o exterior e os ângulos", pois, mesmo que o inimigo avançasse, atrás dele ficariam as populações. Os camponeses armados se movem em certos terrenos com maior liberdade que um corpo de tropas.

Na sua opinião, a guerra do povo não poderia ser estruturada como um corpo sólido ou uma força regular, pois seria facilmente destruída pelo inimigo, podendo, porém, condensar-se em determinados lugares, com a ajuda de forças de tropas regulares.

Segundo ele, o povo se anima se houver um pequeno destacamento do exército junto. "Sem o apoio de algumas tropas regulares que os encorajem, os habitantes carecerão geralmente de impulso e da confiança necessária para pegar em armas". Também apresentou as limitações e os cuidados para evitar que o povo fosse massacrado ou desencorajado.

De certa forma, Clausewitz percebeu antecipadamente o que viriam a ser as revoluções do século 20, quando o povo, incentivado por destacamentos armados de colunas guerrilheiras, aceitou enfrentar grandes potências militares e levá-las à derrota. A teoria de Clausewitz, embora tivesse sido um oficial do exército, contribuiu para que as forças revolucionárias pudessem enfrentar as forças inimigas e libertar dezenas de nações do jugo do colonialismo e do imperialismo.

DA GUERRA[26]

CARL VON CLAUSEWITZ

I. As áreas na arte da guerra[27]

A guerra, em seu sentido literal, é luta, pois a luta é o princípio efetivo dentre as múltiplas atividades que constitui o que é chamado de guerra. Mas lutar é um exercício de forças morais e físicas, ditadas pela última. Que a moral não pode se omitir é evidente, pois a condição da mente tem sempre influência decisiva nas forças empregadas na guerra.

A necessidade de lutar desde cedo levou o homem a invenções especiais para lhe assegurar vantagens; assim, os meios de lutar passaram por enormes transformações; mas, independente da maneira como ela é conduzida, sua concepção permanece inalterada e a luta é o que constitui a guerra.

As invenções relacionavam-se, primeiramente, às armas e aos equipamentos para os combatentes. Era preciso produzi-los e aprender a usá-los antes que a guerra começasse. Eles eram

---

26 Textos extraídos de *On war*, Random House Inc., New York, 1943. Tradução de Tatiana Carvalho de Azevedo, com revisão de Miguel Makoto Cavalcanti Yoshida.

27 Capítulo 1 do livro 2.

feitos de acordo com a natureza da luta e, consequentemente, regidas por ela; mas é óbvio que tal atividade é algo diferente da luta propriamente dita; é apenas o preparo para o combate, não a sua condução. É óbvio que o armamento e o equipamento não são essenciais para o conceito de luta, pois até uma luta livre se constitui como tal.

A luta determinou tudo o que se refere a armas e equipamentos, e estes modificaram os métodos de luta; há, portanto, uma reciprocidade de ação entre eles.

No entanto, a luta permanece ainda como uma atividade especial, principalmente porque ela se move em direção a um elemento especial, que é o elemento do perigo.

Portanto, se houver necessidade de se estabelecer uma separação entre duas atividades de diferentes tipos, é aqui que ela deve ser feita; e, para que seja clara a importância dessa ideia, devemos atentar para as situações em que as mais admiráveis capacidades pessoais em determinados contextos se transformam no mais puro pedantismo em outros.

Também não é difícil separar uma atividade da outra, na teoria, se considerarmos as forças armadas e equipadas como recursos dados. Para o uso eficaz delas, é necessário apenas conhecer seus principais resultados.

Portanto, a arte da guerra, no seu sentido estrito, é a arte de fazer uso desses recursos na guerra, e não há nome melhor para isso que "condução da guerra". Por outro lado, de maneira mais ampla, todas as atividades que devem sua existência à guerra – todo processo de criação de forças armadas, isto é, recrutamento, armamento, equipamento e treinamento – pertencem à arte da guerra.

Para uma teoria coerente, é mais que essencial separar essas duas atividades, pois é fácil perceber, que se a arte da guerra devesse começar com a organização e treinamento das forças armadas para a condução da guerra de acordo com as condições dessa última, tal teoria somente poderia ser aplicada em raros casos nos quais as forças, de fato, existentes estivessem perfeitamente adaptadas a essas regras. Se, por outro lado, quisermos ter uma teoria que sirva para a maior parte dos casos e que não seja completamente inútil, ela deve se basear nos meios de combate mais comuns, principalmente, em seus mais importantes resultados.

A condução da guerra é, portanto, a formação e a condução do combate. Se o combate fosse um ato único, não haveria, então, necessidade de qualquer subdivisão. Mas o combate é composto de inúmeros atos distintos, completos em si mesmo, a que chamamos recontros, como mostrado no primeiro capítulo do primeiro livro, e que formam novas unidades. Daí, surgem atividades totalmente diferentes: a formação e a condução de recontros distintos, e a combinação deles entre si, visando o objetivo da guerra. A primeira chamamos de tática; a outra, de estratégia.

Essa divisão entre tática e estratégia já é de uso generalizado e todos sabem, em boa medida, como classificar cada fato, mesmo desconhecendo as bases em que essa distinção se apoia. Mas se classificações como essas são cegamente aplicadas à prática, é porque elas devem ter raízes profundas. Ao procurar por sua raiz, a encontramos na sua ampla utilização. Por outro lado, consideramos as definições arbitrárias e imprecisas dessa ideia, que alguns autores procuraram estabelecer, como não correspondentes à sua utilização prática.

De acordo com nossa classificação, tática é a teoria do uso das forças armadas no recontro. Estratégia é a teoria da utilização de recontros para o objetivo da guerra.

Como definir de maneira mais precisa a noção de recontro único ou independente? Quais as condições que determinam essa unidade? Tal clareza não será possível de se alcançar, até se examinar mais detidamente o recontro. Por ora, devemos nos contentar em dizer, com relação ao espaço, portanto, em recontros simultâneos, que essa unidade se dá nos limites do comando pessoal; mas com relação ao tempo, portanto em recontros que se sucedem, o limite dessa unidade é até que a crise, comum a todos os recontros, tenha passado por completo.

Casos duvidosos podem ocorrer; por exemplo, diversos recontros podem ser vistos como um único, isso, porém, não irá invalidar a classificação que adotamos, uma vez que essa peculiaridade é comum a todos os princípios de classificação aplicados a objetos reais, que, apesar das diferenças, sempre passam de uma classificação a outra por transições graduais. Pode haver, certamente, nesse sentido, certas ações que, sob o mesmo ponto de vista, podem ser consideradas estratégicas ou táticas; por exemplo, posições amplas semelhantes a guarnições em cadeia, as disposições para se atravessar um rio etc.

Nossa classificação alcança e discute apenas o uso das forças armadas. Porém, agora existe na guerra uma série de atividades subordinadas a ela, mas ao mesmo tempo diferentes dela; às vezes com uma relação mais íntima; outras, com menos afinidades. Todas elas estão relacionadas à manutenção das forças armadas. Da mesma maneira que sua criação e treinamento precedem seu uso, sua manutenção é, também, inseparável deste e constitui sua condição necessária. Mas, vistas de perto, todas essas atividades devem sempre ser consideradas como preparações para o combate; certamente estas atividades, estreitamente relacionadas com a ação, estão presentes em toda a guerra em alternância com o uso das forças. Então temos o direito de excluí-las, assim como às outras atividades de preparação da arte da guerra, da condução da guerra propriamente dita; e somos obrigados a fazê-lo se formos cumprir o primeiro princípio de toda teoria – a eliminação de todos os elementos desiguais. Quem incluiria na real "condução da guerra" todos os itens de subsistência e administração? De fato ambos estão em uma constante relação recíproca com a tropa, porém são de natureza essencialmente distinta.

Dissemos, no segundo capítulo de nosso primeiro livro, que, como o combate ou recontro é a única ação diretamente efetiva, todas as outras atividades estão aí incluídas, pois é nele que todas essas atividades resultam. Assim, queremos dizer que, por conta disso, é atribuído a todas as outras atividades um objetivo que elas devem buscar alcançá-lo de acordo com suas regras peculiares. Aqui nos aprofundaremos um pouco mais.

As outras atividades, além do recontro, são de natureza variada. De um lado, parte delas pertence ao combate propriamente dito, é idêntico a ele, enquanto, de outro lado, serve à manutenção das forças armadas. A outra parte pertence estritamente a esta última e possui apenas, como consequência de sua ação recíproca, uma influência condicionada nos combates por meio de seus resultados.

As questões que dizem respeito ao recontro propriamente dito são as marchas, os acampamentos e os aquartelamentos, pois representam diferentes situações em que tropas podem se encontrar, e, sempre que pensamos em tropas, a ideia de recontro deve estar sempre presente.

Os outros assuntos, que pertencem apenas à manutenção, são: subsistência, cuidado com os doentes, os suprimentos e reparos de armas e equipamentos.

As marchas são praticamente idênticas ao uso das tropas. O ato de marchar no recontro, geralmente chamado de manobra, não inclui o uso das armas, de fato, mas está tão íntima e necessariamente ligada a isso que é parte integrante do que chamamos de recontro. Mas fora do recontro ela nada mais é que a execução de um plano estratégico. Com este plano se estabelece quando, onde e com que forças uma batalha será travada; e a marcha é a única maneira de colocar isso em prática.

A marcha fora do recontro é, portanto, um instrumento de estratégia, mas não é apenas isso, pois como a força que a realiza, a qualquer momento, pode se envolver em um recontro, a sua execução está regida por regras tanto táticas quanto estratégicas. Se decidirmos que uma coluna irá por determinado lado de um rio, ou por determinada área de uma montanha, essa é uma medida estratégica, pois contém a intenção, no caso de um recontro ser necessário durante a marcha, de travar a batalha naquele lado do rio em vez do outro.

Mas se uma coluna, em vez de seguir a estrada pelo vale, marcha ao longo das montanhas ao seu redor, ou se se divide em diversas colunas para facilitá-la, então essas são decisões táticas, pois estão relacionadas à maneira como se deve usar as suas forças em caso de recontro.

A ordem de marcha está em constante relação com a prontidão para o recontro; é, portanto, tática em sua natureza, uma vez que ela nada mais é que a disposição preliminar para o recontro que pode vir a ocorrer.

Como a marcha é o instrumento pelo qual a estratégia distribui seus elementos ativos, os recontros, e estes últimos são considerados apenas por seus resultados e não pelo desenvolvimento do seu curso real, é certo que, nas análises feitas sobre eles, o instrumento frequentemente substitua seu elemento efetivo. Assim, falamos de uma marcha decisiva e habilmente conduzida, quando nos referimos à maneira como o recontro, ao qual ela conduziu, foi travado. Essa substituição de uma ideia por outra é bastante natural e a concisão da expressão é muito desejada para ser rejeitada; mas é sempre, apenas, uma sequência de ideias condensadas que, quando as utilizarmos, nunca devemos deixar de ter em mente o seu significado completo, se quisermos evitar o erro.

É um grande equívoco atribuir a combinações estratégicas um poder independente de resultados táticos. Marchas e manobras são combinadas, o objetivo é alcançado, ainda assim, nenhuma palavra é dita sobre o recontro; se conclui, então, que há maneiras de se vencer o inimigo sem que haja recontro. Só poderemos avaliar a magnitude desse erro, de consequências tão fecundas, posteriormente.

Mas ainda que a marcha possa ser considerada absolutamente como parte integral do combate, ainda há nela coisas/aspectos que não pertencem ao combate, e que não são nem estratégicas nem táticas, como todos os trabalhos relativos à comodidade das tropas, construção de pontes e estradas etc. São apenas condições; sob muitas circunstâncias, elas têm forte conexão com as tropas e quase se identificam a ela, como na construção de uma ponte na presença do inimigo; mas são sempre atividades de natureza externa e sua teoria não faz parte da teoria da condução da guerra.

Acantonamentos são lugares, diferentemente dos aquartelamentos, de descanso e de recuperação nos quais as tropas estão concentradas e preparadas para a batalha; ao mesmo tempo, sua localização implica uma decisão estratégica de onde se deseja travar a batalha, enquanto o modo em que estão estabelecidos já indica os contornos do recontro, condição a partir da qual todo recontro defensivo começa. Eles são, então, parte especial de ambas, estratégia e tática.

Os aquartelamentos substituem os acantonamentos para as tropas descansarem melhor, portanto, como estes, se relacionam com as questões estratégicas no que se refere à posição e à distância; e com as questões táticas no que toca à organização interna, visando à prontidão para a luta.

Além da recuperação das tropas, os acantonamentos e os aquartelamentos geralmente possuem um outro objetivo: a cobertura, por exemplo, de parte do país e a manutenção de uma posição; mas eles podem cumprir somente o primeiro objetivo. Lembremo-nos que os objetivos buscados pela estratégia podem ser muito variados, pois tudo o que aparentemente é vantajoso pode ser o objetivo do recontro, e a preservação do instrumento pelo qual se conduz a guerra deve muito frequentemente ser o objetivo de suas combinações estratégicas.

Se, nesse caso, a estratégia serve apenas à manutenção das tropas, é porque não nos encontramos, por assim dizer, em um país estranho, uma vez que ainda estamos lidando com o uso das forças armadas, pois toda disposição dessa força em qualquer ponto seja qual for o teatro da guerra, tem esse uso.

Mas se a manutenção das tropas nos acantonamentos ou nos aquartelamentos precisa de ações que não empregam as forças armadas, como a construção de abrigos, acampamentos, a subsistência e os serviços sanitários nos acantonamentos ou nos aquartelamentos, estas não fazem parte nem da estratégia nem da tática.

Mesmo as trincheiras, o local e a preparação daquilo que é parte da batalha – e, portanto, se relacionam com questões táticas – não pertencem à teoria da condução da guerra no que diz respeito à sua construção. O conhecimento e a habilidade para tais trabalhos – que a técnica do recontro toma como premissas – devem estar presentes nas forças já treinadas.

Dentre as questões que pertencem à manutenção das forças armadas, uma vez que nenhuma delas se identifica com o recontro, o abastecimento das tropas é a que mais se lhe aproxima, pois precisa ser feito diariamente e para cada um dos indivíduos. É assim que ela permeia a ação militar nas partes constituintes da estratégia – dizemos partes constituintes da estratégia porque, durante um recontro específico, a alimentação das tropas raramente possui uma influência forte o bastante para modificar seu plano, ainda que essa ideia seja concebível. Os cuidados com a sobrevivência das tropas forma com a estratégia a ação recíproca principal, e não há nada mais comum que as linhas estratégicas gerais de uma campanha ou de uma guerra serem determinadas por essa subsistência. Por mais recorrente que seja esse ponto, e por mais importante que ele possa ser, a provisão das tropas ainda permanece como uma atividade essencialmente diferente do uso das tropas, e a primeira influência a segunda apenas pelos seus resultados.

As outras áreas de atividade administrativa que mencionamos são muito mais distantes do uso das tropas. O cuidado com os doentes e feridos, muito importante para o bem-estar de um exército, afeta diretamente apenas uma pequena porção de seus indivíduos, tendo, portanto, uma influência fraca e indireta no uso do restante do exército. A reposição e reparação de armas e equipamentos acontece periodicamente e raramente afeta planos estratégicos, exceto no caso de que, na organização das forças isso seja uma atividade contínua inerente a essas forças.

Devemos, entretanto, nos preservar de um mal-entendido. Em casos específicos essas questões podem ter importância decisiva. A distância de hospitais ou de depósitos de munição pode facilmente ser pensada como a principal causa de decisões estratégicas muito importantes. Não pretendemos nem contestar nem subestimar sua importância. Contudo, agora não estamos preocupados com fatos particulares de um caso concreto, mas, sim, com uma teoria abstrata. Afirmamos que tal influência é muito rara para conferir à teoria relativa aos serviços de saúde e ao abastecimento de munições e armas uma importância que repercutiria na teoria da condução da guerra, a ponto de incluir nesta última os diferentes métodos e sistemas que as teorias mencionadas e seus resultados podem determinar, da mesma maneira que certamente é necessário se fazer com o abastecimento das tropas.

Se retomarmos o resultado de nossas reflexões, então pode se dizer que as atividades pertencentes à guerra dividem-se em duas classes principais, que são a "preparação para a guerra" e a "guerra propriamente dita". Essa divisão deve ser feita também na teoria.

Os conhecimentos e as habilidades envolvidas nos preparativos para a guerra se relacionam com a criação, o treinamento e a manutenção de todas as forças armadas. Qual denominação genérica deve ser dada a esse conjunto de atividades é uma questão que deixaremos em aberto, porém está claro que entre elas estão a artilharia, as fortificações, as chamadas táticas elementares, toda a organização e administração das forças armadas e coisas semelhantes. Mas a teoria da guerra propriamente dita não se ocupa com o aperfeiçoamento desses meios, mas sim com o seu uso para o objetivo da guerra. Ela precisa apenas dos seus resultados, ou seja, o conhecimento das principais propriedades dos meios que serão utilizados. Isso é o que chamamos de "a arte da guerra", em seu sentido estrito, ou "teoria da condução da guerra", ou "teoria do emprego das forças armadas" – todas elas significam o mesmo para nós.

Tal teoria irá tratar do recontro como o combate real, das marchas, dos acantonamentos, dos aquartelamentos como questões mais ou menos idênticas a esse combate. A subsistência das tropas será considerada, de acordo com seus resultados, como outras circunstâncias dadas, mas não como uma atividade pertencente à teoria em si.

Essa arte da guerra, em seu sentido mais estrito, se divide por sua vez em tática e estratégia. A primeira se ocupa com a forma particular do recontro e a segunda, com o seu uso. Ambas se relacionam com as condições das marchas, dos acantonamentos e dos aquartelamentos, por meio do recontro; e estes serão táticos ou estratégicos de acordo como se relacionam com a forma ou com o significado do recontro.

Não há dúvidas de que haverá leitores que considerarão supérflua essa separação tão cuidadosa entre duas coisas tão próximas, como a tática e a estratégia, já que não há um efeito direto na condução propriamente dita da guerra. Deve ser muito pedante para esperar de uma distinção teórica efeitos diretos no campo de batalha.

Mas a primeira tarefa de toda teoria é esclarecer concepções e ideias que foram misturadas e, podemos dizer, confundidas; e somente quando se estabelece uma compreensão comum de termos e de conceitos é que podemos esperar progredir com clareza e facilidade na discussão daquilo que eles representam, e ter certeza de que autor e leitor verão as coisas sempre sob o mesmo ponto de vista. Tática e estratégia são duas atividades que se permeiam mutuamente no tempo e no espaço, ainda que essencialmente diferentes; as suas leis internas e relações mútuas não podem ser, de fato, compreendidas até que se tenha estabelecida uma clara concepção da natureza de cada atividade.

Aquele para quem isso não diz nada deve ou repudiar toda consideração teórica, ou nunca ter tido sua compreensão perturbada por ideias confusas e perplexas de um ponto de vista inconstante que leva a um resultado insatisfatório, por vezes estúpido, por vezes fantástico, ou ainda por vezes divagando em generalidades, que geralmente somos obrigados a ouvir e a ler sobre a verdadeira condução da guerra, uma vez que o espírito da investigação científica até então pouco se voltou para essas questões.

II. Sobre a teoria da guerra[28]

1. Num primeiro momento por "arte da guerra" foi entendido apenas a preparação das forças armadas

Antigamente, os termos "arte da guerra" e "ciência da guerra" significavam apenas a totalidade dessas ramificações de conhecimentos e habilidades relacionadas a questões materiais. O planejamento, a preparação e o uso das armas, a construção de fortalezas e de trincheiras, a organização de um exército e o mecanismo de seus movimentos eram as questões referentes a essas ramificações de conhecimentos e habilidades, e o objetivo de todos eles era a descrição de uma força armada preparada para a guerra. Nesse ponto, se tratava de coisas concretas e de uma atividade unilateral que, na verdade, nada mais era que uma atividade que avançava gradualmente de trabalhos manuais a uma refinada arte mecânica. A relação disso tudo com

[28] Capítulo 2 do livro 2.

o combate era muito próxima à relação da arte de quem faz uma espada com a arte do esgrimista. O emprego tanto dessas armas, no momento do perigo e em um estado constante de ação recíproca, quanto dos reais movimentos do pensamento e da coragem na direção a elas propostas, ainda não estava sendo discutido.

2. A guerra aparece primeiramente na arte de fechar o cerco

Na arte de fechar o cerco, se percebe, pela primeira vez, algo relacionado à condução da guerra, algo do movimento do pensamento ao qual essas forças materiais são confiadas, mas que só se torna visível para a maioria na medida em que ele rapidamente se materializa em novos objetos concretos, como ataques, trincheiras, contra-ataques, baterias etc., e a cada passo dado, tal movimento se mostrou nesses resultados. Foi apenas o necessário para colocar essas invenções materiais em ordem. Já que nesse tipo de guerra o intelecto encontra expressão apenas em tais casos, essa abordagem era de certa forma adequada.

3. Então a tática tentou encontrar seu caminho na mesma direção

Mais tarde, a tática tentou impor, sobre o mecanismo de suas combinações, o caráter de uma disposição universalmente válida e fundada nas especificidades do instrumento. Isso leva certamente ao campo de batalha, mas não à livre atividade da mente. Ao contrário, com um exército que fica reduzido a um autômato por suas formações rígidas e por suas ordens de batalha que se movimentam apenas com meras ordens de comando, suas atividades são planejadas para funcionar como um mecanismo de relógio.

4. A real condução da guerra apenas apareceu incidental e anonimamente

A condução da guerra, assim chamada, o livre uso de recursos disponíveis previamente preparados – livres no sentido de serem adaptáveis às mais específicas necessidades – não poderia ser tema da teoria segundo se pensava, mas que deveria ser deixado apenas para talentos naturais. Gradualmente, como a guerra passava dos encontros corpo-a-corpo da Idade Média para uma forma mais regular e complexa, reflexões casuais sobre esse tema também ocuparam a mente humana, mas na maior parte das vezes tais pensamentos apareceram apenas incidentalmente em memórias e narrativas, e em certa medida, anônimos.

5. Reflexões sobre eventos militares trouxeram a necessidade de uma teoria

Como tais reflexões se tornaram cada vez mais frequentes, e a história assumiu um papel cada vez mais crítico, veio a necessidade urgente de se apoiar em princípios e em regras fixas, de modo que, nas controvérsias que naturalmente surgem sobre a história militar, a guerra de opiniões pudesse chegar a um lugar comum. Essa dispersão de opiniões sem um ponto central de referência e sem obedecer nenhuma lei perceptível só poderia ser muito desagradável à mente das pessoas.

6. Esforços para estabelecer uma teoria positiva

Surgiram, portanto, esforços para se estabelecer princípios, regras e mesmo sistemas para a condução da guerra. Com isso foi alcançado um objetivo positivo, sem levar em conta, porém, as infinitas dificuldades que a condução da guerra apresenta nesse sentido. A condução da guerra, como mostramos, não tem limites definidos em nenhuma direção. Entretanto, todo sistema, toda construção teórica tem a natureza limite de uma síntese, do que resulta uma oposição irreconciliável entre tal teoria e a prática.

7. Limitação a objetos materiais

Teóricos sentiram a dificuldade dessa questão logo cedo, e pensaram em evitá-la dela restringindo seus princípios e sistemas apenas às coisas materiais e a atividades unilaterais. Seu objetivo era alcançar resultados, como na ciência da preparação para a guerra, inteiramente certos e positivos, e, então, levar em conta apenas aquilo que poderia ser resultado de cálculos.

8. A superioridade numérica

A superioridade numérica, sendo uma condição material, foi escolhida dentre todos os outros fatores exigidos para se conquistar a vitória, pois por combinações de tempo e espaço, ela poderia ser reduzida a leis matemáticas. Pensava-se ser possível isolar essa questão de todas as outras circunstâncias, supondo que estas últimas fossem iguais em ambos os lados e que, portanto, neutralizariam umas às outras. Isso teria dado certo se a intenção fosse fazê-lo temporariamente para estudar esse fator específico e suas relações; mas tornar isso uma regra – considerar a superioridade numérica como a única lei e reduzir todo o segredo da arte da guerra na fórmula: criar a superioridade numérica em um determinado momento, em um determinado ponto – seria uma restrição absolutamente insustentável frente à força da realidade.

9. O abastecimento das tropas

Em uma investida teórica, foi feita uma tentativa de sistematizar outro elemento material, fazendo com que a sobrevivência das tropas, baseada em um organismo do exército previamente estabelecido, seja o principal legislador na condução da guerra.

Dessa maneira, certamente se chegou a números definidos, mas que se apoiam em uma série de cálculos arbitrários e que, portanto, não conseguem resistir à prova de uma experiência.

10. A base

Um engenhoso autor tentou concentrar em um único conceito, o da base, todo um conjunto de elementos dentre os quais estavam incluídas diversas relações, até mesmo com forças morais e intelectuais. A lista inclui a subsistência das tropas, a manutenção de seu contingente e equipamento, a segurança da comunicação com o país de origem e, finalmente, a segurança da retirada caso ela seja necessária. Primeiramente, ele propôs substituir pelo conceito de base todos esses elementos, então separados; em seguida, a base propriamente dita deve substituir sua magnitude e, por fim, substituir o ângulo formado pelas forças armadas com esta base; tudo isso foi feito para se obter um resultado puramente geométrico, em boa medida inútil. Isto é, na verdade, inevitável, se pensarmos que nenhuma dessas substituições possa ser feita sem violar a verdade e sem deixar de lado elementos contidos no conceito anterior. A ideia de uma base é uma necessidade real para a estratégia, e concebê-la é um mérito; mas fazer um uso como o que descrevemos é completamente inadmissível, e só poderia levar a conclusões parciais, que fez com que esses teóricos tomassem uma direção absurda, ou seja, acreditar na superioridade do envolvimento como forma de ataque.

11. Linhas interiores

Como reação a essa falsa tendência, outro princípio geométrico, aquele das chamadas linhas interiores, foi então elevado ao trono. Ainda que este esteja fundado em uma base sólida, o de que o recontro é o único meio efetivo na guerra, por conta de sua natureza puramente geométrica, ele nada mais é que outro caso de uma teoria unilateral que nunca pode ganhar projeção no mundo real.

12. Todas essas tentativas são descartáveis

Todas essas tentativas teóricas devem ser consideradas como progresso no terreno da verdade apenas em sua parte analítica; no que toca à sua parte sintética, seus preceitos e regras podem ser considerados completamente inúteis.

Elas se esforçam em determinar grandezas, sendo que na guerra tudo é indeterminado, e o cálculo deve sempre ser feito com grandezas variáveis.

Elas direcionam a atenção somente a grandezas materiais, enquanto toda ação militar é completamente permeada por forças e efeitos imateriais.

Elas consideram a ação como unilateral, sendo que a guerra é um estado constante de ações recíprocas entre um lado e o outro.

13. Essa regras não levam em consideração os gênios

Tudo o que não pode ser alcançado por essa sabedoria miserável, que leva em conta apenas um elemento e negligencia todos os outros, está fora dos limites da ciência; segundo ela, isso está no campo da genialidade, que se eleva acima de todas as regras.

Pobre do guerreiro que se satisfaz em rastejar na miserabilidade das regras, que são muito baixas para os gênios, com as quais estes podem se fazer superiores, das quais podem zombar. O que os gênios fazem, deve ser a melhor de todas as regras, e o melhor que a teoria pode fazer é mostrar como e por que isso ocorre.

Pobre da teoria que se coloca contra as forças morais e intelectuais! Nenhuma humilhação pode remediar essa contradição e, quanto mais rudimentar, mais cedo o ridículo e o desprezo a levarão para fora da vida real.

14. A dificuldade da teoria quando se consideram as grandezas morais e intelectuais

Toda teoria se torna infinitamente mais difícil no momento em que toca o terreno das grandezas morais e intelectuais. A arquitetura e a pintura sabem muito bem em que se apoiar contanto que tenham de lidar apenas com a matéria; não há disputa sobre construção mecânica ou visual. Mas assim que os efeitos morais e intelectuais passam a ser considerados, assim que são produzidos os sentimentos e as impressões morais e intelectuais, todas essas regras se dissolvem em ideias vagas.

A arte da medicina, em geral, lida somente com os fenômenos físicos; lida com o organismo animal, sujeito a constantes mudanças e nunca é exatamente o mesmo em dois momentos diferentes. Isso torna sua prática muito difícil e coloca o julgamento do médico acima do seu conhecimento; mas quão mais difícil é o caso se é adicionado um efeito moral e intelectual, e quão superior devemos colocar o médico da alma?

15. As grandezas morais e intelectuais não podem ser excluídas na guerra

Porém, a atividade na guerra nunca é dirigida unicamente contra a matéria; é sempre, ao mesmo tempo, dirigida contra a força moral e intelectual que dá vida a essa matéria, e separar uma da outra é impossível.

Mas as grandezas morais e intelectuais são visíveis somente ao olho interno, e este é diferente em cada pessoa, e muitas vezes diferente na mesma pessoa em momentos diferentes.

Como o perigo é o elemento geral ao redor do qual tudo gira na guerra, é principalmente a coragem, o sentimento da nossa própria força, que influencia de diferentes formas o nosso julgamento. Ela é, de certo modo, a lente cristalina pela qual todas as imagens passam antes de alcançarem a inteligência.

E ainda assim não podemos duvidar que essas coisas adquiram certo valor objetivo simplesmente por meio da experiência.

Todos sabem o efeito moral de uma surpresa, de um ataque pelo flanco ou pela retaguarda. Todos rebaixam sua expectativa com relação à coragem do inimigo assim que este vira as costas, e todos se arriscam muito mais quando perseguem do que quando são perseguidos. Todos julgam o seu inimigo pela reputação de seus talentos, por sua idade e por sua experiência, e agem de acordo com essas informações. Todos lançam um olhar que procura esmiuçar o espírito e o moral de suas tropas e das do inimigo. Tudo isso e os efeitos similares no terreno da natureza moral e intelectual dos homens se estabeleceram por experiência, e são constantemente recorrentes. Eles, portanto, garantem que os reconheçamos como grandezas representativas. O que poderíamos fazer com qualquer teoria que não levasse todos esses aspectos em consideração?

Certamente a experiência é algo indispensável a essas verdades. Nenhuma teoria, nenhum general deveria lidar com sofismas psicológicos e filosóficos.

16. A principal dificuldade de uma teoria para a condução da guerra

A fim de compreender claramente a dificuldade do problema contido em uma teoria da condução da guerra, e daí deduzir as características necessárias de tal teoria, temos de olhar mais atentamente as principais particularidades que formam a natureza da atividade militar.

17. Primeira particularidade – Forças morais e intelectuais e seus efeitos (sentimentos hostis)

A primeira dessas particularidades consiste nas forças e efeitos morais e intelectuais.

O combate é, em sua origem, a expressão de um sentimento hostil, mas em nossos grandes combates, que chamamos de guerra, o sentimento hostil frequentemente se transforma em uma mera intenção hostil, e geralmente não há um sentimento hostil de um indivíduo contra outro. No entanto, o combate nunca acontece sem que tais sentimentos sejam acionados. O ódio nacional, que raramente falta em nossas guerras, se torna um substituto, em maior ou menor grau, para a hostilidade pessoal de um indivíduo contra outro. Mas quando esse ódio também não existe e de princípio não há animosidade de sentimentos, um sentimento hostil é acionado pelo próprio combate; pois um ato de violência que se comete por ordens superiores gera em nós um desejo de retaliação e de vingança, antes naquele que cometeu tal ato do que no poder superior sob cujo comando se deu a ação. Isso é humano – animal, se preferirmos – mas é um fato. Teoricamente, somos muito aptos a considerar o combate como uma luta abstrata de forças, como um fenômeno isolado sem qualquer participação dos sentimentos. Esse é um dos milhares de erros que as teorias cometem deliberadamente, pois elas nunca enxergam suas consequências.

Além da agitação que surge naturalmente do próprio combate, há outros sentimentos que não pertencem necessariamente a ele, mas que, por terem naturezas relacionadas, facilmente se juntam a ele – ambição, desejo de dominar, todo o tipo de entusiasmos etc. etc.

18. As impressões do perigo (coragem)

Finalmente, o combate gera o elemento perigo, no qual todas as atividades da guerra devem viver e se mover, como o pássaro no ar e o peixe na água. Mas todos os efeitos do perigo passam pelos sentimentos, tanto diretamente, logo instintivamente, quanto pela inteligência. O efeito no primeiro caso seria expresso por um desejo de escapar do perigo e, se isso não for possível, o seria pelo medo e pela ansiedade. Se esse efeito não ocorre, então é a coragem que age como contraponto desse instinto. A coragem não é, entretanto, um ato da inteligência, mas semelhante a um sentimento, como o medo; o último se volta para a preservação física, a coragem para a preservação moral. Coragem, portanto, é um instinto mais nobre. Mas, justamente por sê-lo, não pode ser usado como um instrumento sem vida, que produz seus efeitos de acordo com medidas precisamente predeterminadas. A coragem, portanto, não é um mero contraponto ao perigo de maneira a neutralizar seus efeitos, mas uma grandeza específica.

19. Extensão da influência do perigo

Mas para estimar exatamente a influência do perigo sobre os principais líderes da guerra, não devemos limitar sua esfera ao perigo físico do momento. O perigo domina o líder, não apenas ao ameaçá-lo, mas ao ameaçar todos sob seu comando, e não apenas no momento em que está realmente presente, mas também por meio da imaginação em todos os outros momentos que têm uma conexão com o presente; por fim, o domina não apenas diretamente por si próprio, mas também indiretamente pela responsabilidade que faz com que caia um peso dez vezes maior na cabeça de quem está no comando. Quem pode aconselhar ou resolver uma grande batalha sem se sentir mais ou menos tenso e paralisado com o perigo e a responsabilidade que comporta uma tão grande decisão? Podemos dizer que o ato de guerra, na medida em que é uma ação real e não uma mera resistência, nunca está fora da esfera do perigo.

20. Outros fatores afetivos

Ao considerar esses fatores afetivos que são acirrados pela hostilidade e pelo perigo como particularmente pertencentes à guerra, não excluímos os outros que acompanham o homem ao longo de sua vida. Eles também frequentemente terão espaço aqui. Podemos dizer, de fato, que, na difícil tarefa de viver, muitas paixões mesquinhas são silenciadas; mas isso se mantém válido apenas para aqueles em esferas inferiores, que, por passarem de uma situação de perigo e esforço a outra, perdem a noção de todos os outros aspectos da vida e se desabituam da hipocrisia, pois ela não possui nenhuma utilidade frente à morte; e, então, eles se atêm àquela simplicidade de caráter soldadesco, que sempre foi a melhor e a mais representativa qualidade da profissão militar. Em esferas superiores não se passa o mesmo, pois quanto mais alto o nível de um homem mais ele deve olhar ao seu redor; então surge interesse de todos os lugares, e uma existência múltipla das paixões do bem e do mal. Inveja e generosidade, orgulho e humilhação, ira e doçura, todas elas podem aparecer como forças ativas nesse grande drama.

21. Peculiaridade da mente

As características peculiares da mente do líder, assim como as morais, são de grande importância. O que se espera de uma mente criativa, extravagante, inexperiente difere do que se espera de uma inteligência fria e sagaz.

22. Da diversidade de particularidades morais e intelectuais surge a diversidade de caminhos que levam ao objetivo

A influência dessa grande diversidade na particularidade moral e intelectual deve ser levada em conta principalmente no que toca aos níveis superiores, pois ela aumenta quanto maior for a graduação; essa diversidade é que produz os diferentes caminhos, mencionados em nosso primeiro livro, para se chegar ao nosso objetivo. É ela também que dá ao jogo da probabilidade e da sorte uma fração tão desigual na determinação do curso dos eventos.

23. Segunda particularidade – rapidez da reação

A segunda particularidade na guerra, em um soldado, é a rapidez de reação e a ação recíproca que daí resulta. Não falamos aqui da dificuldade de estimar tal reação, pois esta já está incluída na dificuldade mencionada de tratar as forças morais e intelectuais como grandezas; mas sim do fato de que a ação recíproca foge a qualquer tipo de regularidade. O efeito que qualquer medida produz no inimigo é o mais pessoal de todos os dados que a ação oferece. Mas toda teoria deve se ater a classes de fenômenos, e nunca pode levar em consideração um caso individual; isso deve, em todos os casos, ser deixado para o julgamento e para o talento. É, portanto, natural que em uma ação como a guerra cujo plano é construído sobre circunstâncias gerais, acontecimentos inesperados frequentemente a perturbem, sendo necessário deixar mais espaço para o talento e fazer, nesse campo, menor uso de um guia teórico.

24. Terceira particularidade – incerteza dos dados

Por fim, a grande incerteza dos dados na guerra é uma dificuldade particular, porque toda ação precisa ser planejada, de certa maneira, em um crepúsculo, em uma penumbra, o que frequentemente – como o efeito de uma neblina ou da luz da lua – dá às coisas dimensões exageradas e uma aparência grotesca.

O que essa luz fraca dificulta enxergar deve ser descoberto pelo talento, ou deve ser deixado à sorte. Portanto, por falta de um conhecimento objetivo, nossa confiança deve novamente ser depositada no talento ou mesmo na fortuna.

25. A teoria positiva é impossível

Sendo essa a natureza do tema, devemos admitir que seria absolutamente impossível, por meio de uma edificação positiva de regras, dotar a arte da guerra de uma base sólida que deveria assegurar apoio externo ao líder por todos os lados. Em todos esses casos em que ele é abandonado ao seu talento, o líder se encontraria fora desse edifício de regras e se colocaria em oposição a ele. Por mais diferentes lados que essa construção tenha, o mesmo resultado apareceria a partir do que dissemos anteriormente. Talento e genialidade agiriam para além das regras, e a teoria se tornaria contraditória à realidade.

26. Saídas para que uma teoria seja possível (as dificuldades não são as mesmas em todos os lugares)

Existem duas maneiras de sairmos desse problema.

Em primeiro lugar, o que dissemos sobre a natureza da ação militar no geral não se aplica da mesma maneira à ação de todos os escalões. Nos postos mais baixos, o espírito do auto-sacrifício é mais exigido, mas as dificuldades que a inteligência e o julgamento encontram são infinitamente menores. O campo de ocorrências é menor. Os objetivos e meios são em menor número. Os dados são mais evidentes e, na maior parte das vezes, estão contidos em objetos visíveis. Mas quanto mais postos subimos, mais as dificuldades aumentam, até atingirem seu clímax no comandante-em-chefe; portanto, para ele quase tudo deve ser deixado à genialidade.

Mas a divisão do tema, de acordo com a natureza intrínseca de seus elementos, também mostra que as dificuldades não são as mesmas em todos os lugares, mas diminuem quanto mais os resultados se manifestam no mundo material, e aumentam quanto mais passam para a moral e para o intelecto e se tornam motivos que determinam a vontade. Portanto, é mais fácil determinar, por regras teóricas, a ordem, o plano e a condução de um recontro do que o seu uso. Em um recontro, as armas físicas se enfrentam e, apesar de os elementos morais e intelectuais não poderem estar ausentes, a matéria deve ser considerada. Mas, nos efeitos a serem produzidos por recontros, quando os resultados materiais se transformam em motivos, temos que operar somente com elementos morais e intelectuais. Em uma palavra, é mais fácil fazer uma teoria para a tática do que para a estratégia.

27. A teoria deve ser de natureza da observação, não de regras para a ação

A segunda proposta para a possibilidade de uma teoria está no ponto de vista de que ela não precisa ser necessariamente um conjunto de regras positivas, isto é, um guia para a ação. Como regra geral, sempre que uma atividade tiver os mesmos propósitos, com os mesmos objetivos e métodos, ainda que com pequenas diferenças e um número correspondente de variáveis, tais coisas podem se tornar objeto de um exame racional. Contudo, tal exame é a parte essencial de toda teoria e pode apropriadamente se valer de tal nome. É uma investigação analítica da questão; ela leva a um conhecimento específico do tema e, se trazido para se sustentar na experiência, que nesse caso seria história militar, leva a uma completa familiaridade com ela. Quanto mais ela se aproximar desse último objetivo, tanto mais ela passará da forma objetiva do conhecimento para a forma subjetiva de poder; e tanto mais, portanto, ela irá se provar eficiente quando as circunstâncias não permitirem nenhuma outra decisão que não seja por talentos pessoais; ela terá um efeito sobre o próprio talento. Se a teoria investiga os elementos que constituem a guerra, se separa mais precisamente aquilo que à primeira vista parece amalgamado/confuso, se explica profundamente as propriedades dos recursos, se mostra seus efeitos prováveis, se torna evidente a natureza dos objetivos; se lança luz com uma observação crítica de todo o campo da guerra – então ela terá completado as principais obrigações de sua tarefa. Ela se torna então um guia àquele que deseja se familiarizar com a guerra por meio dos livros; ilumina completamente a estrada para ele, facilita seu progresso, educa seu julgamento e o impede de desviar de seu caminho.

Se um especialista passa metade de sua vida se esforçando para esclarecer, em seus mínimos detalhes, uma questão obscura, ele provavelmente irá saber mais do que aquele que pretende se especializar em pouco tempo. A teoria existe para que as pessoas não tenham que passar pelo mesmo trabalho de limpar terreno e lapidar o assunto, mas para achá-lo em ordem, iluminado. Ela deve educar a mente do futuro líder na guerra, ou então guiá-lo em seu autodidatismo, mas não deve acompanhá-lo ao campo de batalha; assim como um grande tutor forma e contribui para o desenvolvimento da mente de um jovem sem, no entanto, mantê-lo preso em correntes o resto da vida.

Se os princípios e as regras resultam das observações que a teoria institui, se a verdade se cristaliza nessas formas, então a teoria não se opõe a essa regra natural da mente; ela irá, caso o arco repouse sobre tal pedra angular, trazê-la à tona mais acentuadamente; mas ela o fará, apenas para satisfazer a lei filosófica da razão, para deixar evidente o ponto para o qual todas as linhas convergem não para dele construir uma fórmula matemática a ser usada no campo de batalha. Pois mesmo esses princípios e regras servem mais para determinar na mente do pensador as principais linhas de seus movimentos habituais do que para, como pontos de referência, indicar o caminho a ser seguido no ato da execução.

28. Sob esse ponto de vista, a teoria se torna possível e deixa de se contradizer com a prática

Esse ponto de vista traz a possibilidade de uma teoria satisfatória da condução da guerra, isto é, uma teoria útil e que nunca estará em oposição à realidade, e que irá depender apenas de um tratamento racional para entrar em harmonia com a prática; entre teoria e prática não mais haverá essa diferença absurda que uma teoria não razoável, divorciada do bom senso, geralmente produz, mas que a ignorância e a limitação frequentemente usam de pretexto para dar espaço à sua incompetência natural.

29. A teoria, portanto, considera a natureza dos objetivos e dos meios – Objetivo e meios na tática

A teoria, portanto, há de considerar a natureza dos meios e dos objetivos.

Na tática, os meios são as forças armadas treinadas que devem conduzir o combate. O objetivo é a vitória. A definição precisa desse conceito será melhor explicada mais para a frente, quando se tratar do recontro. Aqui nos contentamos em demonstrar que a retirada do inimigo do campo de batalha é um sinal de vitória. Com esse método a estratégia conquista o objetivo que atribuiu ao recontro e que constitui seu significado real. Esse significado tem certamente alguma influência na natureza da vitória. Uma vitória que pretende enfraquecer as forças armadas do inimigo é diferente daquela designada apenas para conquistarmos uma posição. O significado do recontro pode, portanto, ter uma influência sensível em sua preparação e condução, consequentemente ele também será uma questão considerada na tática.

30. Circunstâncias que estão presentes nas aplicações dos meios

Como existem certas circunstâncias que sempre estão presentes ao longo do recontro, e têm certa influência sobre ele, elas também devem ser levadas em consideração no uso das forças armadas.

Essas circunstâncias são o lugar do recontro (o terreno), a hora do dia e as condições climáticas.

31. O lugar

O lugar, que preferimos reduzir à ideia de país ou solo, pode não ter, falando diretamente, qualquer influência se o combate acontecer em lugar plano e não cultivado.

Tal pode acontecer em regiões de estepes, mas nos países cultivados da Europa é praticamente uma fantasia. Portanto um recontro entre nações civilizadas, no qual o país e o solo não têm influência, é quase inconcebível.

32. Hora do dia

A hora do dia influencia o recontro por causa da diferença entre dia e noite; mas naturalmente a influência é maior que esse simples limite, já que todo recontro possui certa duração, e grandes batalhas duram várias horas. Durante o planejamento para uma grande batalha, faz uma diferença crucial se ela começa de manhã ou de tarde. Ao mesmo tempo, muitas batalhas são travadas, sendo a questão da hora do dia é algo por demais abstrato e na maioria dos casos sua influência é insignificante.

33. Condições climáticas

É ainda mais rara a influência decisiva das condições climáticas; somente com a neblina ela exerce alguma influência.

34. Os objetivos e os meios na estratégia

Para a estratégia, a vitória, ou seja, o sucesso tático é primeiramente um meio, e aquilo que leva diretamente à paz é o seu objetivo final. A aplicação desses métodos ao objetivo é, do mesmo modo, pensada de acordo com circunstâncias que possuem maior ou menor influência sobre ele.

35. As circunstâncias que envolvem a aplicação dos recursos de estratégias

Essas circunstâncias são o país e o solo, sendo que o primeiro inclui o território e os habitantes de todo o teatro da guerra; em seguida, a hora do dia, e também a época do ano; por fim, as condições climáticas, principalmente qualquer estado alterado, como uma forte geada etc.

36. Essas circunstâncias formam novos recursos

Combinando esses fatores com os resultados de um recontro, a estratégia concede a esse resultado – e, portanto, ao recontro – uma significação especial, atribui a ele um objetivo preciso. Mas, na medida em que esse objetivo não é o que leva diretamente à paz, ele é, portanto, um objetivo menor, que também passa a ser visto somente como um meio. Então, na estratégia devemos olhar o êxito dos recontros e as vitórias, em todas as suas diferentes significações, como meios. A conquista de uma posição é um êxito de um reconto aplicado ao terreno. Mas não apenas os diferentes recontros com objetivos específicos devem ser considerados meios. Sempre que uma concepção mais profunda se expresse na combinação de recontros para assegurar um objetivo comum, ela também deve ser vista como um meio. Uma campanha de inverno é uma combinação desse tipo, aplicada à época do ano.

Como objetivos, portanto, estão apenas os elementos orientados diretamente à paz. A teoria investiga todos esses meios e objetivos de acordo com a natureza de seus efeitos e suas relações mútuas.

37. A estratégia retira apenas da experiência os objetivos e os meios a serem estudados

A primeira questão é: como a estratégia chega à enumeração exaustiva dessas coisas? Se um questionamento filosófico quisesse chegar a um resultado absoluto, ele se confundiria com todas as dificuldades que excluem a necessidade lógica da condução da guerra e de sua teoria. Portanto, ela conta com a experiência, e direciona sua atenção para aquilo que a história militar pode oferecer. Dessa maneira, ela será, sem dúvida, uma teoria limitada que serve apenas às circunstâncias como a história militar as apresenta. Mas essa incompletude é inevitável, pois, em todos os casos, a formulação da teoria sobre as coisas deve ter sido deduzida da história militar ou foi certamente comparada a ela. Além do mais, essa incompletude é, na maioria das vezes, mais teórica que real.

Uma grande vantagem desse método é que a teoria não pode se perder em sutilezas, ninharias e quimeras, mas deve sempre permanecer prática.

38. Até onde deve ser levada a análise dos meios

Outra questão é: até onde a teoria deve ir em sua análise dos meios? Evidentemente, até o ponto em que os diferentes elementos se apresentam para a utilização na prática. O alcance e o efeito de diferentes armas são muito importantes para a tática; a sua construção, ainda que esses efeitos resultem dela, é indiferente, pois a condução da guerra não é a produção de pólvora e de canhão com certa quantidade de carvão, enxofre e salitre, de cobre e estanho; o que conta para a condução da guerra são armas prontas e seus efeitos. A estratégia se utiliza de mapas sem se preocupar com triangulações; não questiona quais devem ser as instituições de um país e como um povo deve ser educado e governado para se ter os melhores resultados na guerra, mas se apropria dessas coisas conforme as vê nos Estados europeus, e assinala onde condições muito diferentes têm forte influência na guerra.

39. Grande simplificação do conhecimento exigido

Dessa maneira, é fácil de perceber que o número de assuntos da teoria é bem simplificado, e o conhecimento necessário para a condução da guerra é muito reduzido. A grande variedade de conhecimentos especializados e de habilidades que servem à atividade militar em geral, e que são necessárias antes que um exército fortemente equipado possa tomar o território, se une em alguns grupos principais antes que possam alcançar, na guerra, o objetivo final de sua ação, assim como os riachos se unem em rios antes de chegarem ao mar. Apenas as atividades que deságuam diretamente no mar da guerra devem ser estudadas por aquele que deseja dirigí-las.

40. Isso explica a rapidez com a qual se formam grandes generais, e porque o general não é um sábio

Essa conclusão da nossa pesquisa é de fato tão necessária que qualquer outra nos teria deixado desconfiados de sua precisão. Somente assim se explica como alguns obtiveram grande sucesso na guerra nos mais altos escalões, até mesmo na qualidade de comandante-em-chefe, cujas atividades anteriores eram de natureza completamente diferente; como via de regra, os generais mais distintos nunca surgiram da classe dos oficiais mais estudados ou eruditos, mas foram, em sua maioria, homens que, em sua posição, jamais poderiam alcançar grande conhecimento. Por causa disso, aqueles que consideraram necessário ou mesmo útil começar a educação de um futuro general por uma instrução incluindo até os menores detalhes sempre foi ridicularizado como grande pedante. Seria fácil mostrar a direção ofensiva disso, pois a mente humana é formada pelos tipos de conhecimento transmitidos a ela e pela direção dada a suas ideias. Apenas o grande pode fazer algo grande; os pequenos só podem fazer pouco se a mente humana não rejeitar isso como algo repugnante a ela.

41. As antigas contradições

Por essa simplicidade de conhecimento exigida na guerra ter sido desconsiderada, enquanto esse conhecimento foi confundido com um grupo, sem vida, secundário de ciências e habilidades, a óbvia contradição na qual ele caiu frente aos fatos da vida real só poderia ser solucionada se fosse atribuída tudo ao gênio, que não exige nenhuma teoria e para o qual nenhuma teoria deveria ser formulada.

42. Assim, foi negado todo o uso do conhecimento, e tudo foi atribuído aos talentos naturais

Pessoas de bom senso perceberam a imensa distância entre um gênio dos mais elevados e um aprendiz pedante. Eles se tornaram uma espécie de livre-pensadores, rejeitaram qualquer crença em teoria e afirmaram que a condução da guerra é uma função natural do homem, que ele executa melhor ou pior, dependendo se veio ao mundo com mais ou menos talento nesse sentido. Não se pode negar que estes estão mais próximos da verdade do que os que valorizam o falso conhecimento; ao mesmo tempo, é fácil perceber que tal visão não é mais que um exagero. Nenhuma atividade da inteligência humana é possível sem um certo estoque de ideias, mas estas não são, para a maioria, inatas, mas adquiridas, e constituem seu conhecimento. A única questão, portanto, é de que espécie deveriam ser essas ideias; e pensamos ter respondido isso quando dissemos que, na guerra, elas deveriam ser direcionadas àquilo com que o homem na guerra lida diretamente.

43. O conhecimento exigido deve variar de acordo com a posição hierárquica

Dentro do campo de atividade militar, o conhecimento exigido deve ser diferente de acordo com a posição do líder.

Ela será direcionada a objetivos menores e mais circunscritos se ele tiver uma posição inferior, ou a maiores e mais abrangentes se sua posição for superior. Há comandantes-em-chefe que nunca poderiam ter se destacado à frente de regimento da cavalaria, e vice-versa.

44. O saber na guerra é muito simples, mas, ao mesmo tempo não muito fácil

Mas apesar de o saber na guerra ser muito simples, isto é, direcionado a poucas questões, e considerando-as apenas em seu resultado final, colocá-lo em prática não é, assim, muito fácil. Já falamos no primeiro livro das dificuldades a que geralmente a atividade da guerra é submetida; aqui omitimos aquilo que só pode ser superado pela coragem; e reafirmamos que a atividade da mente também só é simples e fácil nos postos inferiores, mas cuja dificuldade aumenta com a superioridade do posto, como no mais alto, o de comandante-em-chefe, que deve ser reconhecido entre os mais difíceis desafios que a mente humana pode enfrentar.

45. A natureza desse conhecimento

O comandante de um exército não precisa nem ser um grande pesquisador de história nem um grande propagandista, mas deve ser bem instruído sobre as mais altas questões do Estado; ele deve conhecer e ser capaz de julgar corretamente, as tendências tradicionais, os interesses em jogo, as questões em pauta e as personalidades dirigentes; ele não precisa ser um grande observador do homem, ou saber dissecar o caráter humano, mas deve conhecer o caráter, os sentimentos, os hábitos, os pontos fortes e fracos de cada um dos que deve comandar. Ele não precisa entender sobre a construção de veículos, ou sobre arrear cavalos, mas deve saber exatamente como calcular precisamente a duração da marcha de uma coluna sob diferentes circunstâncias. Isso são exemplos de conhecimento que não pode ser extorquido por ajuda de fórmulas científicas ou invenções; ele é obtido apenas com o exercício do julgamento preciso e da observação das coisas e da vida, com um certo talento especial para a apreensão de ambos.

O conhecimento necessário para uma alta posição na ação militar se distingue por isso, pela observação, isto é, pelo estudo e reflexão, e só pode ser alcançado por um talento especial que como um instinto intelectual sabe extrair do fenômeno da vida a sua essência, assim como as abelhas fazem o mel das flores; esse instinto também pode ser adquirido tanto pela experiência de vida, quanto pelo estudo e reflexão. A vida apesar de sua riqueza de ensinamentos nunca formará um Newton ou um Euler, mas pode, sim, formar um poder de cálculo superior ao de um Condé ou de um Frederick.

Portanto, não é necessário que, para justificar a dignidade intelectual da atividade militar nos utilizemos de mentiras e pedantismos tolos. Nunca houve um comandante grande e distinto de mentalidade mesquinha, mas são muitos os tipos de homens que, depois de se destacarem em postos mais baixos, mostraram-se medíocres nos mais altos, com insuficiência de capacidade intelectual. É evidente que mesmo entre os comandantes-em-chefe pode ser feita uma distinção de acordo com o grau de autoridade de que dispõem.

46. O conhecimento teórico deve se tornar um poder real

Ainda temos de considerar uma condição muito mais necessária para o conhecimento da condução da guerra que para qualquer outro, o fato de ele se tornar completamente parte da pessoa e quase deixar de ser algo objetivo. Em quase todas as outras artes e coisas da vida, o sujeito pode fazer uso das verdades que aprendeu uma única vez; estas, porém, no espírito e no sentido, já não o habitam mais e ele as extrai de velhos livros. Mesmo as verdades que maneje e utilize diariamente podem continuar externas a ele. Se um arquiteto pega uma caneta e para determinar, por um cálculo complicado, a força de uma coluna, a verdade encontrada como resultado não é fruto de sua própria mente. Primeiro, ele teve de procurar, laboriosamente, os dados e então submetê-los a uma operação da mente, a uma regra que não foi ele quem descobriu, e de cuja necessidade naquele momento ele é apenas parcialmente consciente, mas que aplica, na maioria das vezes, como uma habilidade mecânica. Mas nunca é assim na guerra. A reação moral e intelectual, as formas eternamente mutáveis das coisas, torna necessário para o sujeito carregar consigo todo o aparato mental de seu conhecimento, para que em qualquer situação e em qualquer momento ele possa por si mesmo tomar a decisão necessária. O conhecimento deve, por se assimilar completamente a sua mente e a sua vida, ser convertido em poder real. Essa é a razão por que tudo parece tão fácil para homens que se destacam na guerra e porque tudo é atribuído ao talento natural. Dizemos talento natural para distingui-lo daquele formado e amadurecido pela observação e pelo estudo.

Achamos que, por essas reflexões, explicamos o problema de uma teoria de condução da guerra e apontamos o caminho para sua solução.

Dos dois campos em que dividimos a condução da guerra, tática e estratégia, a teoria sobre a segunda contém inquestionavelmente, como já se observou, as maiores dificuldades, pois a primeira é quase limitada a um campo circunscrito de questões. Mas a segunda, que diz respeito aos objetivos que levam diretamente à paz, encontra-se em um campo sem limites de possibilidades. Como essencialmente é apenas o comandante-em-chefe que deve manter o foco nesses objetivos, a parte da estratégia de que é responsável também está sujeita a essa dificuldade.

A teoria, portanto, na estratégia, especialmente quando compreende as mais elevadas conquistas, termina, no que toca à consideração das coisas, muito antes do que o faz na tática e se contenta em ajudar o soldado na percepção das coisas que, misturadas com todos os seus pensamentos, percorrem seu caminho com mais facilidade e segurança e nunca o coloca contra si mesmo para obedecer a uma verdade objetiva.

III. O armamento do povo[29]

A guerra do povo na Europa civilizada é um fenômeno do século 19. Tem seus defensores e seus opositores: esses últimos a consideram pelo viés político como meio revolucionário, um estado de anarquia legalizado, como perigoso tanto para a ordem social local quanto para o inimigo; ou, pelo viés militar, acreditando que o seu resultado não é compatível com os esforços das forças. O primeiro ponto não nos preocupa aqui, pois entendemos a guerra do povo meramente como uma maneira de lutar, portanto, em sua conexão com o inimigo; mas, em relação ao último ponto, devemos observar que uma guerra do povo, em geral, deve ser considerada como a consequência do modo pelo qual, nos dias de hoje, a violência elementar da guerra derrubou seus antigos limites artificiais; como a expan-

[29] Capítulo 26 do livro 6.

são e o fortalecimento de todo o processo de fermentação que chamamos de guerra. O sistema de recrutamento, o enorme aumento no tamanho dos exércitos por causa desse recurso e do alistamento universal, a utilização da milícia são coisas que vão na mesma direção, se tivermos como ponto de partida o limitado sistema militar de antigamente; e o *levée en masse*, ou o armamento do povo, vai também na mesma direção. Se o primeiro desses complementos mencionados são consequências naturais e necessárias dos limites destruídos; e se eles aumentaram tanto o poder daqueles que primeiro os utilizaram fazendo o inimigo entrar no jogo e ser obrigado a agir da mesma maneira, assim também será com as guerras nacionais. Na maioria dos casos, as nações que fazem uso inteligente desses meios ganharão uma superioridade proporcional sobre aqueles que desprezam seu uso. Sendo assim, a única questão que se coloca é se essa nova intensificação da violência da guerra é, em sua totalidade, salutar ou não para a humanidade, questão tão fácil de responder quanto a da guerra propriamente dita. Deixemos ambas para os filósofos. Pode-se adiantar a opinião de que os recursos gastos pela guerra do povo podem ser empregados de maneira mais efetiva, se usados no emprego de outros meios militares; nenhuma investigação mais profunda, entretanto, precisa ser feita para o convencimento de que esses recursos, em sua maioria, não estão à nossa disposição e não podem ser usados ao bel prazer de qualquer um. Uma parte essencial desses meios, o elemento moral, só pode ter existência pelo seu emprego sob essa forma.

Portanto, não perguntamos mais: quanto custa à nação a resistência que todo povo em armas é capaz de oferecer? Mas, sim: qual a influência que tal resistência pode produzir? Quais são suas condições e como ela deve ser usada?

Uma resistência amplamente dispersa não está preparada para grandes golpes que necessitam de uma ação concentrada em um determinado tempo e espaço. Sua ação, assim como o processo da evaporação na física, depende da extensão de sua superfície exposta. Quanto maior essa superfície maior o contato com o exército inimigo e quanto mais este exército se espalha, tanto maiores são os efeitos do armamento do povo. Como um fogo lento e gradual, ele destrói as bases do exército inimigo. Como ele precisa de tempo para produzir seus efeitos, enquanto os elementos hostis se examinam um ao outro, há um estado de tensão que, ou se enfraquece gradualmente caso a guerra do povo seja extinta em alguns pontos e queime lentamente em outros, ou leva a uma crise, caso o fogo dessa conflagração geral envolva o exército inimigo e o obrigue a sair do país antes que seja inteiramente destruído. Para que esse resultado seja alcançado somente com a guerra do povo, devemos pressupor uma extensão de superfície maior que qualquer país da Europa, com exceção da Rússia, ou pressupor uma desproporção entre a força do exército invasor e o tamanho do país, o que nunca ocorre na realidade. Então, para evitar perseguir um fantasma, devemos imaginar a guerra do povo sempre combinada a uma guerra com um exército comum, e ambas conduzidas de acordo com um plano que pensa no conjunto.

As condições pelas quais a guerra do povo pode sozinha se tornar efetiva são as seguintes:

– a guerra deve ser travada no interior do país;

– ela não deve ser decidida por uma única catástrofe;

– que o teatro da guerra ocupe uma extensão considerável do país;

– que as medidas tomadas devam corresponder ao caráter nacional;

– que o país seja de uma natureza inacessível e acidentada, ou por ser montanhoso, ou por causa de florestas e pântanos, ou pelo método peculiar de cultivo empregado.

É de pouca importância se a população é ou não numerosa, pois a falta de homens é mais improvável do que a falta de qualquer outra coisa. Se os habitantes são ricos ou pobres é outro aspecto que tampouco é decisivo, pelo menos não deveria sê-lo; mas deve se admitir que uma população pobre, acostumada a trabalhos pesados e provações, geralmente se mostra mais vigorosa e mais preparada para a guerra.

A peculiaridade de um país que favorece muito a ação da guerra do povo são as propriedades rurais espalhadas pelo interior, como pode ser encontrado em muitas partes da Alemanha. O país é mais recortado e encoberto; as estradas são piores, porém mais numerosas; o aquartelamento das tropas torna-se muito mais dificultoso. Essa peculiaridade repete em menor escala o que a guerra do povo possui em maior grau, isto é, que o princípio da resistência existe em todos os lugares, mas não é perceptível em lugar nenhum. Se os habitantes se juntam em vilas, as mais problemáticas passam a ter tropas aquarteladas nelas, ou como castigo elas são saqueadas, suas casas são queimadas etc., um sistema que não daria tão certo na comunidade de camponeses de Westfália.

Levantes populares e camponeses armados não podem e não devem se voltar contra o corpo principal do exército inimigo, ou mesmo contra qualquer força considerável; eles não devem tentar acabar com o núcleo, devem apenas roer a superfície e as bordas. Eles deveriam surgir nas províncias situadas nos arredores do teatro da guerra, em que o assaltante não aparece como força, para retirar todas essas províncias da influência deste. Onde ainda não há inimigo, não há falta de coragem em se opor a ele; e a massa da população vizinha vai aos poucos se contagiando com esse exemplo. Assim o fogo se propaga como o faz na palha seca, e finalmente atinge o território onde o agressor está estabelecido; elimina seus canais de comunicação e corta o fio vital de que depende sua existência. Ainda que não tenhamos ideias exageradas da onipotência da guerra do povo, que a consideremos um elemento inesgotável e inconquistável, sobre a qual a força de um exército tem tão pouco controle como a vontade dos homens tem sobre o vento e a chuva; resumindo, ainda que nossa opinião não seja baseada em um panfleto retórico, temos de admitir que não conseguimos dirigir camponeses armados da mesma maneira que um corpo de soldados que se agrupam como um rebanho de gado e que geralmente agem instintivamente. Os camponeses armados, ao contrário, quando espalhados, se dispersam em todas as direções, sem necessitar de um plano elaborado; nessas circunstâncias, a marcha de um pequeno corpo de tropas por terrenos montanhosos e por densas florestas, ou mesmo em países com outras dificuldades, torna-se uma missão muito perigosa, pois a qualquer momento a marcha pode tornar-se um recontro; se de fato não se virem pessoas armadas por algum tempo, os mesmos camponeses já dispersos pela cabeça da coluna podem a qualquer momento reaparecer na sua retaguarda. Se o objetivo é destruir estradas e bloquear rotas entre montanhas, os meios que postos avançados ou colunas volantes de um exército podem utilizar para isso se aproximam da relação daqueles mantidos por um corpo de camponeses insurgentes, assim como os movimentos de um autômato se relacionam com os do ser humano. O inimigo não tem outros meios de se opor aos levantes populares a não ser o destacamento de inúmeros grupos a fim de escoltar comboios, de ocupar estações militares, rotas entre montanhas, pontes etc. Como os primeiros esforços dos levantes populares são pequenos, na mesma proporção, os destacamentos enviados pelos inimigos são pouco numerosos, pois ele teme de dispersar suas forças demasiadamente; é nesses corpos fracos que o fogo da guerra nacional acende ainda mais, o inimigo é derrotado numericamente em alguns pontos, a coragem aumenta, o amor pela luta ganha força, e a intensidade dessa luta aumenta até que se aproxima o ponto culminante que deve decidir o seu resultado.

De acordo com nossa ideia de guerra do povo, ela deveria, como uma espécie de vapor de essência nebulosa, nunca se condensar em um corpo sólido; caso contrário, o inimigo envia uma força adequada contra esse núcleo, o esmaga e faz muitos prisioneiros. Então, sua coragem acaba; todos acham que a questão principal foi decidida, qualquer esforço agora é vão, e as armas caem das mãos do povo. Entretanto, por outro lado, é necessário que essa névoa se una em certos pontos e crie densas massas, formando nuvens ameaçadoras das quais, por várias vezes, possa surgir um poderoso raio. Esses pontos se situam principalmente nos flancos inimigos do teatro da guerra, como já observamos. Lá o povo armado deve estar organizado em corpos maiores e mais ordenados, apoiados por uma pequena força de tropas regulares, para dar a impressão de uma força regular e para fazer com que elas se aventurem em operações de grande escala. Quanto mais se afasta desses pontos, a organização do armamento do povo deve se tornar, proporcionalmente, menos regular, uma vez que ela deve ser empregada contra a retaguarda do inimigo, onde ele está exposto aos mais duros golpes. Essas massas melhor organizadas são para atacar subitamente as grandes guarnições que o inimigo deixa para trás. Além do mais, servem para criar um sentimento dc desconforto e temor, e aumentar a impressão moral do todo. Sem isso, o efeito total se enfraqueceria, e a situação do inimigo não seria suficientemente desconfortável.

O jeito mais fácil de um general produzir essa forma mais efetiva do armamento do povo é apoiar o movimento com o envio de pequenos destacamentos do exército. Sem o apoio de algumas tropas regulares como estímulo, os habitantes geralmente sentem falta de um impulso e não têm a confiança para pegar em armas. Quanto mais fortes esses destacamentos, maior será seu poder de atração, maior será a avalanche a rebentar. Mas isso tem seus limites; em parte porque seria prejudicial dividir todo o exército para esse objetivo secundário, dissolvê-lo, como era antes, em um corpo irregular e formar com isso uma extensa e fraca linha defensiva, pela qual podemos ter certeza de que o exército regular e os levantes populares estariam completamente arruinados; em parte porque a experiência parece nos dizer que, quando há muitas tropas regulares em um mesmo distrito, a guerra do povo perde em vigor e eficácia. As causas disso são, em primeiro lugar, que muitas das tropas inimigas são deslocadas a esse distrito; em segundo lugar, porque os habitantes confiam em suas tropas regulares; e, em terceiro lugar, porque a presença de grandes tropas exige muito das potencialidades do povo em outros aspectos, como o aquartelamento, o transporte, contribuições etc.

Outra maneira de evitar qualquer reação demasiado séria da parte do inimigo contra a guerra do povo constitui, ao mesmo tempo, um princípio-guia no método de se utilizar esses levantes; a regra é que com esse grande meio estratégico de defesa, uma tática de defesa raramente ou nunca deveria acontecer. O caráter dos recontros travados por levantes populares é o mesmo dos recontros de tropas de qualidade inferior – grande impetuosidade e um ardor inflamado no começo, mas pouca frieza e tenacidade em um combate prolongado. Além disso, as consequências de uma derrota ou dispersão de um corpo do levante popular são pequenas, uma vez que ele é feito para isso, porém um grupo assim não deve ser destruído por grandes perdas com mortos, feridos e prisioneiros; uma derrota dessas rapidamente acabaria com seu ardor. Mas essas peculiaridades se opõem completamente à natureza de uma tática defensiva. Em um recontro defensivo, uma ação lenta, persistente e sistemática é exigida, e devem-se correr grandes riscos; uma simples tentativa, da qual podemos desistir em qualquer momento, nunca dará resultados na defensiva. Se, portanto, a defesa de qualquer obstáculo natural for confiada aos levantes populares, deve-se tomar cuidado para que tal medida não leve a um decisivo recontro de defesa; pois, por mais favoráveis que as circunstâncias possam ser, os levantes populares seriam certamente derrotados. Eles podem e devem, portanto, defender os acessos às montanhas, diques de pântanos, passagens de rios, pelo tempo possível; mas, uma vez atingidos, eles devem se dispersar rapidamente e continuar sua defesa com ataques inesperados, em vez de se concentrar e se manter em silêncio em algum refúgio estreito em uma posição de defesa regular. Por mais corajoso que seja um povo, por mais guerreiros que sejam seus hábitos, por mais intenso que seja o ódio pelo inimigo, por mais favorável que seja a natureza do país, é fato inegável que a guerra do povo não pode ser mantida em uma atmosfera de grande perigo. Se, portanto, seu combustível material deve se transformar em uma chama considerável, deve ser em pontos remotos onde há mais ar, e onde ela não pode ser extinta por um único grande golpe.

Essas reflexões são mais impressões subjetivas da verdade do que uma análise objetiva, pois o assunto, até agora, quase não foi posto em evidência e foi muito pouco estudado por aqueles que longamente o observaram com seus próprios olhos. Temos de adicionar apenas que o plano da estratégia de defesa pode incluir a cooperação de um levante em massa de dois diferentes modos: como um último recurso depois de uma batalha perdida; como uma assistência natural antes que a batalha decisiva seja travada. O último caso supõe uma retirada para o interior do país e aquele tipo de reação indireta de que tratamos nos capítulos 8 e 24 deste livro. Temos, portanto, apenas algumas palavras a dizer sobre a missão dos levantes populares após uma batalha perdida.

Nenhum Estado deve acreditar que o seu destino, ou seja, toda sua existência depende do resultado de uma batalha, mesmo da mais decisiva. Se ele é derrotado, o chamado de forças renovadas e o enfraquecimento natural ao qual toda ofensiva está sujeita com o passar do tempo pode trazer uma virada de sorte, ou pode vir uma ajuda do exterior. Sempre há tempo para morrer; e assim como, por instinto, o homem se afogando se agarra à palha, é da ordem natural do mundo moral que um povo tente os últimos meios de salvação quando ele se vê impelido para a beira do abismo.

Por mais fraco e menor que um Estado seja em comparação a seu inimigo, se ele abre mão de um último e extraordinário esforço, podemos dizer que já não há mais alma nele. Isso não exclui a possibilidade de ele se salvar de uma destruição completa pelo alcance da paz por meio do sacrifício; mas nem mesmo essa tentativa acaba com a utilidade de novas medidas de defesa; elas não farão a paz ficar mais difícil ou mais onerosa, mas mais fácil e melhor. Elas são ainda mais necessárias se há uma expectativa de ajuda daqueles interessados em manter nossa existência política. Portanto, qualquer governo que, depois da derrota de uma grande batalha, pense apenas em permitir que seu povo rapidamente desfrute do conforto da paz, que se sinta tomado pela frustração de suas esperanças, que não sinta mais a coragem e o desejo de estimular todas as suas forças, ele comete por fraqueza, uma grosseira incoerência, e mostra não ser merecedor da vitória e talvez, por causa disso, tenha sido incapaz de conquistá-la.

Por mais decisiva que seja, portanto, a derrota sofrida pelo Estado, suas fortalezas e levantes populares podem ser usados quando de uma retirada do exército para o interior. Juntamente com isso, é vantajoso se o flanco do principal teatro da guerra for cercado por montanhas ou por extensões de território muito complexas. Estas agora se mantêm como bastiões, das quais o inimigo terá de suportar o fogo do flanqueamento estratégico.

Se o inimigo vitorioso está fechando o cerco, se deixou fortes guarnições para trás para proteger sua comunicação, ou até mesmo destacamento de tropas para garantir espaço de manobra e para manter as províncias adjacentes subjugadas, se ele já se enfraqueceu por suas várias perdas tanto em homens quanto em materiais de guerra, então chega o momento em que o exército defensivo deve entrar novamente em linha e, por um ataque bem direcionado, abalar o inimigo em sua posição desfavorável.

O LEGADO DE LEON TROTSKY

Lev Davidovitch Bronstein, ou Leon Trotsky, nasceu em 26 de outubro de 1879, na localidade de Yanovka, no Sul da Ucrânia, região de terras férteis, produtoras de trigo.

Seus pais, David Leontievitch Bronstein e Ana Bronstein, eram proprietários de terras e trabalhavam na agricultura em 100 hectares próprios, e mais uma quantia de terras arrendadas do coronel reformado do Exército russo, Yanovsky. Apesar de contratarem força de trabalho, moravam em um casebre de barro coberto de palha. Aos poucos, os Bronstein tornaram-se grandes fazendeiros e possuidores do único moinho de trigo da região.

Quando Lev nasceu, o casal de judeus chegou ao sexto filho, ainda teriam mais dois. Quatro deles morreriam de difteria.

Desde o século 16, o tsar Ivan obrigou a população judia a escolher entre a conversão ao cristianismo ou a condenação à morte por afogamento. Mesmo convertidos, não significava que tivessem garantias de algum direito. Assim viveram até o século 19.

O governo havia confinado os judeus russos naquela região do Sul da Ucrânia, aparentemente uma reserva cercada pelo mar Negro e o mar Báltico. Ali eram vigiados e proibidos de viajar ou de mudar de região dentro do país.

David aproveitou um momento de calmaria, por volta de 1879 e antes de Lev nascer, deslocou-se com a família para Yanovka onde adquiriu a sua propriedade fora da reserva.

Os filhos do casal Bronstein, devido ao intenso trabalho agrícola dos pais, passavam os dias sozinhos, brincando. Trotsky, mais tarde, ao se referir à sua infância, a chamava de "atmosfera cinzenta".[30]

Nesse período, habituou-se a viver na solidão e a refletir calado sobre os assuntos corriqueiros. Aprendeu rapidamente as lições do pai que deveria esforçar-se no trabalho, viver com economia e moderação e ser extremamente organizado.

A mãe de Lev tinha uma boa cultura. Foi educada na cidade e se casara contra a vontade dos pais, que não concordavam que ela se unisse a um "camponês ignorante". À noite, a família se reunia para ouvir Ana ler em voz alta os romances que tomava emprestados na biblioteca pública da cidade.

A vida fora do "palio" (reserva destinada aos judeus) viria a ser um problema para pôr os filhos na escola. Quando Lev completou a idade escolar, os pais, por serem judeus, não puderam matriculá-lo na escola de Yanovka. A legislação antissemita impedia que as crianças dessa origem frequentassem escolas públicas. Lev teve que se mudar para Gromolka e viver com um tio que recebia produtos da fazenda em troca da hospedagem.

As dificuldades para Lev se multiplicaram, pois a língua falada naquele local diferenciava-se da sua e por isso pouco

---

30 GARZA, Hedda. *Os grandes líderes*. São Paulo, Nova Cultural, 1987.

podia conversar e fazer amigos. Passou a viver amargurado originando-se ali dores estomacais que o acompanhariam pelo resto da vida.

Aos 9 anos de idade, mudou-se para Odessa para estudar e passou a viver com um primo que lhe dava aulas de matemática, geometria, gramática e língua russa. Teve contato então, já naquela idade, com as obras de Tolstoi, Goethe, Dickens e as discutia com o casal Monya e Fanny.

Passou a gostar de escrever; anotava todas as ideias que lhe surgiam e antes dos 10 anos passou a usar óculos, que, segundo ele, lhe davam um ar de seriedade maior. Liderou um movimento contra um professor que na sala de aula castigou um aluno na frente da turma, o que lhe custou uma suspensão e a perda do semestre. Por conta disso, teve de voltar para a casa dos pais. Retorna para Odessa no ano seguinte.

Em 1894 morreu o tsar Alexandre III e subiu ao trono seu filho, Nicolau II, que reproduziu o comportamento de seu pai.

Ao terminar a 6ª série em 1896, teve de mudar-se para outra cidade, Nikolayev, onde conheceu e se apaixonou por Alexandra Lvovna Sokolovskaya, 6 anos mais velha que ele e conhecedora do marxismo.

Ainda no mesmo ano de 1896, criou a "Associação do Conhecimento Universal", junto com um grupo de jovens conhecidos como "jardineiros", por terem adquirido o hábito de se reunirem em um pomar arrendado de um jardineiro tcheco, Franz Shvigovsky.

Em 1897 ajudou a organizar a Liga Operária do Sul da Rússia, quando, com 18 anos de idade, foi preso pela primeira vez e condenado a 2 anos de detenção. Casou-se, ao sair da prisão, com Alexandra, mas logo em seguida foi condenado a 4 anos de exílio na Sibéria, para onde foi enviado com a esposa. Ali nasceram as suas duas primeiras filhas, Zinaida e Nina. Nina faleceu em 1920 de tuberculose e Zinaida suicidou-se em 1933 para fugir da perseguição de Stalin.

Adotou o nome de Trotsky em 1902, dizendo ser oriundo de um guarda que conheceu na sua primeira prisão. Precisou mudar o nome para fugir da Sibéria para Samara e depois para a Áustria. A esposa e as duas filhas permaneceram para cumprir os 2 anos de pena que ainda faltavam.

Em Londres conheceu Lenin, que também estava exilado e editava o jornal *Iskra*. Trotsky foi incluído no conselho do jornal. Mas essa cooperação durou pouco. Em 1903, no 2° Congresso do Partido, no qual foram discutidas as concepções organizativas, o partido se dividiu; Trotsky e Lenin se separam. O primeiro passou a ser visto como menchevique e o segundo como bolchevique, numa alusão aos girondinos e aos jacobinos do primeiro Parlamento composto logo após a Revolução Francesa de 1789.

Trotsky era visto como independente, apesar de estar próximo aos mencheviques, mas sua posição somente se tornou mais clara em 1905, quando rompeu com os mencheviques e de fato ficou independente até próximo da revolução de 1917 quando se aproximou novamente de Lenin.

Ainda em 1902, em uma palestra que ministrou em Paris, conheceu Natalya Ivanovna Sedova. Embora nunca tenha se separado de Alexandra, passou a viver com Natalya até o final da vida, com a qual teve dois filhos: Serguei e Leon. Serguei desapareceu perseguido por Stalin e Leon morreu misteriosamente em Paris em 1938, num pós-operatório de uma apendicite.

Em 1905, Trotsky retornou à Rússia para participar da revolução, quando foi eleito presidente do primeiro conselho revolucionário de São Petersburgo. Em decorrência da derrota da revolução, foi preso e deportado novamente para a Sibéria. Mas, em janeiro de 1907 conseguiu fugir e chegar a Londres a tempo de participar do 5º Congresso do Partido. De lá, ao terminar o congresso, mudou-se para Viena, onde criou o jornal bimensal *Pravda* (*A verdade*), que chegou a ser reconhecido como órgão do partido. Lev Kamenev, cunhado de Trotsky, que posteriormente viria a ser seu inimigo, entrou no conselho, como forma de garantir a linha do partido. O conselho do jornal, cheio de divergências internas, seguiu editando o jornal até 1912, quando os bolcheviques, aproveitando a referência já criada, passaram a editar o *Pravda* com maior circulação. Trotsky passou a viajar pela Europa como correspondente de um jornal liberal ucraniano: *Pensamento de Kiev*.

No decorrer da revolução em 1917, Trotsky abandonou a sua posição de independente e se somou aos bolcheviques, destacando-se como organizador e agitador. Foi eleito presidente do Soviete de Petrogrado e líder do Comitê Militar Revolucionário, encarregado de tomar o palácio.

Na composição do Governo Provisório que funcionaria até a convocação da Assembleia Constituinte, Trotsky apareceu como responsável pelos Negócios Estrangeiros. Sua missão era negociar a paz da I Guerra Mundial com a Alemanha. Mas, nas negociações do armistício com a Alemanha, Trotsky não seguiu a posição do governo nem a dos grupos de esquerda, e adotou uma posição de "tanto faz", ou seja, nem paz, nem guerra. E retirou-se das negociações. Por outras vias, o governo russo foi obrigado a assinar o tratado em 3 de março de 1918.

Devido à condução contraditória do tratado de paz, Trotsky abandonou o cargo de responsável pelos Negócios Estrangeiros, mas foi nomeado Comissário do Povo para Assuntos Militares e, posteriormente, líder do Comitê Militar Revolucionário; com isso, assumiu e destacou-se na criação do Exército Vermelho.

Devido ao acerto da linha estratégica traçada inicialmente, o Conselho Militar Supremo foi desfeito e ele foi nomeado comandante-em-chefe do Exército Vermelho. Mas, logo depois, por discordâncias com o Comitê Central do Partido, foi destituído e, em seu lugar, foi colocado o general Serguei Kamenev.

Paralelamente ao comando de Trotsky, Stalin foi encarregado, no mesmo período, de organizar uma intendência na região que mais tarde foi chamada de Stalingrado. Ali passou a rejeitar a política de Trotsky e a não se subordinar às suas ordens na região. Formou-se assim o germe de uma longa divergência que não cessaria nem com a morte de Trotsky, que ocorreu a mando de Stalin em 1940, no México, nem com a morte de Stalin em 1954, mas continuaria entre as correntes de pensamento trotskistas e estalinistas pelas décadas seguintes.

A partir de 1923, após a realização do 12º Congresso no partido, Stalin, apenas aparentemente enfraquecido pela eleição de um triunvirato com Kamenev e Zinoviev, que posteriormente seriam perseguidos e mortos, iniciou a burocratização do partido e passou a centralizar o poder depois da morte de Lenin, em janeiro de 1924.

As divergências acirraram-se e Trotsky foi expulso do partido em 12 de novembro de 1927. Em janeiro de 1928, seguiu para o exílio no Cazaquistão e, em 1929, foi banido da União Soviética.

Para fugir das perseguições de Stalin, Trotsky passou pela Turquia, França e Noruega onde aproveitou para escrever as suas ideias; em 1936 instalou-se com a esposa na cidade do México.

Em 19 de agosto de 1939, Trotsky, mesmo sem estar presente, e mais um grupo de revolucionários, entre eles, Kamenev e Zinoviev, foram julgados e condenados à morte.

No intuito de se manter articulado internacionalmente e contestar organizadamente o poder de Stalin, em 3 de setembro de 1938, com 25 delegados de 11 países, fundaram a Quarta Internacional, em oposição à Terceira Internacional, liderada por Stalin.

Em 24 de maio de 1940, Trotsky foi surpreendido enquanto dormia, com um ataque em sua casa, do qual escapou ileso. Mas, em 20 de agosto, foi assassinado em seu escritório com um golpe de picareta de alpinista na cabeça, a mando de Stalin, desferido por Ramón Mercader, que havia se tornado namorado de Sylvia, amiga e colaboradora de Trotsky.

★★★

Trotsky, apesar de não ter tido oportunidade de cursar regularmente a escola, tinha gosto pelo estudo e pela escrita. Deixou muitos artigos e livros escritos. Suas obras mais conhecidas são: *Minha vida* (autobiografia), *A história da revolução russa*, *A revolução traída* e *A revolução permanente*.

Para este trabalho, selecionamos uma conferência ministrada por ele em 27 de novembro de 1932, no Estádio de Copenhague, na Dinamarca, quando expôs detalhadamente a estratégia da revolução russa. Nessa conferência, Trotsky aproveitou para detalhar o caminho adotado para chegar ao poder e como se lançaram na construção da nova sociedade.

E um segundo texto, no qual Trotsky expõe as teses do "Que é, afinal, a revolução permanente", escrito em 1930.

Esse assunto já era uma preocupação de Trotsky desde 1903, quando tomou conhecimento de um esboço do assunto elaborado pelo alemão Alexander Helphand.

Em 14 pontos, Trotsky procurou resumir a teoria da revolução permanente. Na sua visão inicial, principalmente nos países de desenvolvimento atrasado, ela tomaria corpo com a "ditadura do proletariado", que assumiria o poder e a direção da nação. A união do operariado e do campesinato levaria à frente as tarefas da "revolução democrática", com a direção da vanguarda proletária organizada por meio do partido comunista.

"No curso do desenvolvimento, a revolução democrática se transforma diretamente em revolução socialista, tornando-se, pois, uma revolução permanente". Em vez de pôr fim à revolução com a tomada do poder, o proletariado apenas a inaugura e dá continuidade à luta de classes em nível nacional e internacional, seja por meio da guerra civil, ou da guerra revolucionária.

Então acentuou o eixo central da teoria de que "a revolução permanente não pode ocorrer em um só país". [...] "A revolução socialista começa no terreno nacional, desenvolve-se na arena internacional e termina na arena mundial... só termina com o triunfo definitivo da nova sociedade em todo o planeta".

Para ele, as condições para o socialismo estavam criadas no mundo todo, embora os países chegassem ao socialismo em ritmos diferentes.

Enfim, a teoria da revolução permanente se insurgia contra a tendência de organizar o socialismo num só país que, além de significar um desvio de análise estalinista, desqualificava o marxismo e o levava a burocratização.

I. O QUE FOI A REVOLUÇÃO RUSSA[31]

LEON TROTSKY

Caros ouvintes:

Permitam-me, em primeiro lugar, expressar-vos o meu sincero pesar por não poder falar na língua dinamarquesa perante um auditório de Copenhague. Pergunto a mim mesmo se os ouvintes perderão algo com isso. No que diz respeito ao conferencista, a ignorância do dinamarquês impede-o, no entanto, de estar em contato direto, em primeira mão e no original, com a vida e a literatura escandinavas. O que é, na verdade, uma grande perda!

O idioma alemão, ao qual sou obrigado a recorrer para tais fins, é poderoso e rico; mas a "minha língua alemã" é bastante limitada. Até porque, para questões complicadas, só nos explicamos com a liberdade necessária na nossa própria língua. Portanto, peço, antecipadamente, desculpas ao auditório.

---

31 Texto extraído de *A Revolução Russa (conferência)*, Editora Informação, São Paulo, 1989, pp.1-43.

Estive pela primeira vez em Copenhague para participar no Congresso Socialista Internacional e levei comigo as melhores lembranças da vossa cidade. Mas, já se passou um quarto de século. No Ore-Sund e nos fiordes, a água renovou-se muitas vezes. Mas não só a água. A guerra quebrou a coluna vertebral do velho continente europeu. Os rios e os mares da Europa arrastaram muito sangue humano. A humanidade, em particular a parte europeia, atravessou duras provas. Tornou-se mais sombria. Mais brutal. Todas as formas de luta se tornaram mais ríspidas. O mundo entrou numa época de grandes transformações cujas manifestações externas são a guerra e a revolução.

Antes de abordar o tema da minha conferência – a Revolução Russa – julgo dever expressar os meus agradecimentos aos organizadores da reunião, à Associação dos Estudantes Social-democratas de Copenhague. Faço-o na qualidade de adversário político. É verdade que minha conferência trata de questões histórico-científicas e não de questões políticas. Sublinho-o desde o início. É, porém, impossível falar de uma revolução, como a que criou a República dos Sovietes, sem tomar uma posição política. Na qualidade de conferencista, a minha bandeira permanece a mesma: aquela sob a qual participei nos acontecimentos revolucionários.

Até a guerra, o partido bolchevique pertenceu à social-democracia internacional. Em 4 de agosto de 1914, o voto da social-democracia alemã a favor dos créditos de guerra acabou de uma vez por todas com essa unidade e abriu a era da luta incessante e intransigente do bolchevismo contra a social-democracia. Isso significa, portanto, que os organizadores desta reunião cometeram um erro ao me convidar como conferencista? De qualquer modo, o auditório só poderá julgar isso após a minha conferência. Justificando a aceitação de tão amável convite para fazer uma conferência sobre a revolução, permito-me recordar que, durante os 35 anos da minha vida política, o tema da revolução russa foi sempre o eixo prático e teórico das minhas preocupações e dos meus atos. Isso talvez me dê algum direito de esperar conseguir ajudar, não só os meus companheiros e amigos de ideias, mas também os meus adversários – pelo menos em parte –, a discernir melhor muitos aspectos da revolução, que até hoje escaparam à sua atenção. Numa palavra: o objetivo da minha conferência é ajudar a compreender. Não me proponho, aqui, a propagar ou apelar à revolução.

Não sei se no olimpo escandinavo havia também uma deusa da rebelião. Duvido. De qualquer modo, não solicitaremos hoje os seus favores. Colocaremos a nossa conferência sob o signo de Snatra, a velha deusa do conhecimento. Não obstante o seu caráter dramático, como acontecimento vital, pretendemos estudar a revolução com a impassibilidade do anatomista. Se o conferencista, por causa disso, se tornar mais seco, espero que os ouvintes o saberão justificar.

Para começar, fixemos alguns princípios sociológicos elementares que são sem dúvida familiares a todos, mas que devemos, porém, recordar ao tomar contato com um fenômeno tão complexo como a revolução.

A sociedade humana é o resultado histórico da luta pela existência e preservação das gerações. O caráter da economia determina o caráter da sociedade. Os meios de produção determinam o caráter da economia. A cada grande época no desenvolvimento das forças de produção corresponde um regime social definido. Até agora, cada regime social assegurou vantagens enormes à classe dominante.

É evidente que os regimes sociais não são eternos. Nascem e transformam-se historicamente em obstáculos ao progresso posterior: "Tudo o que nasce é digno de perecer".

Nunca, porém, uma classe dominante abdicou, voluntária e pacificamente, do poder. Nas questões de vida e de morte, os argumentos fundados na razão nunca substituíram os argumentos da força. É triste dizê-lo. Mas é assim. Não fomos nós que fizemos este mundo. Só podemos tomá-lo tal como é.

A revolução significa uma mudança de regime social. Ela transmite o poder das mãos de uma classe esgotada para as mãos de uma outra classe em ascensão. A insurreição constitui o momento mais crítico e mais agudo na luta de duas classes pelo poder. A sublevação não pode conduzir à vitória real da revolução e à implantação de um novo regime senão quando se apoia sobre uma classe progressista que é capaz de agrupar à sua volta a maioria esmagadora do povo.

Ao contrário dos progressos da natureza, a revolução é realizada por homens, no meio dos homens. Mas, também na revolução, os homens agem sob a influência das condições sociais que não são livremente escolhidas por eles, mas que são herdadas do passado e que lhes mostram imperiosamente o caminho. É precisamente por isso, e só por causa disso, que a revolução tem as suas próprias leis.

Mas a consciência humana não reflete passivamente as condições objetivas. Ela reage ativamente sobre estas. Em certos momentos, essa reação adquire um caráter de massa, tenso, apaixonado. As barreiras do direito e do poder são derrubadas. Na realidade, a intervenção ativa das massas nos acontecimentos constitui o elemento mais essencial da revolução.

Mas mesmo a atividade mais impetuosa pode permanecer no nível de uma demonstração, de uma rebelião, sem se elevar à altura de uma revolução. A sublevação das massas deve conduzir ao derrubamento da dominação de uma classe e ao estabelecimento da dominação de outra. Só assim teremos uma revolução consumada. O levantamento das massas não é um empreendimento isolado que se pode desencadear por capricho. Representa um elemento objetivamente condicionado no desenvolvimento da revolução, do mesmo modo que a revolução é um processo objectivamente condicionado no desenvolvimento da sociedade. Mas, se as condições da sublevação existem, não se deve esperar passivamente de boca aberta; nos problemas humanos também há, como diz Shakespeare, fluxos e refluxos: "There is a tide in the affairs of men which, taken at the flood, leads on to fortune" ("Há uma maré nos negócios humanos, que, quando tomada na enchente, conduz à fortuna.").

Para derrubar o regime que sobrevive, a classe progressista deve compreender que a sua hora chegou e deve impor-se como tarefa a conquista do poder. Abre-se aqui o campo da ação revolucionária consciente, em que a previsão e o cálculo se unem à vontade e à ousadia. Dito de outra forma: inicia-se aqui o campo de ação do partido.

O "golpe de Estado"

O partido revolucionário reúne em si o melhor da classe progressista. Sem um partido capaz de se orientar em qualquer situação, de apreciar a marcha e o ritmo dos acontecimentos e de conquistar a tempo a confiança das massas, a vitória da revolução proletária é impossível. Tal é a relação dos fatores objetivos e subjetivos da revolução e da insurreição.

Como sabeis, nas discussões, os adversários – em particular na teologia – costumam desacreditar frequentemente a verdade científica levando-a ao absurdo. Isso chama-se, na lógica, *reductio ad absordum* [redução ao absurdo]. Nós vamos tentar seguir a via oposta: isto é, tomaremos como ponto de partida um absurdo a fim de nos aproximarmos com mais segurança da verdade. Na verdade, não nos podemos queixar da falta de absurdos. Tomemos um dos mais recentes e mais indigestos.

O escritor italiano Malaparte, uma espécie de teórico fascista, lançou recentemente um livro sobre a técnica do golpe de Estado; claro que o autor consagra um número não negligenciável de páginas da sua "investigação" à insurreição de outubro.

Diferentemente da estratégia de Lenin, que permanece ligada às relações sociais e políticas da Rússia de 1917, "a tática de Trotsky, ao contrário – segundo os termos de Malaparte –, não está de nenhum modo ligada às condições gerais do país". Tal é a ideia principal da obra! Malaparte obriga Lenin e Trotsky, nas páginas do seu livro, a travar numerosos diálogos nos quais ambos os interlocutores dão provas da tão pouca profundidade de espírito como a que a natureza pôs à disposição de Malaparte. Às objeções de Lenin sobre as premissas sociais e políticas da insurreição, Malaparte atribui a Trotsky literalmente a seguinte resposta:

"A nossa estratégia exige demasiadas condições favoráveis e a insurreição não tem necessidade de nada, basta-se a si mesma". Compreendem? "A insurreição não tem necessidade de nada." Tal é precisamente, caros ouvintes, o absurdo que nos deve servir para nos aproximar da verdade. O autor repete com persistência que em outubro não foi a estratégia de Lenin, mas a tática de Trotsky que triunfou. Essa tática ameaçava, segundo os seus próprios termos, ainda agora, a tranquilidade dos Estados europeus. "A estratégia de Lenin" – cito textualmente – "não constitui nenhum perigo imediato para os governos da Europa. A tática de Trotsky constitui para eles um perigo atual e por consequência permanente". Mais concretamente: "Colocai Poincaré[32] no lugar de Kerensky[33] e o golpe de Estado bolchevique de outubro de 1917 teria também triunfado".

É difícil acreditar que semelhante livro seja traduzido em diversas línguas e tomado a sério.

Em vão procuramos aprofundar por que é que em geral a estratégia de Lenin, dependendo de condições históricas, é necessária se a "tática de Trotsky" permite resolver o mesmo problema em qualquer situação. E por que é que as revoluções vitoriosas são tão raras se para o seu sucesso basta um par de receitas técnicas?

O diálogo entre Lenin e Trotsky apresentado pelo escritor fascista é, tanto no espírito quanto na forma, uma invenção tola do princípio ao fim. Invenções semelhantes circulam muito pelo mundo. Por exemplo, em Madri foi impresso um livro com o meu nome, *La vida de Lenin*, pelo qual sou tão responsável como pelas receitas técnicas de Malaparte. O semanário de Madri *Estampa* publicou desse pretenso livro de Trotsky sobre Lenin capítulos inteiros que contêm abomináveis ultrages à memória do homem que eu estimo incomparavelmente mais do que qualquer outro dos meus contemporâneos.

Mas abandonemos os falsários à sua sorte. O velho Wilhelm Liebknecht,[34] o pai do combatente e herói imortal

32 Raymond Poincaré (1860-1934): presidente da França (1913-1920) e primeiro-ministro (1912, 1922 1924, 1926-1929). A reforma monetária de 1921, que reduziu o franco a um quinto do seu valor de 1911, foi batizada com o seu nome.

33 Alexander Kerensky (1882-1970): ligado à ala direita do Partido Social Revolucionário russo, era primeiro-ministro do Governo Provisório que foi derrubado pelos bolcheviques.

34 Wilhelm Liebknecht (1826-1900): um dos fundadores e dirigentes do Partido Social-democrata alemão.

Karl Liebknecht,[35] gostava de repetir: o homem político revolucionário deve prevenir-se com uma pele grossa. O doutor Stokman recomendava ainda mais expressivamente a todo aquele que se propõe a ir contra a opinião pública que não vestisse calças novas.

Quais as perguntas que a Revolução de Outubro sugere a todos os homens? Primeira: por que obteve êxito essa revolução? Ou, mais concretamente, por que a revolução proletária triunfou num dos países mais atrasados da Europa? Segunda questão: que trouxe a Revolução de Outubro? E por último: concretizou-se o que dela se esperava?

Pode-se responder à primeira pergunta – sobre as causas – de modo mais ou menos completo. Tentei fazê-lo o mais explicitamente possível na minha *História da Revolução Russa*. Aqui, não posso fazer outra coisa senão formular as conclusões mais importantes. O fato de o proletariado ter chegado ao poder, pela primeira vez, num país tão atrasado como a Rússia, só à primeira vista pode parecer misterioso. Na realidade, resulta de uma lógica rigorosa. Podia-se prever. E previu-se. Mais ainda: diante dessa perspectiva, os revolucionários marxistas elaboraram a sua estratégia muito antes dos acontecimentos decisivos. A primeira explicação e a mais geral: a Rússia é um país atrasado. Mas, também, a Rússia não é mais que uma parte da economia mundial, um elemento do sistema capitalista mundial. E Lenin resolveu o

---

35 Karl Liebknecht (1871-1919): deputado social-democrata no *Reichstag* [Parlamento alemão] quando estourou a I Guerra Mundial. Apesar de ter acatado a disciplina partidária e ter votado a favor dos empréstimos de guerra em 4 de agosto de 1914, logo repudiou publicamente essa política belicista e foi preso de 1916 a 1918 devido à sua atividade antibélica. Foi fundador, junto com Rosa Luxemburgo, da Liga Spartacus. Ambos foram assassinados por ordem do governo social-democrata, por dirigir a insurreição de janeiro de 1919.

enigma da revolução russa com a seguinte fórmula lapidar: a cadeia rompeu-se pelo elo mais fraco. Uma situação clara: a grande guerra, produto das contradições do imperialismo mundial, arrastou em seu torvelinho países que se achavam em diferentes etapas de desenvolvimento e impôs a todos as mesmas exigências. Resulta, pois, que os encargos da guerra se tornariam mais insuportáveis, particularmente para os países mais atrasados. A Rússia foi o primeiro que se viu obrigado a ceder terreno. Mas, para sair da guerra, o povo precisava abater as classes dominantes. Assim foi como a cadeia se quebrou. A guerra não é uma catástrofe, determinada por fatores alheios, como um terremoto. Para o velho Clausewitz, é a continuação da política por outros meios. Durante a guerra, as tendências principais do sistema imperialista de tempos de "paz" apenas se exteriorizaram de modo mais agudo. Quanto mais elevadas sejam as forças gerais de produção; quanto mais tensa seja a concorrência mundial; quanto mais acirrem os antagonismos; quanto mais desenfreada seja a corrida armamentista, tanto mais penosa se torna a situação para os participantes mais fracos. Precisamente essa é a causa pela qual os países mais atrasados ocupam o primeiro lugar na série dos desmoronamentos. A cadeia do capitalismo tende sempre a partir-se pelos elos mais fracos. Se por causa de certas circunstâncias extraordinárias ou extraordinariamente desfavoráveis – por exemplo, uma intervenção militar vitoriosa do exterior, devido a faltas irreparáveis do próprio governo soviético –, se restabelecesse o capitalismo sobre o imenso território soviético, sua insuficiência histórica aprontaria, rapidamente, sua nova queda, vítima das mesmas contradições que provocaram, em 1917, a explosão. Nenhuma receita tática poderia dar vida à Revolução de Outubro se a Rússia não a levasse nas suas próprias entranhas. O partido revolucionário não pode desempenhar outro papel senão o de parteiro que se vê obrigado a recorrer à operação cesariana.

Poder-me-iam objetar: as suas considerações gerais podem explicar suficientemente por que razão a velha Rússia, país de capitalismo atrasado e comum campesinato miserável, coroado por uma nobreza parasitária e por uma monarquia putrefata, devia naufragar. Mas na imagem da cadeia e do elo mais fraco falta ainda a chave do enigma propriamente dito: como é que num país atrasado podia triunfar a revolução socialista?

A história conhece muitos exemplos de decadência de países e de classes para a qual não se encontrou nenhuma saída progressista. A derrocada da velha Rússia deveria, à primeira vista, transformar o país numa colônia capitalista e não num Estado socialista.

Essa objeção é muito interessante. Conduz-nos diretamente ao cerne de todo o problema. Contudo, essa objeção é viciosa, diria, mesmo, desprovida de proporção interna. Por um lado, provém de uma concepção exagerada quanto ao atraso da Rússia; por outro, de uma falsa concepção teórica quanto ao fenômeno do atraso histórico em geral.

Os seres vivos, entre outros, e naturalmente os homens também, atravessam, segundo a sua idade, graus de desenvolvimento semelhantes. Numa criança normal de cinco anos, encontra-se uma certa correspondência entre o peso, o tamanho e os órgãos internos; mas as coisas já se passam de outra maneira com a consciência humana. Em oposição à anatomia e à fisiologia, a psicologia, tanto a do indivíduo quanto a da coletividade, distingue-se pela extraordinária capacidade de assimilação, pela destreza e elasticidade: nisso consiste a vantagem aristocrática do homem sobre o seu parente mais próximo, da espécie dos macacos. A consciência, susceptível de assimilar, é ágil, confere, como condição necessária do progresso histórico, aos "organismos" ditos sociais, ao contrário dos organismos reais, isto é, biológicos, uma extraordinária variabilidade da estrutura interna. No desenvolvimento das nações e dos Estados, em particular dos Estados capitalistas, não há nenhuma semelhança nem uniformidade. Diferentes graus de cultura – e até polos opostos – aproximam-se e combinam-se muitas vezes na vida de um único país.

Não esqueçamos, caros ouvintes, que o atraso histórico é uma noção relativa. Se há países atrasados e avançados, há também uma ação recíproca entre eles; há a pressão dos países avançados sobre os retardatários; há a necessidade para os países atrasados de alcançar os países avançados, de se servirem de sua técnica, ciência etc. Assim surgiu um tipo combinado de desenvolvimento: sinais de atraso combinam-se com a última palavra da técnica e do pensamento mundiais. Enfim, os países historicamente atrasados, para ultrapassarem o seu atraso, são por vezes constrangidos a superar os outros.

A destreza da consciência coletiva fornece a possibilidade de se atingir, em certas condições, na arena social, o resultado que em psicologia individual se chama "a compensação". Nesse sentido, pode-se dizer que a Revolução de Outubro foi para os povos da Rússia um meio histórico de superar a sua inferioridade econômica e cultural.

Mas ultrapassemos essas generalidades histórico-políticas, que talvez sejam bastante abstratas, para colocar a mesma questão de uma forma mais concreta, isto é, por meio de fatos econômicos vivos. O atraso da Rússia no século 20 exprime-se muito claramente do seguinte modo: a indústria ocupa no país um lugar mínimo em comparação com o campo; o proletariado em comparação com o campesinato.

No conjunto, isso significa uma baixa produtividade do trabalho nacional. Basta dizer que, nas vésperas da guerra, quando a Rússia tsarista tinha atingido o auge de sua prosperidade, o rendimento nacional era oito a dez vezes mais baixo que o dos Estados Unidos. Isso exprime numericamente "a amplitude" do atraso, se podemos, em geral, nos servirmos da palavra amplitude no que se refere a atraso.

Ao mesmo tempo, a lei do desenvolvimento combinado exprime-se no domínio econômico tanto nos fenômenos simples quanto nos fenômenos complexos. Quase sem estradas nacionais, a Rússia viu-se obrigada a construir estradas de ferro. Sem ter passado pelo artesanato e pela manufatura europeias, a Rússia passou diretamente para as empresas mecanizadas. O caminho dos países atrasados é saltar etapas intermediárias.

Enquanto a economia camponesa permanecia frequentemente no nível do século 17, a indústria da Rússia, se não pela sua capacidade, pelo menos pelo seu tipo, achava-se no nível dos países avançados e ultrapassava estes em muitos aspectos. Basta dizer que as empresas gigantes com mais de mil operários ocupavam nos Estados Unidos menos de 18% do total dos operários industriais, enquanto na Rússia ocupavam mais de 41%. Esse fato está em desacordo com a concepção banal do atraso econômico da Rússia. Todavia, não contradiz o atraso, completa-o dialeticamente.

A estrutura de classe do país apresentava também o mesmo caráter contraditório. O capital financeiro da Europa industrializou a economia russa em um ritmo acelerado. A burguesia industrial adquiriu em pouco tempo um caráter de grande capitalismo inimigo do povo. Além disso, os acionistas estrangeiros viviam fora do país. Ao contrário, os operários eram, evidentemente, russos. Uma burguesia numericamente fraca, que não possuía nenhuma raiz nacional, encontrava-se dessa maneira oposta a um proletariado relativamente forte e com profundas raízes no povo.

Para o caráter revolucionário do proletariado, contribuiu o fato de a Rússia ter sido obrigada, como país atrasado, a alcançar os adversários, não chegando a elaborar um conservadorismo social ou político próprio. A Inglaterra, o país mais conservador da Europa, e até de todo o mundo, o mais antigo país capitalista, me dá razão. O país da Europa mais liberto do conservadorismo podia ser, portanto, a Rússia.

O proletariado jovem, resoluto, não constituía, contudo, mais do que uma minoria ínfima da nação. As reservas da sua potência revolucionária encontravam-se fora do próprio proletariado: no campesinato, que vivia numa semisservidão, e nas nacionalidades oprimidas.

O campesinato

A questão agrária constituía a base da revolução. A antiga servidão monárquica era duplamente insuportável nas condições da nova exploração capitalista. A comunidade agrária ocupava cerca de 140 milhões de deciatinas.[36] Para 30 mil grandes proprietários latifundiários, possuindo cada um em média mais de 2 mil deciatinas, correspondiam um total de 70 milhões de deciatinas, isto é, o mesmo para cerca de 10 milhões de famílias camponesas, ou seja 50 milhões de seres. Essa estatística da terra constituía um programa acabado da insurreição camponesa.

Um nobre, Roborkin, escrevia em 1917 a Chambellan Rodzianko, presidente da última Duma do Estado: "Sou um proprietário latifundiário e não me ocorre pensar nem por um

[36] Deciatina: medida agrária russa que valia 1,0925 hectares.

momento que tenha que perder a minha terra e, muito menos, para um fim inacreditável: para fazer uma experiência socialista". Mas as revoluções têm precisamente por objetivo realizar o que não entra na cabeça das classes dominantes.

No outono de 1917, quase todo o país estava envolvido pelo levantamento camponês. De 621 distritos da velha Rússia, 482, isto é, 77%, eram atingidos pelo movimento. O reflexo do incêndio iluminava a arena da insurreição nas cidades.

Mas, podereis objetar, a guerra camponesa contra os proprietários latifundiários é um dos elementos clássicos da revolução burguesa e não da revolução proletária!

Respondo: exato, foi assim no passado! Mas é precisamente a impossibilidade de sobrevivência da sociedade capitalista, num país historicamente atrasado, que explica o fato de o levantamento camponês não empurrar para a frente as classes burguesas da Rússia, mas, ao contrário, lançá-las, definitivamente, no campo da reação. Ao campesinato, para não fracassar, não lhe restava outro caminho senão o da aliança com o proletariado industrial. Essa aliança revolucionária das duas classes oprimidas foi genialmente prevista e preparada de longa data por Lenin.

Se a questão agrária tivesse sido resolvida corajosamente pela burguesia, certamente o proletariado russo não teria podido chegar ao poder em 1917. Chegando demasiado tarde, mergulhada precocemente na decrepitude, a burguesia russa, ávida e covarde, não teve a ousadia de levantar a mão contra a propriedade feudal. Assim, entregou o poder ao proletariado e, ao mesmo tempo, o direito de dispor da sorte da sociedade burguesa.

Para que o Estado soviético fosse uma realidade, era sobretudo necessária a ação combinada de dois fatores de natureza histórica distinta: a guerra camponesa, isto é, um movimento burguês, e a insurreição proletária que anuncia o declínio do movimento burguês. Nisso reside o caráter combinado da revolução russa.

Bastava que o urso camponês se levantasse sobre as patas traseiras para mostrar a sua terrível fúria. Contudo, não tinha capacidade para dar à sua revolta uma séria expressão consciente: tinha necessidade de um guia. Pela primeira vez na história do mundo, o campesinato sublevado encontrou um dirigente leal: o proletariado.

Quatro milhões de operários da indústria e dos transportes lideraram 100 milhões de camponeses; tal foi a relação natural e inevitável entre o proletariado e o campesinato na revolução.

A questão nacional

A segunda reserva revolucionária do proletariado era constituída pelas nacionalidades oprimidas, de resto predominantemente constituídas por camponeses. O caráter extensivo do desenvolvimento do Estado, que se estende, como uma mancha de azeite, desde o centro moscovita até a periferia, está intimamente ligado ao atraso histórico do país. A leste, submetia as populações, ainda mais atrasadas, para melhor sufocar, com o seu apoio, as nacionalidades mais desenvolvidas do Oeste. Aos 70 milhões de grão-russos, que formavam a massa principal da população, associavam-se, sucessivamente, 90 milhões de "alógenos".

Assim se compunha o império no qual a nação dominante não constituía senão 43% da população, enquanto que os outros 57% eram de nacionalidades, culturas e regimes diferentes. A opressão nacional era na Rússia incomparavelmente mais brutal do que nos Estados vizinhos e, para dizer a verdade, não somente naqueles que estavam do outro lado da fronteira ocidental, mas também nos da fronteira oriental. Isso dava ao problema nacional uma força explosiva enorme.

A burguesia liberal russa não queria, nem na questão nacional nem na questão agrária, ir além de certas reformas para atenuar o regime de opressão e violência. Os governos "democráticos" de Miliukov[37] e de Kerensky, que exprimiam os interesses da burguesia e da burocracia grã-russa, apressaram-se, no decurso de oito meses de sua existência, a fazer compreender às nações descontentes: não obtereis senão aquilo que arrancardes pela força.

Lenin, desde o início, levou em consideração o desenvolvimento inevitável do movimento nacional centrífugo. O partido bolchevique lutou durante anos, obstinadamente, pelo direito à autodeterminação das nações, isto é, pelo direito à completa separação estatal. Foi precisamente por essa corajosa posição sobre a questão nacional que o proletariado russo pode ganhar, pouco a pouco, a confiança das populações oprimidas. O movimento de libertação nacional, bem como o movimento camponês, voltou-se contra a democracia oficial, fortaleceu o proletariado e lançou-se na corrente da insurreição de outubro.

A revolução permanente

Assim se desvenda, pouco a pouco, diante de nós, o enigma da insurreição proletária num país historicamente atrasado.

Muito tempo antes dos acontecimentos, os revolucionários marxistas previram a marcha da revolução e a função histórica do jovem proletariado russo. Permitam-me aqui reproduzir um extrato da minha obra sobre o ano de 1905:

---

[37] Paul Miliukov (1859-1943): porta-voz do Partido dos Democratas Constitucionalistas (Cadetes) – principal partido da burguesia monárquica liberal na Rússia – e grande adversário dos bolcheviques.

> Num país economicamente atrasado, o proletariado pode chegar mais cedo ao poder do que num país capitalista adiantado [...] A revolução russa cria... tais condições que o poder pode passar (com a vitória da revolução deve passar) ao proletariado mesmo antes que a política do liberalismo burguês tenha a possibilidade de desenvolver em toda a sua amplitude o seu gênio estatal.
>
> [...] O destino dos interesses revolucionários mais elementares dos camponeses... está fortemente ligado ao destino da revolução, isto é, ao destino do proletariado. Uma vez chegado ao poder, o proletariado aparecerá aos camponeses como libertador de classe. O proletariado entra no governo como um representante revolucionário da nação, como dirigente reconhecido do povo em luta contra o absolutismo e a barbárie da servidão... O regime proletário deverá, desde o princípio, pronunciar-se pela solução da questão agrária à qual está ligado o destino das poderosas massas populares da Rússia.

Evoquei essa citação para testemunhar que a teoria da Revolução de Outubro, apresentada hoje por mim, não é uma improvisação rápida e não foi construída, afinal de contas, sob a pressão dos acontecimentos. Não, ela foi formulada sob a forma de um prognóstico político, muito tempo antes da insurreição de outubro. Concordais que a teoria não tem habitualmente valor senão na medida em que ajuda a prever o curso do desenvolvimento e a influenciar os seus objetivos. Eis, falando em termos gerais, a importância inestimável do marxismo como arma de orientação social e histórica. Lamento que os estreitos limites desta exposição me impeçam de desenvolver o texto citado anteriormente de uma maneira mais ampla e, por isso, terei de me conformar com um curto resumo de tudo o que escrevi em 1905.

Em relação às suas tarefas imediatas, a Revolução Russa é uma revolução burguesa. Mas a burguesia russa é contrarrevolucionária. Por conseguinte, a vitória da revolução não é possível senão com a vitória do proletariado. Ora, o proletariado vitorioso não se deterá no programa da democracia burguesa, passará ao programa do socialismo. A Revolução Russa tornar-se-á a primeira etapa da revolução socialista mundial.

Tal era a teoria da revolução permanente, elaborada por mim em 1905 e mais tarde exposta à crítica mais severa, sob o nome de "trotskismo".

Mais precisamente: essa não é senão uma parte dessa teoria; a outra, agora particularmente atual, afirma:

> As atuais forças produtivas ultrapassaram há muito tempo as barreiras nacionais. A sociedade socialista é irrealizável nos limites nacionais. Por mais importante que sejam os sucessos econômicos de um estado operário isolado, o programa do "socialismo num só país" é uma utopia pequeno-burguesa. Só uma federação europeia, e em seguida mundial, de repúblicas socialistas pode abrir caminho a uma sociedade socialista harmoniosa.

Hoje, depois da prova dos acontecimentos, tenho menos razões do que nunca para ratificar essa teoria.

O bolchevismo

Depois de tudo o que acabo de dizer, vale a pena ainda recordar o escritor fascista Malaparte, que me atribuiu uma tática independente da estratégia e resultante de técnicas insurrecionais aplicáveis em todos os momentos? Já é suficiente que o nome do infeliz teórico do golpe de Estado permita distingui-lo sem dificuldade do prático vitorioso do golpe de Estado: não há assim risco de confundir Malaparte com Bonaparte.

Sem a insurreição armada de 25 de outubro de 1917 (7 de novembro segundo o calendário atual), o Estado soviético não existiria. Mas a insurreição não caiu do céu. Para a

Revolução de Outubro era necessária uma série de premissas históricas:

1. A podridão das velhas classes dominantes, da nobreza, da monarquia, da burocracia;

2. A debilidade política da burguesia, que não tinha nenhuma raiz nas massas populares;

3. O caráter revolucionário da questão agrária;

4. O caráter revolucionário do problema das nações oprimidas;

5. O peso social do proletariado.

A essas premissas orgânicas é preciso juntar condições conjunturais de excepcional importância:

6. A revolução de 1905 foi uma grande lição; segundo a expressão de Lenin, "um ensaio geral" da Revolução de 1917. Os sovietes, como forma de organização insubstituível da frente única proletária na revolução, foram constituídos pela primeira vez em 1905;

7. A guerra imperialista agudizou todas as contradições, arrancou as massas do seu estado de imobilidade e preparou assim o caráter grandioso da catástrofe.

Mas todas essas condições, suficientes para que a revolução irrompesse, eram porém insuficientes para assegurar a vitória do proletariado na revolução. Para essa vitória, uma condição era ainda necessária:

8. O partido bolchevique. Se enumero essa condição em último lugar é porque isso corresponde à sequência lógica e não por atribuir ao partido o lugar de menor importância. Não, longe de tal pensamento. A burguesia liberal pode tomar o poder, o fez muitas vezes como resultado de lutas nas quais não havia tomado parte: para isso, possui instrumentos magnificamente desenvolvidos. Contudo, as massas

trabalhadoras encontravam-se numa outra situação: habituaram-se a dar o poder e não a tomá-lo para si. Trabalham pacientemente, esperam, perdem a paciência, sublevam-se, combatem, morrem, dão a vitória aos outros, são traídas, caem no desânimo, submetem-se, voltam a trabalhar. Assim é a história das massas populares sob todos os regimes. Para tomar com segurança e firmeza o poder nas mãos, o proletariado tem necessidade de um partido que ultrapasse de longe todos os outros partidos, não só na clareza do pensamento, mas também na decisão revolucionária.

O Partido Bolchevique, designado com frequência e com razão como o partido mais revolucionário da história da humanidade, era a condensação viva da nova história da Rússia, de tudo o que era dinâmico nela. Há muito tempo que a queda da monarquia era a condição indispensável para o desenvolvimento da economia e da cultura. Mas faltavam as forças para levar adiante essa tarefa. A burguesia aterrorizava-se diante da revolução. Os intelectuais tentavam organizar o campesinato à sua volta. Incapaz de generalizar os seus esforços e objetivos, o mujique não deu resposta ao apelo dos intelectuais. A intelectualidade armou-se de dinamite. Toda uma geração se consumiu nessa luta.

Em 1º de março de 1887, Alexandre Ulianov levou a cabo o último dos grandes atentados terroristas. O atentado contra Alexandre III fracassou. Ulianov e os demais participantes foram enforcados. A tentativa de substituir a classe revolucionária por uma preparação química tinha fracassado. Mesmo a intelectualidade mais heroica não é nada sem as massas. Sob a impressão imediata desses fatos e das suas conclusões, cresceu e formou-se o mais jovem dos irmãos Ulianov, Vladimir, o futuro Lenin, a figura mais grandiosa da Revolução Russa. Desde o início da sua juventude, colocou-se no terreno do marxismo e voltou o seu olhar para o proletariado. Sem perder de vista por um instante a aldeia, orientou-se para o campesinato por meio dos operários. Herdando dos seus precursores revolucionários a decisão, a capacidade de sacrifício, a disposição de ir até o fim, Lenin tornou-se nos anos da sua juventude o educador da nova geração intelectual e dos operários avançados. Nas greves e nas lutas de rua, nas prisões e no exílio, os trabalhadores adquiriram a têmpera necessária. A luz do marxismo era-lhes necessária para iluminar, na escuridão da autocracia, o seu caminho histórico. Em 1883 nasceu na imigração o primeiro grupo marxista. Em 1898, numa assembleia clandestina, foi proclamada a criação do Partido Operário Social-democrata Russo (nesse tempo todos nós nos chamávamos social-democratas). Em 1903 teve lugar a cisão entre mencheviques e bolcheviques. Em 1912 a fração bolchevique tornou-se definitivamente um partido independente.

Esse partido ensinou-nos durante 12 anos (1905 a 1917) a reconhecer a mecânica de classe da sociedade nas lutas e nos grandiosos acontecimentos. Educou quadros capazes, quer de iniciativa, quer de disciplina. A disciplina da ação revolucionária apoiava-se na unidade da doutrina, nas tradições de lutas comuns e na confiança numa direção experimentada.

Assim era o partido em 1917. Enquanto a "opinião pública" oficial e as toneladas de papel da imprensa intelectual o desprezavam, o partido orientava-se segundo o curso do movimento de massas. A formidável alavanca que esse partido manejava firmemente introduzia-se nas fábricas e nos regimentos. As massas camponesas voltavam-se cada vez mais para ele. Se se entende por nação não os privilegiados, mas a maioria do povo, isto é, os operários e os camponeses, então o bolchevismo transformou-se no decorrer do ano de 1917 no partido russo verdadeiramente nacional.

Em 1917, Lenin, obrigado a viver na clandestinidade, deu o sinal: "A crise está madura, aproxima-se a hora da insurreição". Tinha razão. As classes dominantes caíam no impasse diante dos problemas da guerra e da libertação nacional. A burguesia perdeu definitivamente a cabeça. Os partidos democratas, os mencheviques e os socialistas revolucionários dissiparam o último resto da confiança das massas apoiando a guerra imperialista e a política de compromissos e concessões aos proprietários burgueses e feudais. O exército – despertada a consciência revolucionária – negava-se a lutar pelos objetivos do imperialismo, que lhe eram estranhos. Sem atender às exortações "democráticas", o campesinato expulsou os proprietários latifundiários.

A oprimida periferia nacional do império lançou-se contra a burocracia de Petrogrado. Nos mais importantes conselhos de operários e soldados os bolcheviques dominavam. Os operários e os soldados exigiam fatos. O abscesso estava maduro. Só faltava um corte de bisturi.

A insurreição só se tornou possível nessas condições sociais e políticas.

E essa aconteceu inelutavelmente. Mas não se pode brincar com a insurreição. Desgraçado do cirurgião que utiliza o bisturi com negligência. A insurreição é uma arte. Tem as suas leis e as suas próprias regras.

O partido realizou a insurreição de outubro com um cálculo frio e uma firme resolução. Graças a isso, triunfou quase sem vítimas. Por meio de sovietes vitoriosos, os bolcheviques colocaram-se à frente do país que engloba um sexto da superfície terrestre.

Creio que a maioria dos meus ouvintes de hoje não se ocupavam com a política em 1917. Tanto melhor. A jovem geração tem diante de si muitas coisas interessantes, nem sempre fáceis. Mas os representantes das velhas gerações nesta sala recordarão muito bem, certamente, como foi acolhida a tomada do poder pelos bolcheviques: como uma curiosidade, um mal-entendido, um escândalo, a maior parte das vezes como um pesadelo, que se desvaneceria ao primeiro raio do Sol. Os bolcheviques manter-se-iam 24 horas, uma semana, um mês, um ano. Era preciso alargar sempre o prazo... Os donos do mundo armavam-se contra o primeiro Estado operário: desencadeamento da guerra civil, novas e novas intervenções, bloqueios. Assim passou ano após ano. A história registrou, entretanto, 15 anos de existência do poder soviético.

Sim, dirá algum adversário, a aventura de outubro mostrou-se mais sólida do que nós pensávamos. Talvez não fosse de todo uma "aventura". Não obstante, a questão conserva toda a sua força: o que se obteve por um preço tão elevado? Realizaram-se as tarefas tão brilhantemente anunciadas pelos bolcheviques na aurora da insurreição? Antes de responder ao suposto adversário, observemos que essa pergunta não é nova; ao contrário, remonta aos primeiros passos da Revolução de Outubro desde o seu nascimento.

O jornalista francês Claude Anet, que estava em Petrogrado durante a revolução, escrevia em 27 de outubro de 1917: "Os maximalistas (era assim que os franceses chamavam os bolcheviques) tomaram o poder e o grande dia chegou. Enfim, pergunto-me, vou ver realizar se o Éden socialista que nos prometeram há tantos anos... Admirável aventura! Posição privilegiada!" etc. etc., e assim por diante. Que ódio sincero se ocultava por detrás dessas saudações irônicas! No dia seguinte à ocupação do Palácio de Inverno, o jornalista reacionário julgava-se com o direito de exigir o cartão de entrada no paraíso. Quinze anos decorreram desde a insurreição. Com a maior falta de cerimônias, os adversários manifestam a sua alegria maligna ao comprovar que ainda hoje o país dos sovietes se assemelha pouco a um reino de bem-estar geral. Por que, então, a revolução e as suas vítimas?

Balanço de outubro

Caros ouvintes – permito-me pensar que as contradições, as dificuldades, os erros e as insuficiências do regime soviético não me são menos conhecidas do que a quem quer que seja. Pessoalmente, nunca as dissimulei, nem em palavras nem por escrito. Eu pensava e penso que a política revolucionária – ao contrário da política conservadora – não pode se basear no disfarce. "Exprimir o que é" deve ser o princípio essencial do Estado operário.

Mas é preciso ter perspectivas, tanto na crítica quanto na atividade criadora. O subjetivismo é um péssimo conselheiro sobretudo nas grandes questões. Os prazos devem ser adaptados às tarefas e não aos caprichos individuais. Quinze anos! Que significam para uma vida? Entretanto, numerosos são aqueles da nossa geração que foram enterrados; e, nos sobreviventes, os cabelos grisalhos multiplicam-se bastante. Mas esses mesmos 15 anos não são mais do que um período mínimo na vida de um povo! Nada mais do que um minuto no relógio da história.

O capitalismo teve necessidade de séculos para se afirmar na luta contra a Idade Média, para elevar a ciência e a técnica, para construir as estradas de ferro, para estender os fios elétricos. E então? A humanidade foi lançada pelo capitalismo no inferno das guerras e das crises! Mas, ao socialismo, os seus adversários, quer dizer, os partidos do capitalismo, não concedem senão uma década e meia para instaurar sobre a Terra o paraíso com todo o conforto. Nós não assumimos tais obrigações. Não estabelecemos tais prazos. Devem-se medir os processos das grandes transformações com uma escala que lhes seja adequada. Não sei se a sociedade socialista se assemelhará ao paraíso bíblico. Duvido muito. Na União Soviética não existe ainda o socialismo, mas um Estado em transição cheio de contradições, carregado da pesada herança do passado e, além disso, sob a pressão inimiga dos Estados capitalistas. A Revolução de Outubro proclamou o princípio da nova sociedade. A República Soviética não mostrou senão o primeiro estágio da sua realização. A primeira lâmpada de Edison foi muito imperfeita. Devemos saber discernir o futuro, para além dos defeitos e dos erros da primeira edificação socialista.

E as calamidades que se abatem sobre os seres vivos?

Os resultados da revolução justificam as vítimas que causou?

Pergunta estéril e profundamente retórica: como se o processo da história resultasse de um balanço preestabelecido! Pela mesma razão, face às dificuldades e misérias da existência humana, poder-se-ia perguntar: vale a pena viver? Lenin escreveu a esse propósito: "e o tolo espera uma resposta"... As meditações melancólicas não impediram o homem de fecundar e nascer. Mesmo na época de crise mundial sem precedentes, os suicídios constituem, felizmente, uma percentagem pouco elevada. Os povos não têm o costume de procurar refúgio no suicídio. Procuram libertar-se dos fardos insuportáveis pela revolução.

Por outro lado, quem se indigna com as vítimas da revolução socialista? Quase sempre são os mesmos que preparam e glorificam as vítimas da guerra imperialista ou, pelo menos, os que se acomodaram facilmente ao conflito. É a nossa vez de perguntar: justifica-se a guerra? O que ela nos deu? O que ela nos ensinou?

Nos seus 11 volumes de difamação contra a grande Revolução Francesa, o historiador reacionário Hypolyte Taine descreve, não sem sórdida alegria, os sofrimentos do povo francês durante os anos de ditadura jacobina e nos que se seguiram. Foram sobretudo penosos para as camadas inferiores das cidades, os plebeus, que, como *sans-cullottes*, deram à revolução o melhor do seu ser. Eles ou as suas mulheres passaram noites frias em filas para voltar no dia seguinte com as mãos vazias ao lar gelado. No décimo ano da revolução, Paris era mais pobre do que antes da revolução. Dados cuidadosamente escolhidos e artificialmente compilados servem a Taine para fundamentar o seu veredito destruidor contra a revolução. Olhai, os plebeus queriam ser ditadores e caíram na miséria!

É difícil imaginar um moralista mais hipócrita: em primeiro lugar, se a revolução lançou o país na miséria, a culpa deve recair sobre as classes dirigentes, que arrastaram o povo para a revolução. Em segundo lugar: a grande Revolução Francesa não se esgotou nas filas da fome, diante das padarias. Toda a França moderna e, sob certos aspectos, toda a civilização moderna emergiram da Revolução Francesa!

No decorrer da guerra civil nos Estados Unidos, durante os anos 1860, morreram 500 mil homens. Justificaram-se essas vítimas?

Do ponto de vista dos escravistas americanos e das classes dominantes da Grã-Bretanha que caminhavam ao lado deles – não! Do ponto de vista do negro ou trabalhador britânico – totalmente! E do ponto de vista do desenvolvimento humano no seu conjunto – não pode haver qualquer dúvida. Da guerra civil dos anos de 1860, saíram os Estados Unidos atuais com a sua iniciativa prática desenfreada e veloz, a técnica racionalizada, o arranque econômico. Sobre essas conquistas do americanismo, a humanidade edificará a nova sociedade.

A Revolução de Outubro penetrou mais profundamente que todas as que a precederam no âmago da sociedade, nas relações de propriedade. Prazos maiores são necessários para que se manifestem as forças criadoras da revolução em todos os domínios da vida.

Mas a orientação geral da insurreição é clara: diante dos seus acusadores capitalistas, a república soviética não tem razão nenhuma para curvar a cabeça e falar a linguagem da desculpa.

Para apreciar o novo regime do ponto de vista do desenvolvimento humano, deve-se primeiro responder à pergunta: de que maneira se exterioriza o progresso social e como se pode medi-lo?

O critério mais objetivo, mais profundo e mais indiscutível é o progresso que se pode medir pelo crescimento da produtividade do trabalho social. A avaliação da Revolução de Outubro sob esse aspecto já foi dada pela experiência. Pela primeira vez na história, o princípio de organização socialista demonstrou a sua capacidade fornecendo resultados de produção jamais obtidos num curto período.

Em números globais, a curva do desenvolvimento industrial da Rússia expressa-se como se segue: fixemos para o ano de 1913, o último ano antes da guerra, o número cem. O ano de 1920, ápice da guerra civil, é também o ponto mais baixo da indústria: 25 somente, quer dizer, um quarto de produção de antes da guerra; 1929, aproximadamente 200; 1932, 300; ou seja, três vezes mais do que nas vésperas da guerra.

O quadro tornou-se ainda mais claro à luz dos índices internacionais. De 1925 a 1932, a produção industrial da Alemanha diminuiu cerca de uma vez e meia; na América, cerca do dobro; na União Soviética, subiu mais do quádruplo; os números falam por eles próprios. De maneira nenhuma penso negar ou dissimular os lados sombrios da economia soviética. Os resultados dos índices industriais são extraordinariamente influenciados pelo desenvolvimento desfavorável da economia agrária, isto é, do domínio no qual ainda não foram aplicados os métodos socialistas, mas que foi arrastado ao mesmo tempo para a vida da coletivização sem preparação suficiente, de maneira mais burocrática do que técnica ou econômica. É uma questão importante, mas que no entanto ultrapassa os limites da minha conferência.

Os números dos índices apresentados requerem ainda uma reserva essencial. Os êxitos indiscutíveis e brilhantes da industrialização soviética exigem uma verificação econômica ulterior do ponto de vista da harmonia recíproca dos diferentes setores da economia, do seu equilíbrio dinâmico e, por conseguinte, da sua capacidade de rendimento. Grandes dificuldades, e mesmo recuos, são ainda inevitáveis. O socialismo surge, na sua forma acabada, do plano quinquenal, como Minerva da cabeça de Júpiter, ou Vênus da espuma do mar. Temos ainda à nossa frente décadas de trabalho obstinado, de erros, de correções e de reconstruções. Por outro lado, não esqueçamos que a edificação socialista, pela sua essência, não pode atingir o seu auge senão em escala internacional.

Mesmo o mais desfavorável balanço econômico dos resultados obtidos até agora não poderia revelar outra coisa que não fosse a inexatidão dos cálculos preliminares, as faltas do plano e os erros da direção, mas não poderia contradizer o fato estabelecido empiricamente: a possibilidade de elevar a produtividade a um nível jamais existente com a ajuda dos métodos socialistas.

Essa conquista, de uma importância histórica mundial, ninguém e nada poderá ocultar.

Após o que acaba de ser dito, quase não vale a pena perder tempo em lamentações segundo as quais a Revolução de Outubro conduziu a Rússia ao declínio da cultura. Tal é a voz das classes dominantes e dos salões inquietos. A "cultura" aristocrático-burguesa, derrubada pela revolução proletária, não era mais que um complemento da barbárie. Enquanto inacessível ao povo russo, pouco contribuiu para o tesouro da humanidade.

Mas também no que diz respeito a essa cultura tão chorada pela emigração branca deve-se precisar a questão: em que sentido foi destruída?

Num só sentido: o monopólio de uma pequena minoria sobre os bens da cultura desapareceu. Mas tudo que era realmente "cultura" na antiga Rússia ficou intacto. Os "hunos" bolcheviques não espezinharam nem as conquistas do pensamento nem as obras de arte. Ao contrário, restauraram cuidadosamente os monumentos da criação humana e expuseram-nos em ordem exemplar. A cultura da monarquia, da nobreza e da burguesia tornou-se agora a cultura dos museus históricos.

O povo visita com zelo esses museus. Mas não vive neles. Aprende. Constrói. O simples fato de a Revolução de Outubro ter ensinado ao povo russo, às dezenas de povos da Rússia tsarista, a ler e a escrever, coloca-se incomparavelmente acima do que o que toda a cultura russa encerrava antes.

A Revolução de Outubro criou a base de uma nova cultura destinada não aos eleitos, mas a todos. As massas de todo o mundo o sentem. Daí a sua simpatia pela União Soviética, tão ardente como outrora o seu ódio contra a Rússia tsarista.

Caros ouvintes, vós sabeis que a língua humana representa um utensílio insubstituível, não só para a designação dos acontecimentos, mas também para a sua afirmação. Afastando o acidental, o episódico, o artificial, absorve nela o real, caracteriza-o e o condensa. Notai com que sensibilidade as línguas das nações civilizadas distinguiram duas épocas no desenvolvimento da Rússia. A cultura aristocrática trouxe ao mundo barbarismos tais como tsar, cossaco, *pogrom*, nagaica. Vós conheceis essas palavras e sabeis o que elas significam. Outubro trouxe às línguas de todo o mundo palavras tais como: bolchevique, soviete, *kolkhoz,*[38] *gosplan,*[39] *piatilétka.*[40] Aqui a linguística prática emite o seu julgamento histórico supremo!

O significado mais profundo, mas no entanto mais dificilmente submetido a uma medida imediata, de cada revolução, consiste em que ela forma e tempera o caráter popular. A imagem do povo russo como um povo lento, passivo, melancólico, místico, está largamente espalhada e isso não se deve ao acaso. Tem as suas raízes no passado. Mas, até agora, as modificações profundas introduzidas pela revolução no caráter do povo não são tomadas suficientemente em consideração no Ocidente. Podia ser de outra maneira?

Todo o homem com experiência da vida pode despertar na sua memória a imagem de um adolescente qualquer, seu conhecido, que – impressionável, lírico, sentimental enfim – se torna mais tarde, de repente, sob a ação de um forte choque moral, num homem forte, e já não reconhecível. No desenvolvimento de toda uma nação, a revolução realiza transformações morais análogas.

---

38 *Kolkhoz*: cooperativa agrícola de produção.

39 *Gosplan*: organismo encarregado do planejamento econômico do Estado soviético, criado em 22 de fevereiro de 1921.

40 *Piatilétka*: plano quinquenal.

A insurreição de fevereiro contra a autocracia, a luta contra a nobreza, contra a guerra imperialista, pela paz, pela terra, pela igualdade nacional, a insurreição de outubro, a queda da burguesia e dos partidos que faziam acordos com a burguesia, três anos de guerra civil numa frente de 8 mil quilômetros, os anos de bloqueio, de miséria, de fome e de epidemias, os anos de tensa edificação econômica, as novas dificuldades e privações; eis uma rude, mas boa escola. Um martelo pesado destrói o vidro mas forja o aço. O martelo da revolução forja o aço do caráter do povo.

"Quem acreditará nisso?" Já é tempo de se acreditar. Pouco depois da insurreição, um dos generais tsaristas, Zaleski, escandalizava-se com o fato de um porteiro ou um guarda se tornar um presidente de tribunal; um enfermeiro, um diretor de hospital; um barbeiro, uma personalidade importante; um soldado, um comandante supremo; um jornalista, um prefeito; um serralheiro, um diretor de empresa.

"Quem acreditará nisso?" Já é tempo de se acreditar. Aliás, não se podia deixar de crer, enquanto os soldados derrotavam os generais; o prefeito, outrora jornalista, rompia a resistência da velha burocracia; o serralheiro, como diretor, reconstruía a indústria. Quem acreditará nisso?" Tentem não acreditar nisso!

Para explicar a paciência habitual que as massas populares da União Soviética mostraram nos anos de revolução, numerosos observadores estrangeiros apelam para a antiga passividade do caráter russo. Grosseiro anacronismo! As massas revolucionárias suportaram as privações pacientemente, mas não passivamente. Elas constroem com as suas próprias mãos um futuro melhor e querem criá-lo a todo custo. Que o inimigo de classe tente somente impor a essas massas pacientes, de fora, a sua vontade! Não, é melhor que não o tente!

Para terminar, tentemos fixar o lugar da Revolução de Outubro não somente na história da Rússia, mas também na história do mundo. Durante o ano de 1917, no intervalo de oito meses, duas curvas históricas se encontraram. A revolução de fevereiro – esse eco tardio das grandes lutas que se desenrolaram nos séculos passados nos territórios da Holanda, da Inglaterra, da França, de quase toda a Europa continental – liga-se à série das revoluções burguesas. A Revolução de Outubro proclama e abre a era da dominação do proletariado. É o capitalismo mundial que sofre no território da Rússia a sua primeira grande derrota. A cadeia partiu-se no seu elo mais fraco. Mas foi a cadeia e não somente o elo que se quebrou.

Em direção ao socialismo

O capitalismo como sistema mundial apenas sobrevive historicamente. Cessou de cumprir a sua missão essencial: a elevação do nível do poder e da riqueza humana. A humanidade não pode estagnar no degrau atingido. Só um poderoso desenvolvimento das forças produtivas e uma organização justa, planificada – isto é, socialista – de produção e repartição pode assegurar aos homens – a todos os homens – um nível de vida digno e conferir-lhes, ao mesmo tempo, o sentimento precioso da liberdade em face da sua própria economia. Da liberdade em duas ordens de relações: primeiramente, o homem já não será obrigado a consagrar a maior parte da sua vida ao trabalho físico. Em segundo lugar, já não dependerá das leis do mercado, isto é, das forças cegas e obscuras que operam fora da sua vontade. Ele edificará livremente a sua economia, isto é, segundo um plano, de compasso na mão.

Trata-se agora de radiografar a anatomia da sociedade, de descobrir todos os seus segredos e de submeter todas as suas funções à razão e à vontade do homem coletivo. Nesse sentido, o socialismo deve tornar-se uma nova etapa do crescimento histórico da humanidade. Ao nosso antepassado, que andou pela primeira vez com um machado de pedra, toda a natureza se apresentou como a conjuração de um poder misterioso e hostil. Mais tarde, as ciências naturais, em colaboração estreita com a tecnologia prática, iluminaram a natureza até as mais profundas entranhas. Por meio da energia elétrica, o físico exprime o seu juízo sobre o núcleo atômico. Não está longe a hora em que, como no jogo, a ciência resolverá a tarefa da alquimia, transformando o estrume em ouro e o ouro em estrume. Onde os demônios e as fúrias da natureza se desencadeavam, reina agora cada vez mais corajosamente a vontade industriosa do homem.

Mas, enquanto lutou vitoriosamente com a natureza, o homem edificou, cegamente, as suas relações com os outros homens quase como as abelhas e as formigas. Abordou problemas da sociedade humana com atraso e muita indecisão. Começou pela religião para passar em seguida à política. A Reforma apresentou o primeiro sucesso do individualismo e do racionalismo burguês num domínio em que reinava uma tradição morta. O pensamento crítico passou da Igreja ao Estado. Nascido na luta contra o absolutismo e as condições da Idade Média, a doutrina da soberania popular dos direitos do homem e do cidadão expandiu-se. Assim se formou o sistema do parlamentarismo. O pensamento crítico penetrou no domínio da administração do Estado. O racionalismo político da democracia era a mais alta conquista da burguesia revolucionária. Mas entre a natureza e o Estado encontra-se a economia. A técnica libertou o homem da tirania dos antigos elementos, a terra, a água, o fogo e o ar, para os submeter em seguida à sua tirania. O homem deixou de ser escravo da natureza para se tornar escravo da máquina, ou, pior ainda, escravo da oferta e da procura. A atual crise mundial testemunha de forma particularmente trágica como esse dominador orgulhoso e audacioso da natureza permanece escravo das forças cegas da sua própria economia. A tarefa histórica da nossa época consiste em substituir o jogo desenfreado do mercado por um plano racional, em disciplinar as forças produtivas, obrigando-as a agir com harmonia, servindo docilmente às necessidades do homem. É somente sobre essa nova base social que o homem poderá erguer as suas costas fatigadas e tornar-se, todos e todas, e não somente os eleitos, cidadão de plenos poderes no domínio do pensamento.

Mas isso não é ainda o objetivo final. É apenas o começo. O homem designa-se como rei da criação. Tem certos direitos. Mas quem pode afirmar que o homem atual seja o último e o mais acabado representante do *homo sapiens*? Não: tanto física quanto espiritualmente está longe da perfeição esse aborto biológico, cujo pensamento está doente e que ainda não criou um novo equilíbrio orgânico.

É verdade que a humanidade produziu por diversas vezes gigantes do pensamento e da ação que ultrapassaram os contemporâneos, como os cumes das cadeias montanhosas. O gênero humano tem direito de se orgulhar dos seus Aristóteles, Shakespeare, Darwin, Beethoven, Goethe, Marx, Edison, Unin. Mas por que são eles tão raros? Antes de mais nada, porque provinham, quase sem exceção, das classes médias e mais educadas. Salvo raras exceções, os rasgos do gênio são esmagados nas almas oprimidas do povo mesmo antes de poderem brotar. Mas também porque o processo de procriação, de desenvolvimento e de educação do homem ficou e fica na sua essência submetido às leis do acaso; não iluminado pela teoria e pela prática, não submetido à consciência e à vontade.

A antropologia, a biologia, a fisiologia e a psicologia reuniram montes de materiais para erigir diante do homem, em toda a sua amplitude, as tarefas do seu próprio aperfeiçoamento corporal e espiritual e do seu desenvolvimento ulterior. Pela mão genial de Sigmund Freud, a psicanálise levantou a tampa do poço chamado poeticamente a "alma" do homem. E o que apareceu? O nosso pensamento consciente não constitui senão uma pequena parte no trabalho das obscuras forças psíquicas. Sábios mergulhadores descem ao fundo do oceano e aí fotografam misteriosos peixes. Para que o pensamento humano desça ao fundo de seu próprio poço psíquico deve eliminar as misteriosas forças motoras da alma e submetê-las à razão e à vontade.

Quando destruir as forças anárquicas da sua sociedade, o homem se integrará aos laboratórios e às retortas do químico. Pela primeira vez, a humanidade considerar-se-á a si própria como uma matéria-prima, no melhor dos casos, como uma semifabricação física e psíquica. O socialismo significará um salto do reino da necessidade para o reino da liberdade, no sentido de que o homem de hoje, cheio de contradições e sem harmonia, abrirá caminho a uma nova espécie mais feliz.

II. Que é, afinal, a revolução permanente? (teses)[41]

Espero que o leitor não ache inconveniente que, antes de terminar este trabalho, procure formular minhas conclusões essenciais de maneira concisa e sem receio de repetir.

[41] Texto extraído de *A revolução permanente*, Editora Expressão Popular, São Paulo, 2007, pp. 205-211.

1. A teoria da revolução permanente exige, na atualidade, a maior atenção da parte de todo marxista, uma vez que o desenvolvimento da luta ideológica e da luta de classe fez o problema sair definitivamente do domínio das recordações de velhas divergências entre os marxistas russos, para apresentá-lo em ligação com o caráter, os laços internos e os métodos da revolução internacional em geral.

2. Para os países de desenvolvimento burguês retardatário e, em particular, para os países coloniais e semicoloniais, a teoria da revolução permanente significa que a solução verdadeira e completa de suas tarefas democráticas e nacionais-libertadoras só é concebível por meio da ditadura do proletariado, que assume a direção da nação oprimida e, antes de tudo, de suas massas camponesas.

3. Tanto a questão agrária quanto a questão nacional conferem ao campesinato, como enorme maioria da população dos países atrasados, um papel primordial na revolução democrática. Sem a aliança entre o proletariado e o campesinato, as tarefas da revolução democrática não podem ser resolvidas, nem mesmo ser colocadas a sério. Essa aliança das duas classes, porém, só se realizará numa luta implacável contra a influência da burguesia nacional-liberal.

4. Quaisquer que sejam as primeiras etapas episódicas da revolução nos diferentes países, a aliança revolucionária do proletariado com os camponeses só é concebível sob a direção política da vanguarda proletária organizada como partido comunista. Isso significa, por outro lado, que a vitória da revolução democrática só é concebível por meio da ditadura do proletariado apoiada em sua aliança com os camponeses e destinada, em primeiro lugar, a resolver as tarefas da revolução democrática.

5. Do ponto de vista histórico, a velha palavra de ordem bolchevique de "ditadura democrática do proletariado e dos camponeses" exprimia exatamente as relações, acima caracterizadas, entre o proletariado, o campesinato e a burguesia liberal. Isso foi demonstrado pela experiência de outubro. No entanto, a antiga fórmula de Lenin não previa quais seriam as relações políticas recíprocas entre o proletariado e o campesinato dentro do bloco revolucionário. Por outras palavras: a fórmula admitia, conscientemente, certo número de elementos algébricos que, no curso da experiência histórica, deviam dar lugar a elementos aritméticos mais precisos. E a experiência mostrou, em circunstâncias que excluem qualquer outra interpretação, que o papel do campesinato, por maior que seja a sua importância revolucionária, não pode ser independente nem, muito menos, dirigente. O camponês segue o operário ou o burguês. Isso significa que a "ditadura democrática do proletariado e dos camponeses" só é concebível como ditadura do proletariado arrastando atrás de si as massas camponesas.

6. Uma ditadura democrática do proletariado e dos camponeses, como regime diferente, quanto ao conteúdo de classe, da ditadura do proletariado, só seria realizável se pudesse existir um partido revolucionário independente que exprimisse os interesses da democracia camponesa e pequeno-burguesa em geral e, com o auxílio do proletariado, fosse capaz de conquistar o poder e determinar o seu programa revolucionário. A experiência de toda a história contemporânea e, sobretudo, da história da Rússia no transcurso dos 25 últimos anos, nos mostra qual é o obstáculo intransponível que se opõe à formação de um partido camponês. É a falta de independência econômica e política da pequena burguesia (campesinato) e a sua profunda diferenciação interna que permitem a aliança de

suas camadas superiores com a grande burguesia por ocasião dos acontecimentos decisivos, sobretudo por ocasião das guerras e das revoluções, enquanto as camadas inferiores se aliam ao proletariado, obrigando as camadas médias a escolher entre as duas forças. Entre o regime de Kerensky e o poder bolchevique, entre o *Kuomintang* e a ditadura do proletariado, não há nem pode haver nenhum regime intermediário, isto é, nenhuma ditadura democrática dos operários e dos camponeses.

7. Só pode ter um sentido reacionário a tendência da Internacional Comunista a impor, hoje, aos países do Oriente, a palavra de ordem de ditadura do proletariado e dos camponeses, há tanto tempo superada pela história. Oposta à de ditadura do proletariado, essa palavra de ordem contribui, politicamente, para a dissolução e a decomposição do proletariado nas massas pequeno-burguesas, criando, assim, condições favoráveis à hegemonia da burguesia nacional e, por conseguinte, à falência e ao desmoronamento da revolução democrática. Introduzir essa palavra de ordem no programa da Internacional Comunista só pode significar a traição ao marxismo e às tradições bolcheviques de outubro.

8. A ditadura do proletariado, que sobe ao poder como força dirigente da revolução democrática, será colocada, inevitável e muito rapidamente, diante de tarefas que a levarão a fazer incursões profundas no direito burguês da propriedade. No curso do seu desenvolvimento, a revolução democrática se transforma diretamente em revolução socialista, tornando-se, pois, uma revolução permanente.

9. Em lugar de pôr termo à revolução, a conquista do poder pelo proletariado apenas a inaugura. A construção socialista só é concebível quando baseada na luta de classe em escala nacional e internacional. Dada a dominação decisiva das relações capita-

listas na arena mundial, essa luta não pode deixar de acarretar erupções violentas: no interior, sob a forma de guerra civil; no exterior, sob a forma de guerra revolucionária. É nisso que consiste o caráter permanente da própria revolução socialista, quer se trate de um país atrasado que apenas acabou de realizar sua revolução democrática, quer se trate de um velho país capitalista que já passou por um longo período de democracia e de parlamentarismo.

10. A revolução socialista não pode se realizar nos quadros nacionais. Uma das principais causas da crise da sociedade burguesa reside no fato de as forças produtivas por ela engendradas tenderem a ultrapassar os limites do Estado nacional. Daí as guerras imperialistas, de um lado, e a utopia dos Estados Unidos burgueses da Europa, de outro lado. A revolução socialista começa no terreno nacional, desenvolve-se na arena internacional e termina na arena mundial. Por isso mesmo, a revolução socialista se converte em revolução permanente, no sentido novo e mais amplo do termo: só termina com o triunfo definitivo da nova sociedade em todo o nosso planeta.

11. O esquema, acima traçado, do desenvolvimento da revolução mundial elimina a questão dos países "maduros" ou "não-maduros" para o socialismo, segundo a classificação pedante e rígida que estabelece o programa atual da Internacional Comunista. Com a criação do mercado mundial, da divisão mundial do trabalho e das forças produtivas mundiais, o capitalismo preparou o conjunto da economia mundial para a reconstrução socialista.

Os diferentes países chegarão ao socialismo com ritmos diferentes. Em determinadas circunstâncias, certos países atrasados podem chegar à ditadura do proletariado antes dos países avançados, mas só depois destes chegarão eles ao socialismo.

Um país atrasado, colonial ou semicolonial, cujo proletariado não esteja bastante preparado para conduzir o campesinato e conquistar o poder é, por isso mesmo, incapaz de levar a bom termo sua revolução democrática. Por outro lado, num país em que o proletariado chegue ao poder em virtude de uma revolução democrática, o destino ulterior da ditadura e do socialismo dependerá, afinal, menos das forças produtivas nacionais do que do desenvolvimento da revolução socialista internacional.

12. A teoria do socialismo num só país, brotada no estrume da reação contra outubro, é a única que se opõe, de maneira consequente e definitiva, à teoria da revolução permanente.

Ao tentarem os epígonos, compelidos pela crítica, limitar à Rússia a aplicação da teoria do socialismo num só país, por causa de suas peculiaridades (extensão territorial e riquezas naturais), as coisas só fazem piorar, em lugar de melhorar. A renúncia à atitude internacionalista conduz, inevitavelmente, ao messianismo nacional, isto é, ao reconhecimento de vantagens e qualidades peculiares ao país, capazes de lhe conferir um papel que os demais países não poderiam desempenhar.

A divisão mundial do trabalho, a subordinação da indústria soviética à técnica estrangeira, a dependência das forças produtivas dos países avançados em relação às matérias-primas asiáticas etc. etc., tornam impossível a construção de uma sociedade socialista autônoma e isolada em qualquer região do mundo.

13. A teoria de Stalin-Bukharin não só opõe, mecanicamente, e a despeito de toda a experiência das revoluções russas, a revolução democrática à revolução socialista, como separa a revolução nacional da revolução internacional.

Colocando diante das revoluções dos países atrasados a tarefa de instaurar o regime irrealizável da ditadura democrática, oposta à ditadura do proletariado, essa teoria cria ilusões e ficções políticas, paralisa a luta do proletariado do Oriente pelo poder e retarda a vitória das revoluções coloniais.

Do ponto de vista da teoria dos epígonos, a conquista do poder pelo proletariado constitui, por si só, a realização da revolução (em seus "nove décimos", segundo a fórmula de Stalin), e inaugura a época das reformas nacionais. A teoria da integração do *kulak* no socialismo[42] e a teoria da "neutralização" da burguesia mundial são, por conseguinte, inseparáveis da teoria do socialismo num só país, equilibrando-se e caindo juntas.

A teoria do nacional-socialismo degrada a Internacional Comunista, que fica reduzida ao papel de arma auxiliar na luta contra a intervenção armada. A política atual da Internacional Comunista, o seu regime e a escolha dos seus dirigentes correspondem perfeitamente à sua decadência e transformação num exército de emergência, que não se destina a resolver, de maneira autônoma, as tarefas que se lhe apresentam.

14. O programa da Internacional Comunista, obra de Bukharin, é eclético do princípio ao fim. É uma tentativa desesperada de ligar a teoria do socialismo num só país ao internacionalismo marxista, que não pode, entretanto, ser separado do caráter permanente da revolução mundial. A luta da Oposição de Esquerda por uma política justa e um regime na Internacional Comunista está indissoluvelmente ligada à luta por um programa marxista. A questão do programa, por sua vez, é inseparável da questão das duas teorias opostas: a teoria da revolução permanente e a teoria do socialismo num só país. O problema da revolução permanente já ultrapassou, há mui-

42 Lançando a palavra de ordem de "Camponeses, enriquecei-vos!", achava Bukharin que os *kulaks*, em lugar de se orientarem para o capitalismo, marchavam pacificamente para o socialismo. Essa política só foi abandonada pelo Partido Comunista da URSS em 1928, quando os *kulaks*, com a "greve do trigo", fizeram à cidade o cerco da fome.

to tempo, o limite das divergências episódicas entre Lenin e Trotsky, inteiramente esgotadas pela história. Trata-se, agora, da luta entre as ideias fundamentais de Marx e de Lenin, de um lado, e o ecletismo centrista, de outro lado.

O LEGADO DE VO NGUYEN-GIAP

Vo Nguyen-giap é o sexto filho de uma família de oito irmãos. Seu primeiro nome Vo, na linguagem vietnamita, significa "força" e Giap, "armadura".

Seu pai era agricultor, plantador de algodão. Vo nasceu em 1911 e estudou em Hue e Hanói. Adolescente, envolveu-se com as lutas contra os colonizadores franceses. Aos 14 anos já fazia parte das organizações clandestinas e enfrentava as batalhas com as forças invasoras da Indochina.

Devido às intensas atividades políticas, foi preso em 1930 e condenado a três anos de prisão. Em 1933 foi expulso da universidade de Hanói por ser pego conspirando contra o governo. No ano seguinte, ingressou nas fileiras do Partido Comunista, criado em 1930. Devido à intensa repressão, fugiu para Paris, pois a França era o país imperialista da época que dominava o Vietnã, e ali passou a estudar Direito.

A duras penas, em 1937, conseguiu formar-se advogado na Sorbonne, em Paris, mas a vigilância da repressão francesa impediu que ele exercesse essa profissão. Então, retornou ao Vietnã e tornou-se professor de História Militar em Hanói, quando aproveitou para incentivar os estudantes a participarem da luta contra as forças de ocupação francesas.[43] Nesse período, Giap elaborou o texto "Guerra do povo, exército do povo". Casou-se no mesmo ano com Dang Thi-quang, militante comunista que, anos depois, foi presa, torturada e morta na prisão.

Em 1939 o Partido Comunista foi colocado na clandestinidade e a perseguição aos comunistas se tornou intensa. Giap foi obrigado a fugir para a China; enviado para o Sul do país, aproveitou para adquirir conhecimentos e fazer treinamentos em táticas de guerrilha. Enquanto isso, as forças de repressão francesas assassinavam seu filho recém-nascido, seu pai e vários parentes como sinal de represália por não tê-lo encontrado. Na China encontrou Ho Chi-minh, que seria o grande líder da revolução vietnamita. Dele tornou-se conselheiro político. Constituíram juntos uma coluna guerrilheira para retornar ao país. Naquela época, início da II Guerra Mundial, tanto a China quanto o Vietnã sofriam a invasão das forças japonesas.

Em 1941, Giap já com força suficiente, levou a guerrilha para dentro do país; ao se realizar a VIII Conferência do Partido Comunista, decidiram criar a Liga pela Independência do Vietnã, conhecida como Viet Minh. Com um programa de fácil compreensão, a liga multiplicou sua força por meio das Associações de Salvação Nacional, formadas por camponeses, operários, mulheres e estudantes, que passaram a levar a mensagem a todos os lugares do país.

---

43 Sobre a história da colonização e das invasões estrangeiras, ver "O legado de Ho Chi-minh" no volume II desta coleção.

Embora a ideologia dos principais dirigentes da revolução fosse marxista-leninista, eles acreditaram que deveriam divulgar um programa nacionalista, que atrairia mais facilmente a população.

A invasão japonesa do Norte do Vietnã, durante a II Guerra Mundial, exigiu que as forças francesas se ocupassem também daqueles combates. Inicialmente, as forças revolucionárias optaram por ajudar a França no combate aos japoneses, mas, logo em seguida, Giap, analisando que ambas as forças eram invasoras, passou a combatê-las igualmente. Com o fim da guerra em 1945, os japoneses derrotados, Ho Chi-minh aproveitou a conjuntura e propôs que tomassem o poder no Norte do país, e declarassem proclamada a República Democrática do Vietnã, o que foi feito em 2 de setembro daquele ano. A capital se tornou Hanói. Giap, com 34 anos, foi nomeado ministro da Defesa e comandante do Exército Revolucionário. No ano seguinte, os franceses proclamaram a independência do Sul do Vietnã e o país ficou dividido, pelo tratado de Genebra, na altura do paralelo 17.

A divisão do país em dois não significou o fim da perseguição pelas forças de repressão francesas; ao contrário, intensificou-se ainda mais até 1954, quando Giap, percebendo a sua inferioridade bélica, mobilizou a população fazendo com que ela se encarregasse de atacar e derrotar as forças militares inimigas.

Os franceses, que desconheciam o terreno e as doenças das florestas, foram cercados durante cinco meses no vale de Dien Bien Phu. As forças revolucionárias, ao mesmo tempo em que atacavam no Norte, apoiavam e incentivavam as forças de resistência no Sul do Vietnã, onde os franceses estavam instalados.

A estratégia de guerra traçada por Giap centrou-se na flexibilidade do movimento das tropas. Seu plano de ataque variava em cada situação. Ao atacar e recuar, passava a impressão aos franceses de que estavam em todos os lugares. Para abastecer as tropas, a orientação era atacar a retaguarda do inimigo com pequenos grupos, deixando-os, dessa forma, sem apoio.

Para facilitar a locomoção, os soldados revolucionários eram orientados a carregarem poucas coisas, armas, algumas roupas e um pouco de comida, pois deveriam procurar alimentos na floresta, ao contrário dos soldados franceses, que iam carregados com objetos de todas as espécies e mantimentos.

Não resistindo, os franceses, no dia 7 de maio de 1957, com 17 mil soldados doentes e famintos, se renderam.

Aconselhado pelos soviéticos e chineses, que temiam a entrada dos Estados Unidos na região e a ampliação da guerra, Ho Chi-minh aceitou dividir o país em dois e retirar as forças revolucionárias do Sul, assinando o acordo em julho de 1954. Mas isso não significou o fim da guerra; ao contrário, era uma medida para os agressores externos ganharem tempo para recomporem as suas estratégias.

Os franceses, após assinado o tratado, se retiraram do país, mas os Estados Unidos da América, que tinham interesse na região, assumiram a responsabilidade de dar continuidade à guerra no Sul. Passaram a enviar ajuda às forças locais que, embora desencadeando uma intensa repressão, não obtinham êxito.

Mesmo com o acordo assinado, havia ficado no Vietnã do Sul cerca de 15 mil soldados do Viet Minh. O governo local passou, a partir de 1957, a persegui-los, chamando-os de vietcongues. Dividindo-se em pequenos grupos, os 15 mil soldados passaram a combater fervorosamente as forças do governo. A eles somaram-se milhares de pessoas, fazendo com que, por volta de 1959, a luta pela unificação do país fosse inevitável.

Os Estados Unidos, além da ajuda financeira e bélica, iniciaram, em1960, o envio de tropas para lá no intuito de manter o controle do país e garantir uma base para seus interesses na região. Em 1961 já contavam com a presença de 3,2 mil soldados estadunidenses em ação no Sul do Vietnã. Na medida em que eles encontravam dificuldades, foram modificando suas táticas de guerra conhecidas como "processo de retaliação". Passaram a utilizar, além da infantaria, aviões bombardeiros B-52 para atacar alvos dentro do país.

Em 1964 o Congresso dos Estados Unidos aprovou a Resolução Golfo de Tonquin, que permitia às suas forças armadas atacarem em qualquer lugar do Sudeste da Ásia. Com isso estavam liberados para atacar também a parte Norte do Vietnã, já livre e organizado como República Democrática do Vietnã.

A intensa pressão político-militar organizada pelos Estados Unidos impossibilitava qualquer iniciativa para reconstruir o país. Em 1969 chegou a ter 532,4 mil soldados estadunidenses no Vietnã, um país com menos de 30 milhões de habitantes e um território de 352 mil quilômetros.

Em 1972, uma imagem denunciou o uso criminoso do napalm (liquido inflamável) ao lançar uma bomba com o produto sobre um templo de um pequeno povoado onde a população buscava proteção. As chamas atingiram uma menina de nove anos, Kim Phuc, que saiu pelas ruas correndo sem roupas, sendo socorrida por um jornalista, que a fotografou e a levou a um hospital, onde ficou internada por 14 meses.

Os revolucionários do Norte, juntaram-se com as forças revolucionárias do Sul e, reunidas na Frente de Libertação

Nacional (FLN), intensificaram as ações levando à derrota a maior potência militar do mundo.

Em 1975 as forças populares, transformadas no Exército do Povo, comandadas por Giap, alcançam a vitória. As tropas estadunidenses deixaram o país e o Vietnã se unificou novamente. Em 2 de julho de 1976, foi oficialmente criada a República Socialista do Vietnã, tendo como Capital Saigon, depois rebatizada com o nome de Ho Chi-minh, falecido em 1969.

★★★

O pensamento de Giap encontra-se redigido por ele mesmo em três obras: *Estratégia de libertação*; *Como vencemos a guerra*; e *Guerra do povo, exército do povo*.

Para esta edição separamos dois textos. O primeiro, "Guerra do povo, exército do povo", extraído do mesmo livro. O segundo "Aporte criador de nosso partido no armamento das massas revolucionárias na edificação do exército do povo", extraído do livro *Estratégia de libertação.*

O texto "Guerra do povo, exército do povo" é um relatório que Giap apresentou no 15º aniversário do Partido dos Trabalhadores do Vietnã em 1959, em que fundamentou algumas características da guerra de libertação do colonialismo francês.

Iniciou demarcando o campo ideológico ao resgatar uma das teses do *Manifesto do Partido Comunista*: "A história de toda a sociedade até nossos dias não foi mais do que a história da luta de classes" e, como bom conhecedor da teoria militar, fez sem rodeios, no mesmo parágrafo, menção à teoria de Clausewitz, ao dizer que: "Essas lutas podem aparecer sob a forma política, sob a forma armada, e a luta armada não é nada mais do que a continuação da luta política". Disse que há duas formas políticas, a das classes e das grandes nações que exploram as nações menores, e a política das classes dentro dos países que exploram a nação; por isso, há duas espécies de guerra feitas por dois exércitos diferentes: um revolucionário, onde aparece o povo; o outro contrarrevolucionário, injusto e antipopular, da classe dominante.

Neste parágrafo, Giap resumiu todo o pensamento de sua exposição. Para ele, o processo havia começado com a Revolução Russa de 1917, que representou um marco, uma nova era para a humanidade, que soube inovar, tanto em nível de composição do Estado, controlado pela ditadura do proletariado, dos operários e camponeses, quanto um novo tipo de exército, formado por operários e camponeses. Na China, o processo foi o mesmo. A guerra popular levou à criação de um Exército de Libertação popular, em ambos os casos dirigidos pelo partido político. Por fim, houve a criação do Exército Popular do Vietnã, que também era de novo tipo e conduzido pelo Partido dos Trabalhadores, no qual o povo se tornou a principal força de enfrentamento.

Mas as características das guerras entre os três países, a seu ver, é que se diferenciavam. Na União Soviética a guerra era para chegar ao socialismo, pois já havia condições para tanto. Na China, a guerra se deu nos marcos de uma revolução nacional em um país semicolonial. No Vietnã, o país era uma colônia da França, com um pequeno território e uma população também pequena.

Então resumiu dizendo: "Nossa guerra foi uma guerra do povo, uma guerra justa. Essa foi a característica essencial que determinou as leis da guerra e decidiu o final dela". O povo venceu porque foi uma guerra do povo, em que o partido indicou o caminho estratégico e tático: independência e democracia.

A estratégia da guerra prolongada foi traçada desde o início, deslocando-se das cidades para o campo.

Para Giap, a guerra prolongada de libertação contra os franceses havia passado por três etapas: a) etapa defensiva; b) etapa do equilíbrio das forças; c) etapa da contraofensiva. Para isso, a tática foi generalizar a guerrilha, na qual o povo se tornou um grande exército.

Como foi uma guerra de resistência prolongada, exigiu muito esforço do partido para o trabalho educativo e para a formação ideológica. Esforço de organização militar e econômico. Espírito de sacrifício e heroísmo seja no *front* ou na retaguarda. E controle dos desvios, tendo em vista que havia a tendência de querer queimar etapas para chegar rapidamente ao fim da guerra.

As formas de combates foram irregulares, pois dependeram da forma como os inimigos se colocavam e atacavam. Para isso, as massas também utilizaram todos os tipos de armamentos: bastões, lanças, arcos, foices, flechas, fundas etc., usadas contra as tropas inimigas quando se dispersavam.

O partido era responsável pelo exército. Devia educá-lo e cuidar para que tivesse boas relações com a população e entre si. Por isso, tinham sempre em mente três recomendações: respeitar o povo; ajudar o povo; defender o povo.

O segundo texto: "O aporte criador de nosso partido..." do qual selecionamos as principais passagens, trata de ambos os períodos da guerra contra o colonialismo francês e o seu desfecho contra os Estados Unidos da América.

Em todas as suas colocações, Giap valorizou o partido como órgão principal na luta pela independência e pelo socialismo. Mas reconheceu que o povo do Vietnã havia lutado intensamente antes mesmo da existência do partido. De fato, os últimos

40 anos tinham sido os principais, por terem juntado alguns fatores: o heroísmo do povo, a formação da classe operária, a criação do partido e a liderança forte de Ho Chi-minh.

A criação do Exército Popular foi o fator determinante, pois daí resultaram as diferentes formas de lutas em todo o país, que culminou com a insurreição.

A permanência na luta fundamentou-se no patriotismo, na consciência de classe e na divisão das tarefas. Ao Partido dos Trabalhadores do Vietnã coube a coordenação e a unificação das forças.

A guerra e todo o processo revolucionário modificou a qualidade da consciência do povo. Ali se formaram os homens novos e os combatentes da nova época.

A estratégia da luta pelo poder foi traçada pelo partido desde a sua criação, estabelecendo a via da luta armada e a linha da edificação das forças armadas com operários e camponeses.

As formas de organização obedeceram a diversos níveis; foram formadas as brigadas operárias e camponesas, os destacamentos guerrilheiros e o Exército Vermelho. Todas essas formas estiveram subordinadas ao Comitê Militar Central e ao partido. Mais adiante, surgiram as milícias populares de autodefesa.

Em seguida, Giap expôs como se desenvolveu a guerra, quais foram as táticas utilizadas e como as forças populares e revolucionárias foram colocadas para atacar o inimigo.

Em um longo parágrafo, praticamente resumiu o que foi a estratégia da revolução vietnamita:

> A grande vitória de nossa população e de suas forças armadas no Norte socialista demonstra que um país, inclusive pequeno, com uma economia pouco desenvolvida e um exército dotado de equipamentos e técnicas pouco modernas, porém com uma linha revolucionária

> justa, uma grande determinação de combater pela independência e a liberdade da pátria, capaz de apoiar-se na força do povo e de tomar o exército popular e as forças armadas das massas como base, capaz de conquistar as simpatias e o apoio internacionais, está em condições de pôr em marcha a guerra do povo, para derrotar a guerra de destruição sistemática das forças aéreas modernas do imperialismo ianque. A vitória da população do Norte e a população combatente do Sul demonstram eloquentemente a grande possibilidade que exerce a guerra popular para vencer qualquer agressor.

Por fim, Giap subdividiu a organização para a insurreição em dois níveis: o exército popular e as forças armadas de massas. No exército popular, exige-se maior disciplina, treinamento, com acompanhamento técnico, com comando e direção centralizada e sempre prontas a combater. As forças armadas das massas estão mais ligadas ao local onde vivem as massas, possuem armamentos diversos e utilizam diferentes métodos de combate. Dessa forma, foi possível aproveitar o potencial de luta de todo o povo.

I. GUERRA DO POVO, EXÉRCITO DO POVO[44]

VO NGUYEN-GIAP

Em 22 de dezembro de 1959, o Exército Popular do Vietnã festeja o 15° aniversário de sua fundação. Nessa ocasião, gostaria de lhes apresentar um resumo da luta e da organização das forças armadas revolucionárias do Vietnã. Gostaria também de sublinhar os pontos fundamentais que caracterizam a política militar do partido de vanguarda da classe operária e do povo vietnamita, o Partido Comunista Indochinês, hoje chamado Partido dos Trabalhadores do Vietnã.

Como ensina o marxismo-leninismo, "a história de toda a sociedade até nossos dias não foi nada mais do que a história das lutas de classes". Essas lutas podem aparecer sob a forma política, sob a forma armada; e a luta armada não é mais do que a continuação da luta política. Em uma sociedade de classes, distinguimos duas formas políticas: a política das classes e das

44 Texto extraído de *Guerre du peuple, armée du peuple*. Tradução de Iramaya Porancy de Queiroz Benjamin

nações que exploram e oprimem as outras; e a política das classes e das nações exploradas e oprimidas. Daí a existência de duas espécies de guerras, duas modalidades de Estado, de exércitos diametralmente opostos, uns revolucionários, populares e justos; outros, contrarrevolucionários, antipopulares e injustos.

A Revolução Russa de outubro marcou uma nova era na história da humanidade. Aparecia um novo tipo de Estado, a ditadura do proletariado, dos operários e dos camponeses, dos trabalhadores e dos povos soviéticos enfim libertados. Um exército novo vinha à luz, o Exército Vermelho, o verdadeiro exército do povo, sob a direção do Partido Comunista da União Soviética. Nascido na insurreição de outubro e sustentado pelos combates que se seguiram a ela, em pouco tempo esse exército iria se tornar o mais poderoso exército do mundo, sempre pronto a defender a pátria soviética, o primeiro Estado dos operários e camponeses.

Na Ásia, depois da I Guerra Mundial, a revolução nacional democrática do povo chinês, sob a feliz influência da revolução russa, tomou um grande impulso. Para se libertar, o povo chinês se empenhou bravamente, durante várias dezenas de anos, na luta armada. Foi nessa guerra revolucionária, repleta de heroísmo e de sacrifícios, que veio à luz e cresceu o Exército de Libertação Chinês, exército também novo, autenticamente popular, colocado sob a direção do Partido Comunista Chinês.

Com 15 anos, o Exército Popular do Vietnã é um jovem exército revolucionário. Desenvolveu-se durante a guerra de libertação nacional do povo vietnamita, de onde surgiu, e atualmente assume a gloriosa tarefa de defender a construção do socialismo no Norte, contribuindo para fazer dele uma poderosa base para a reunificação pacífica do país. Também constitui um exército de novo tipo, um exército autenticamente popular, colocado sob a direção do partido da classe operária do Vietnã.

Tanto na URSS quanto na China e no Vietnã, as guerras e os exércitos revolucionários se parecem por suas características fundamentais comuns: sua natureza popular e revolucionária e a justa causa a que servem.

A guerra e o exército revolucionários vietnamitas têm, todavia, características próprias. Com efeito, desde o começo, na União Soviética, a guerra revolucionária foi situada nos quadros de uma revolução socialista; por outro lado, se desenrolou em um país independente, dotado de uma economia industrial moderna já importante, e que não estancou sob o regime socialista. A guerra revolucionária da China ficou, durante um longo período, nos quadros da revolução nacional democrática de um país semicolonial, enorme e com uma população de 600 milhões de habitantes.

A guerra revolucionária no Vietnã, semelhante à da China quanto aos objetivos da revolução nacional e democrática, se diferenciou dela pelo fato de se desenrolar em um país colonial, muito menor do que a China, tanto em superfície quanto em população.

A história da luta armada e da organização das forças armadas no Vietnã é a história de uma pequena nação submetida à dominação colonial. Não dispondo nem de um vasto território nem de uma população numerosa, teve que lutar, sem um exército regular, no início, contra as forças de agressão de uma potência imperialista para, finalmente, triunfar, libertando a metade do país e permitindo o engajamento na via do socialismo. Quanto à política militar do partido de vanguarda da classe operária vietnamita, foi uma aplicação do marxismo-leninismo às condições concretas da guerra de libertação em um país colonial.

O Vietnã se inclui entre os países do Sudeste Asiático que têm uma velha história. Com seus 330 mil km^2 e seus 25 milhões de habitantes, à parte de se situar às margens do Pacífico, se tornou, hoje em dia, um dos postos avançados do mundo socialista.

Durante sua história, muitas vezes milenar, seguidamente a nação vietnamita resistiu vitoriosamente às invasões dos senhores feudais chineses. E pode se orgulhar de suas tradições de luta para salvaguardar a independência do país.

Depois de ter invadido o Vietnã, na segunda metade do século 19, o imperialismo francês fez dele uma colônia. Desde então, a luta contra o colonialismo francês não cessou, as revoltas se sucederam, apesar da repressão crescente, por todas as classes sociais.

Em 1930, foi fundado o Partido Comunista Indochinês. Sob sua direção firme e clarividente, o movimento de libertação nacional do povo vietnamita ganhou novo impulso. Depois de dez anos de uma luta política heroica, durante a II Guerra Mundial, o partido partiu para a preparação da luta armada e, daí, para a deflagração da guerrilha e a criação de uma zona livre. O movimento antijaponês para a salvação nacional levou às gloriosas jornadas da revolução de agosto de 1945. Seguindo os grandes eventos que marcaram a situação internacional de então – a vitória do Exército Vermelho Soviético e das forças aliadas sobre o fascismo japonês –, o povo vietnamita inteiro, como um só homem na insurreição vitoriosa, instaura o poder popular. Nasce a República Democrática do Vietnã, primeira democracia popular no Sudeste Asiático.

A situação política no Vietnã era, nessa época, particularmente difícil e complexa. As tropas de Chiang Kai-shek haviam penetrado no Norte e as da Inglaterra invadiram o Sul do país, para desarmar os japoneses que ainda estavam de posse de todo o seu armamento, desde os primeiros dias da capitulação. Foi nessas condições que os imperialistas franceses, em seguida à criação da República Democrática, desfecharam uma guerra de reconquista contra o Vietnã, na esperança de restabelecer sua dominação.

O povo vietnamita se levantou, como um só homem, para defender a pátria, em resposta ao apelo do partido e do governo, que tinha como dirigente o presidente Ho Chi-minh. Começava uma guerra sagrada para a libertação do país. Entretanto, não estava perdida a esperança de um regime pacífico: um acordo preliminar tendo em vista a cessação das hostilidades foi fechado, em março de 1946, entre o governo da República Democrática do Vietnã e o governo da França. Mas os colonialistas franceses não eram sinceros. Logo que o acordo foi assinado, eles o violaram, sem vergonha, ocupando sucessivamente diversas regiões. Em dezembro de 1946, a guerra se generalizou em todo o país e durou nove anos – os nove anos que se seguiram ao fim da II Guerra Mundial –, para terminar com a brilhante vitória do povo vietnamita.

Nossa guerra de libertação foi uma guerra do povo, uma guerra justa. Essa foi a característica essencial que determinou as leis da guerra e decidiu o seu final.

Aos primeiros ataques da invasão imperialista, o general Leclerc, o primeiro comandante do Corpo Expedicionário Francês, calculava que as operações para a reocupação do Vietnã seriam apenas um passeio militar. Os generais franceses consideraram a resistência no Sul fraca e temporária; e persistiram em acreditar que lhes bastaria no máximo dez semanas para ocupar e pacificar todo o Vietnã do Sul. Por que os colonialistas franceses fizeram tal avaliação? Porque consideraram que, para fazer face à sua agressão, seria necessário um exército. Ora, as forças armadas do Vietnã haviam sido recém-criadas, ainda numericamente fracas, mal organizadas, seus oficiais e suboficiais não tinham experiência, seu equipamento era velho e insuficiente, o estoque de munições muito limitado e não havia nem tanques, nem aviões, nem artilharia. Com tal exército, como empreender uma resistência séria, como responder aos ataques da poderosa 2ª Divisão blindada? Tudo o que o exército poderia fazer seria gastar o estoque de munições antes de depor as armas. Efetivamente, o exército vietnamita era fraco sob todos os pontos de vista e necessitava de tudo. Os colonialistas franceses tinham razão nesse ponto. Mas era impossível, para eles, enxergar um fato fundamental e determinante: o exército vietnamita, se bem que materialmente muito fraco, era um exército do povo. Isso significava que a guerra no Vietnã não punha em oposição apenas dois exércitos; provocando hostilidades, os colonialistas agressores se colocavam contra toda uma nação; e, efetivamente, toda a nação vietnamita, todo o povo vietnamita, estava mobilizado contra eles. Por não ter compreendido essa profunda verdade, os generais franceses acreditaram em uma vitória fácil, quando estavam frente a uma derrota certa. Eles presumiam que teriam uma reconquista fácil e o povo do Vietnã os venceu.

Estrategistas burgueses ainda se admiram com essa vitória vietnamita. Por qual razão a nação vietnamita pôde vencer uma potência imperialista como a França, apoiada pelos intervencionistas estadunidenses? Eles tentaram explicar essa extraordinária realidade pela adequação da estratégia e da tática, pelas formas de combate bem adaptadas e pelo heroísmo do Exército Popular do Vietnã. Evidentemente, todos esses fatores contribuíram para o sucesso da resistência. Mas, se considerarmos a questão: por que o povo vietnamita conseguiu vencer?, a melhor resposta, a mais exata e a mais completa, deve ser a seguinte: o povo vietnamita venceu porque sua guerra de libertação foi uma guerra do povo.

Assim que a resistência se generalizou em todo o país, o Partido Comunista Indochinês ressaltou, nas suas diretrizes, que ela devia ser a obra de todo o povo. Essas palavras de ordem contêm todo o segredo da vitória.

Nossa resistência foi uma guerra do povo, pois seus objetivos políticos eram: quebrar o jugo imperialista para reconquistar a independência nacional, derrubar a classe de proprietários feudais para dar a terra aos camponeses, ou, resolver radicalmente as duas contradições fundamentais da sociedade vietnamita – contradição entre a nação e o imperialismo de um lado, contradição entre o povo, essencialmente os camponeses, e a classe dos proprietários feudais de outro – e abrir a via do socialismo à revolução vietnamita.

Detendo, firmemente, a estratégia e a tática da revolução nacional e democrática, o partido indicou ao povo os objetivos a serem atingidos: independência e democracia. Todavia, isso não era o suficiente, não bastava ter os objetivos inteiramente de acordo com as aspirações fundamentais do povo. Ainda era preciso um esforço para esclarecer as massas populares, educá-las e encorajá-las ao combate para a salvação nacional. O partido se dedicou por inteiro a esse trabalho, à união de todas as forças nacionais, à ampliação e à consolidação de uma Frente Nacional Unificada (Frente Viet Minh depois Frente Lien Viet), que foi um magnífico exemplo da maior união das camadas populares na luta anti-imperialista em um país colonial. Essa frente reunia, com efeito, as forças patrióticas de todas as classes e de todas as camadas sociais, desde os latifundiários progressistas, todas as nacionalidades do país, tanto majoritárias quanto minoritárias: os crentes patriotas de todas as fés religiosas. "A união, a grande união, para a vitória, a grande vitória", essas palavras de ordem, lançadas pelo presidente Ho Chi-minh, se tornaram uma grande realidade, durante a longa e dura resistência.

Empreendemos uma guerra do povo e isso em um país colonizado há muitos anos. Também o fator nacional foi aqui de uma importância primordial; era preciso juntar todas as forças suscetíveis de derrubar os imperialistas e seus seguidores. Por outro lado, essa guerra se desenrolou em um país agrícola atrasado, onde os camponeses, representando a grande maioria da população, constituíam as forças essenciais da revolução e da resistência. Também as relações entre a questão nacional e a questão camponesa deviam ser claramente definidas, e a solução por etapas do problema agrário, para mobilizar as grandes massas camponesas, devia ser considerada como um dos fatores essenciais e decisivos da vitória. Sempre cuidadoso em relação aos interesses da classe camponesa, o partido começou por preconizar a redução dos impostos sobre a produção e dos impostos sobre os salários. Em seguida, quando a estabilidade da situação permitiu, realizou com muita firmeza a mobilização das massas, tendo em vista a reforma agrária, a fim de dar terra aos camponeses e, daí, manter e reforçar a resistência.

Ao longo dos anos da guerra, foram manifestadas várias tendências errôneas, fossem elas pela preocupação unicamente com a organização e o crescimento das forças armadas, negligenciando a mobilização e a organização das grandes camadas populares, ou pela mobilização do povo para a guerra, esquecendo os seus interesses imediatos do dia a dia; ou, ainda, quando se pensava em satisfazer os interesses imediatos da população, em geral, sem prestar atenção suficiente aos interesses dos camponeses. O partido lutou resolutamente contra todas essas tendências. Para conduzir a resistência à vitória, era preciso reforçar o exército e, ao mesmo tempo, cuidar de mobilizar e de educar o povo, de aumentar e consolidar a Frente Nacional Unida; era preciso mobilizar as massas para a resistência, procurando sempre satisfazer os seus interesses imediatos, melhorar suas condições de vida, essencialmente as dos camponeses. Uma ampla frente nacional unificada se impunha sobre a base da aliança dos operários e camponeses, sob a direção do partido.

★★★

Os imperativos da guerra popular do Vietnã exigiam a adoção de uma estratégia e de uma tática apropriadas, baseadas nas características do inimigo e nas nossas, nas condições concretas do campo de batalha e na correlação de forças em jogo. Em outras palavras, estratégia e tática da guerra do povo, em um país colonial, economicamente atrasado.

Em primeiro lugar, a estratégia deveria ser a estratégia de uma guerra prolongada. Nem todas as guerras revolucionárias, nem todas as guerras populares deveriam obrigatoriamente ser assim. Se desde o começo as condições são favoráveis ao povo e a correlação de forças pende para o lado da revolução, a guerra revolucionária pode terminar vitoriosamente, em um breve espaço de tempo. Mas a guerra de libertação do povo vietnamita começou em condições muito diferentes: tínhamos de enfrentar um inimigo muito mais forte. Evidentemente, essa relação de forças nos tirava a possibilidade de ganhar batalhas decisivas desde o começo das hostilidades e, mais ainda, vencer a agressão desde as primeiras operações de desembarque em nosso solo. Em uma palavra, nos era impossível vencer rapidamente.

Apenas com uma longa e dura resistência nos foi possível usar, pouco a pouco, as forças vivas do adversário, para reforçar as nossas; fazer pender progressivamente as forças a nosso favor e finalmente alcançar a vitória. Nós não tínhamos outro caminho.

Essa estratégia e a palavra de ordem de resistência prolongada foram adotadas pelo Partido Comunista Indochinês desde os primeiros dias da guerra de libertação. Foi com esse espírito que o Exército Popular do Vietnã, depois de ferozes combates de rua nas grandes cidades, levou a efeito, por iniciativa própria, ações estratégicas em direção ao campo, para manter aí as suas bases e preservar as suas forças vivas.

A guerra revolucionária prolongada passou por várias etapas diferentes: a etapa da defensiva, a etapa do equilíbrio de forças e enfim a da contraofensiva. A realidade era, evidentemente, mais complexa. Foram necessários vários anos de uma guerrilha cada vez mais intensa e generalizada para realizar o equilíbrio de forças e desenvolver o nosso potencial de guerra. Assim que as conjunturas interior e exterior permitiram, passamos à contra-ofensiva, primeiro por uma série de operações locais, depois por outras de grande envergadura, que deviam levar à vitória decisiva de Dien Bien Phu.

A aplicação dessa estratégia de resistência de longa duração exigiu um trabalho de educação, uma luta ideológica para o povo e para os membros do partido, um gigantesco esforço de organização sob o duplo ponto de vista militar e econômico, de sacrifícios e de um heroísmo inaudito do exército e do povo, tanto no *front* quanto na retaguarda. Às vezes, se manifestaram tendências errôneas, de queimar etapas para terminar a guerra mais cedo, de engajar forças importantes em aventuras militares. O partido as rechaçou em discussões e preservou o caminho que havia traçado. Nas horas difíceis, apareceram certas hesitações, mas o partido as enfrentou com energia e manteve firme sua determinação na luta e a fé na vitória final.

★★★

A guerra popular prolongada no Vietnã exigiu também formas de combate apropriadas à natureza revolucionária da guerra, assim como à relação de forças que então acusava uma clara superioridade do inimigo, ou às bases materiais e técnicas ainda muito fracas do exército popular. Essa forma de combate adaptada é a guerrilha. Pode-se dizer que a guerra de libertação do povo vietnamita foi uma longa e vasta guerrilha, indo do simples ao complexo para se chegar à guerra de movimento, nos últimos anos da resistência.

A guerrilha é a guerra das massas populares de um país economicamente atrasado, contra um exército de agressão poderosamente equipado e bem treinado. Se o inimigo é forte, deve ser evitado; se é fraco, deve ser atacado; ao seu armamento moderno, opõe-se um heroísmo sem limites para vencer, seja fustigando, seja aniquilando o adversário, segundo as circunstâncias e combinando as operações militares com a ação política e a econômica. Não deve haver linha de demarcação fixa e a frente de batalha deve estar em todos os lugares onde se acha o adversário.

Concentração de tropas para ter uma superioridade significativa sobre o inimigo, onde quer que ele esteja a descoberto, a fim de destruir suas forças vivas; iniciativa, flexibilidade, rapidez, surpresa, prontidão para o ataque e o contra-ataque. Assim que a relação estratégica de forças fique desfavorável, reagrupar resolutamente as tropas para obter uma superioridade absoluta no combate em certo ponto, durante um certo espaço de tempo. Por meio de pequenas vitórias, usar pouco a pouco as forças do inimigo e, ao mesmo tempo, usar e aumentar as nossas. Nessas condições concretas, se torna absolutamente necessário não perder de vista que o objetivo principal dos combates é a destruição das forças vivas do inimigo e, como consequência, é preciso evitar perdas, procurando conservar, a qualquer preço, o terreno onde se está. Tudo isso com o único fim de recuperar os territórios ocupados e libertar totalmente o país.

Na guerra de libertação do Vietnã, a guerrilha se generalizou em todas as regiões temporariamente ocupadas pelo inimigo. Cada habitante foi um soldado, cada vilarejo foi uma fortaleza, cada célula do partido, cada comitê administrativo de comuna foi um Estado-maior.

O povo inteiro participava da luta armada, combatendo, segundo os princípios da guerrilha, em pequenos pelotões, mas sempre seguindo uma única linha de ação e as mesmas diretrizes, as do Comitê Central do partido e do governo.

Diferentemente de numerosos outros países que fizeram guerras revolucionárias, o Vietnã, nos primeiros anos de sua luta, não pôde deixar de fazer a guerra regular, preparando as condições para fazer a guerrilha. Ao preço de mil dificuldades e de sacrifícios inumeráveis, essa guerrilha foi se desenvolvendo progressivamente, para chegar a uma forma de guerra de movimento que a cada dia conseguia maior envergadura e que, conservando certas características da guerrilha, comportava campanhas regulares com uma parte cada vez maior de ataques de posições inimigas fortificadas. Partindo de pequenos grupos do efetivo de uma seção ou de uma companhia, para aniquilar alguns homens ou um grupo inimigo, nosso exército passou, em seguida, a combates mais importantes com o batalhão ou o regimento, para vencer uma ou várias companhias adversárias; finalmente, chegamos a campanhas cada vez maiores, usando vários regimentos de uma só vez, depois várias divisões, para alcançar Dien Bien Phu, onde o Corpo Expedicionário Francês perdeu 16 mil homens de suas unidades de elite. Foi esse processo de desenvolvimento que permitiu a nosso exército progredir com passo certo sobre o caminho da vitória.

Guerra do povo, guerra prolongada, luta de guerrilha tomando pouco a pouco as proporções de uma guerra de movimento, tais são os ensinamentos mais preciosos da guerra de libertação do Vietnã. Foi seguindo essa linha que o partido levou a resistência à vitória. Depois de três mil dias de combate, de dificuldades e de sacrifícios, nosso povo venceu os imperialistas franceses e os intervencionistas estadunidenses. Hoje, na metade do país liberado, mais de 14 milhões de compatriotas tratam das feridas deixadas pela guerra, reconstroem o país e edificam o socialismo. No entanto, segue a luta para levar a revolução nacional democrática a todo o país e para reunificar a pátria na base da independência e da democracia.

★★★

Depois desta exposição das grandes linhas da guerra de libertação levada pelo povo vietnamita contra os imperialistas franceses e estadunidenses, vou falar do Exército Popular do Vietnã.

Força armada do povo vietnamita, ele nasceu e cresceu sob o fogo da guerra de libertação nacional. Seu primeiro embrião apareceu com os procedimentos de autodefesa criados pelos sovietes do Nghê An, que se mantiveram no poder alguns meses, no período do progresso revolucionário dos anos de 1930-1931. Mas a criação de forças armadas revolucionárias só foi realmente programada no começo da II Guerra Mundial, quando a preparação da insurreição armada passou ao primeiro plano de nossas preocupações. Nossas formações militares e paramilitares então apareceram por ocasião da revolta de Bac Son e nas bases revolucionárias da região de Cao Bang.

Em seguida à organização da seção do Exército de Salvação Nacional, em 22 de dezembro de 1944, foi criada uma unidade da ordem de uma seção: a seção de propaganda do Exército de Libertação do Vietnã. Nossa base de guerra, organizada na ilegalidade, era então limitada a alguns distritos das províncias de Cao Bang, Bac Can, Lang Son, nas selvas do Norte. Quanto às forças armadas revolucionárias, ainda compreendiam apenas unidades populares de autodefesa e alguns grupos e seções inteiramente separadas dos trabalhos de produção. Seus efetivos cresceram rapidamente e já contavam com alguns milhares de guerrilheiros no começo de 1945, época do golpe de força dos fascistas japoneses contra os colonialistas franceses. No momento da instauração do poder popular nas regiões rurais de seis províncias do Viet Bac, erigidas em zona livre, as organizações armadas existentes se fundiram para formar o Exército de Libertação do Vietnã.

Durante a insurreição de agosto, acompanhando o povo e os destacamentos de autodefesa, o exército de libertação contribuiu para a conquista do poder. Incorporando as forças paramilitares reagrupadas no desenrolar das gloriosas jornadas de agosto, seus efetivos aumentaram rapidamente. Com um material tomado dos japoneses e de seus milicianos Bao-An – nada além de dezesseis tipos diferentes de fuzis, entre os quais alguns velhos modelos franceses e mesmo mosquetões das forças tsaristas, recuperados pelos japoneses – esse jovem exército mal-equipado fez face à agressão do Corpo Expedicionário Francês, dotado de um armamento moderno. Um material tão atrasado exigiu do exército e do povo vietnamita uma abnegação total e um heroísmo sobre-humano.

Se os inimigos atacavam regiões onde estavam nossas tropas, elas fugiam à batalha; se eles se espalhavam em grandes zonas, desprovidas de qualquer formação regular, o povo se lançava contra o seu avanço com as armas rudimentares, bastões, lanças, arcos, foices, flechas, fundas. Desde os primeiros dias apareceram três tipos de formações armadas: as organizações paramilitares ou guerrilheiros, as tropas regionais e as unidades regulares. Essas formações foram, no plano da organização, a expressão política de mobilização geral do povo em armas; e cooperaram para aniquilar o inimigo.

Camponeses, operários e intelectuais afluíram para engrossar as fileiras das forças armadas da revolução. Quadros dirigentes do partido e do aparelho de Estado se improvisaram em oficiais. A grande dificuldade a resolver era o problema do equipamento. Em todo o Vietnã não havia uma só fábrica de material de guerra; há quase um século, a posse e o uso de armas haviam sido rigorosamente proibidos pela administração colonial. Qualquer importação era impossível, os países vizinhos eram hostis à República Democrática do Vietnã. A única fonte de abastecimento só podia ser a frente de batalha: tomar o material do inimigo para usá-lo contra ele. Prosseguindo na agressão ao Vietnã, o Corpo Expedicionário Francês desempenhava outra missão, mesmo contra a sua vontade: a de fornecedor de armamento francês e estadunidense para o exército popular vietnamita. Não obstante seus prodigiosos esforços, as fábricas de armamentos que havíamos construído estavam longe de satisfazer todas as nossas necessidades. Uma grande parte de nosso material militar provinha de confiscos de guerra.

Como já ressaltei, de início, o exército vietnamita só pôde empreender os combates com pequenas unidades tais como seções ou companhias. As forças regulares tiveram que se fracionar parcialmente, em companhias autônomas, para atender a extensão da guerrilha; enquanto batalhões móveis eram paralelamente mantidos para ações mais importantes. Depois de cada combate vitorioso, as forças armadas populares davam um novo passo.

Mergulhando nos combates, estimuladas pelas vitórias, as formações de guerrilheiros criavam as condições de crescimento das tropas regionais. E estas, por sua vez, favoreciam o desenvolvimento das forças regulares. Durante os nove anos subsequentes, seguindo essa via heroica e cheia de dificuldades, nosso exército popular aumentou sua vontade de vencer a qualquer preço. Tornou-se um exército forte, com centenas de milhares de homens se articulando sucessivamente em regimentos e em divisões, e com uma padronização progressiva na organização e no equipamento. Essa força, cada vez mais politicamente consciente, e cada vez melhor treinada militarmente, conseguiu combater e vencer os 500 mil homens do Corpo Expedicionário Francês, equipados pelos Estados Unidos.

★★★

O Exército vietnamita é efetivamente um exército nacional. Ao combater o imperialismo e os traidores a seu serviço, combateu pela independência nacional e pela unidade do país. Esse exército conta, nas suas fileiras, com os melhores filhos do Vietnã, os patriotas e os mais sinceros, vindos de todas as classes revolucionárias, de todas as nacionalidades, tanto majoritárias quanto minoritárias. É digno de simbolizar o sonho irresistível da consciência nacional, da união de todo o povo vietnamita na luta contra a agressão imperialista, para salvar o país.

Nosso exército é um exército democrático. Porque combate pelos interesses democráticos do povo, pela defesa do poder democrático popular. Impregnado dos princípios da democracia dentro de sua política interna, se submete a uma disciplina rigorosa, mas livremente consentida.

Nosso exército é um exército do povo que defende interesses fundamentais; em primeiro lugar, os interesses dos trabalhadores, dos operários e dos camponeses. Do ponto de vista da composição social, compreende uma grande maioria de combatentes de elite de origem camponesa e operária, e de intelectuais fiéis à causa da revolução.

É o verdadeiro exército do povo, dos trabalhadores, exército dos operários e dos camponeses, dirigido pelo Partido da Classe Operária. Durante toda a guerra de libertação nacional, seus objetivos de luta eram os mesmos que orientavam o partido e o povo: a independência da nação e da terra para quem nela trabalha. Com a volta da paz, enquanto instrumento da ditadura do proletariado, tem por missão defender a revolução socialista e a construção do socialismo no Norte, sustentar a luta política com vistas à reunificação pacífica do país e contribuir para a consolidação da paz na Indochina e no Sudeste Asiático.

No primeiro dos dez pontos de seu Compromisso de Honra, o combatente do Exército Popular do Vietnã jura "sacrificar-se sem reservas pela pátria, lutar pela causa da independência nacional, da democracia e do socialismo, sob a direção do Partido dos Trabalhadores Vietnamita e do governo da República Democrática, para construir um Vietnã pacífico, reunificado, independente, democrático e próspero e contribuir para garantir a paz no Sudeste Asiático e no mundo".

Foi precisamente isso que fez do Exército Popular do Vietnã um verdadeiro filho do povo. Em troca, o povo não se poupa em lhe dar afeição e apoio. Essa é a fonte inesgotável de seu poder.

O Exército Popular do Vietnã foi criado pelo partido, que não cessou de formá-lo e de educá-lo. Ele sempre esteve e estará sob a direção do partido que, sozinho, pôde criar um exército revolucionário, um verdadeiro exército do povo. Desde sua criação, e ao longo de seu desenvolvimento, essa direção do partido foi concretizada sobre o plano da organização. O exército sempre teve seus comissários políticos. Nas unidades, os chefes militares e políticos assumem suas responsabilidades, sob a direção do comitê do partido do escalão correspondente.

O exército popular é o instrumento do partido e do Estado revolucionário para a realização, sob a forma armada, das tarefas da revolução. A consciência profunda dos objetivos do partido, a fidelidade sem limites à causa da nação e da classe operária, e o espírito de sacrifício sem reservas são, para ele, questões fundamentais, questões de princípio. Além disso, o trabalho político dentro de suas fileiras se reveste de uma importância primordial. O trabalho político é a alma do exército. Visa elevar a consciência política e o nível ideológico do exército quando introduz neste a ideologia marxista-leninista, ao mesmo tempo que reforça a posição de classe de seus quadros e de seus soldados. Durante a guerra de libertação, o trabalho político permitiu-lhe incumbir-se da política de resistência de longa duração e da necessidade, imperiosa para o povo e para o exército, de contar com suas próprias forças para vencer as dificuldades. O trabalho político inculcou o profundo significado da mobilização das massas para aceitar sucessivamente a redução das rendas e a reforma agrária, o que teve um efeito decisivo sobre o moral das tropas. Desde a nova etapa aberta pelo restabelecimento da paz, o trabalho político teve como eixos a linha da revolução socialista no Norte e a luta pela reunificação do país.

Mas isso não é tudo. O trabalho político influi, ainda, sobre a correta execução, no exército, dos programas do partido e do governo, sob o estabelecimento de boas relações com a população e entre os homens de tropa e os quadros. Visa manter e reforçar a combatividade, unir o patriotismo autêntico ao internacionalismo proletário, desenvolver o heroísmo revolucionário e a grande tradição de nosso exército, que assume o seu lema: "Decidido a combater, determinado a vencer". O trabalho político é o trabalho de propaganda e a educação das massas; é ainda o trabalho de organização do partido dentro do exército. Sempre devotamos uma atenção particular ao reforço das organizações do partido dentro das unidades. Entre 35% e 40% dos oficiais e dos homens de tropa aderiram a esse trabalho – entre os quadros, o percentual passa de 90%.

O Exército Popular do Vietnã sempre fez questão de estabelecer e manter boas relações com o povo. Eles se fundem na identidade de seus objetivos de luta: o povo e o exército são sempre a mesma coisa na luta contra o inimigo, para salvar a pátria, e assegurar o pleno sucesso do trabalho de libertação da nação e da classe operária. Com relação ao exército, o povo é para o exército como a água é para o peixe, dizemos nós. E esse ditado faz muito sentido. Nosso exército combateu na frente de guerra; também trabalhou para educar o povo e fez por ele o máximo que podia. O combatente vietnamita foi sempre rigoroso em observar o item 9 de seu Compromisso de Honra:

> Nos contatos com o povo, obedecer às três recomendações:
>
> Respeitar o povo
>
> Ajudar o povo

Defender o povo
(...) a fim de ganhar sua confiança e realizar uma perfeita ligação entre o povo e o exército.

Nosso exército sempre organizou jornadas de auxílio aos camponeses nos trabalhos de produção, na luta contra inundações ou contra a seca. Sempre manteve uma atitude correta em suas relações com o povo. Jamais se apoderou de seus bens, fossem eles uma agulha ou um carretel de linha. Principalmente durante a resistência, na retaguarda do inimigo, fez o que pôde para defender a vida e os bens da gente simples; nas regiões recém-liberadas, seguiu rigorosamente as palavras de ordem do partido e do governo, o que lhe trouxe o apoio sem reservas das massas, mesmo nas regiões de populações minoritárias e vilarejos católicos. Desde a volta da paz, milhares dos quadros do exército e seus soldados participaram dos grandes movimentos para a realização da reforma agrária, para a coletivização agrícola e transformação socialista do artesanato, da indústria e do comércio privados. Ele tomou parte ativa na recuperação econômica, nas jornadas de trabalho socialistas. Participou da construção das vias de comunicação e ele próprio construiu quartéis e trabalhou nas terras para criar as fazendas do Estado.

O Exército Popular do Vietnã sempre se preocupou em estabelecer e manter boas relações tanto entre os quadros e soldados, quanto entre os próprios quadros. Provenientes das camadas trabalhadoras, oficiais e homens de tropa servem igualmente aos interesses do povo e se devotam à causa da nação e da classe operária. Evidentemente, cada um deles tem suas funções, com responsabilidades próprias. Mas entre eles são estabelecidas relações de camaradagem baseadas na igualdade política e na fraternidade de classe. O oficial é amigo dos seus soldados; ele deve não somente guiá-los no seu trabalho e nos seus estudos, mas ainda se interessar por suas vidas e levar em consideração seus desejos e iniciativas. O soldado deve respeitar seus superiores e executar corretamente todas as suas ordens. O oficial do exército popular deve dar o exemplo sob todos os pontos de vista: se mostrar resoluto, bravo, manter a disciplina e a democracia interna, saber realizar uma perfeita união entre os seus homens. Ele deve se comportar como um chefe, um dirigente, em relação às massas de sua unidade. A base dessas relações entre os homens de tropa e os oficiais, assim como entre os próprios quadros ou entre os soldados, é a solidariedade no combate, a afeição recíproca dos companheiros de arma, esse amor ao mesmo tempo puro e sublime, provado e forjado na batalha, na luta pela defesa da pátria e do povo.

O Exército Popular do Vietnã pratica uma disciplina estrita, aliada a uma grande democracia interna, como exige o item 2 de seu Compromisso de Honra: "O combatente deve executar rigorosamente as ordens de seus superiores e se devotar, de corpo e alma, ao cumprimento, imediato e estrito, das tarefas que lhe são confiadas". Pode-se dizer que a guerrilha não exigia uma disciplina severa? Evidentemente, não. É verdade que ela deixava aos quadros e aos dirigentes a possibilidade de dar a cada unidade ou a cada região uma certa margem de iniciativa para empreender qualquer ação positiva que ela julgasse oportuna. Mas era sempre necessário uma direção centralizada e um comando de certa forma unificado. Quem diz exército, diz disciplina estrita.

Uma tal disciplina não é, de maneira alguma, contraditória com a democracia interna de nossas tropas. Tanto na vida das células, dos comitês executivos do partido, nos seus diversos escalões, quanto nas reuniões plenárias das unidades combatentes, a aplicação dos princípios do centralismo democrático é a regra. Os fatos demostraram que quanto mais se respeita a democracia no interior das unidades, mais a união será reforçada, o senso de disciplina obedecido, as ordens executadas. A combatividade do exército também será maior.

★★★

O restabelecimento da paz no Vietnã criou uma nova situação. O Norte ficou inteiramente libertado, enquanto o Sul ficou sob o jugo dos imperialistas estadunidenses e de seus agentes. O Norte entrou na etapa da revolução socialista, enquanto a luta continuou, para libertar o Sul dos entraves coloniais e feudais. Para manter a paz e para a edificação do socialismo, para contribuir para fazer do Norte uma sólida fortaleza, tendo em vista a reunificação pacífica do país, não poderíamos negligenciar o problema das forças de defesa nacional. O exército popular precisava enfrentar o belicismo do imperialismo estadunidense e de seus seguidores e, para isso, devia se transformar, passo a passo, em um exército regular e moderno.

Em primeiro lugar, é preciso ressaltar que, no processo de sua transformação em exército regular e moderno, ele se mantém sempre um exército revolucionário, um exército do povo. Essa é a característica fundamental que faz com que o exército regular e moderno do povo do Norte se diferencie radicalmente do exército de Ngo Dinh-diem, exército regular e moderno também, mas contrarrevolucionário, antipopular, nas mãos dos inimigos do povo. O exército popular deve, necessariamente, cuidar de reforçar a direção do partido e zelar pelo trabalho político. Deve trabalhar para consolidar ao máximo a união entre os quadros e os soldados, entre as tropas e o povo, elevar o senso de disciplina livremente consentida e ao mesmo tempo manter a democracia interna. Agindo assim, o partido não cessou, durante os últimos anos, de estabelecer um lugar particular para as atividades de suas organizações, assim como para o trabalho político no exército. Oficiais, suboficiais e homens de tropas, todos seguiram os cursos de educação política visando melhor esclarecê-los com relação às tarefas da revolução socialista e da luta pela reunificação nacional, consolidar a posição de classe e reforçar a ideologia marxista-leninista. Trata-se, aqui, de uma questão particularmente importante, tanto mais que o exército popular cresceu em um país agrícola e que conta, nas suas fileiras, com uma ampla maioria de camponeses trabalhadores e de pequeno-burgueses das cidades. Nossos combatentes se beneficiaram de uma educação política perseverante, sua moral cresceu no combate. Não obstante isso, a luta contra a influência da ideologia burguesa e pequeno-burguesa continuou necessária. Graças ao reforço do trabalho ideológico, o exército se tornou um instrumento eficaz a serviço da ditadura do proletariado, fiel até o fim à causa da revolução socialista e da reunificação nacional. Os novos progressos que ele trouxe no plano político encontraram a sua plena expressão no movimento "com passos rápidos, ultrapassemos as normas do programa", amplo movimento de massas que se desenvolve nas nossas tropas, paralelamente ao movimento de emulação socialista entre os trabalhadores do Vietnã do Norte.

É preciso insistir, ativa e corretamente, em um reforço contínuo da consciência política, na transformação progressiva do exército popular em um exército regular e moderno. Como consequência do desenvolvimento dos últimos anos da resistência, nosso exército, em princípio composto apenas de infantaria, se tornou um exército composto de diferentes armas. Se o problema da melhoria dos equipamentos e da técnica é importante, o problema do aperfeiçoamento dos quadros e dos soldados é ainda maior. Nosso exército sempre fez questão do aperfeiçoamento dos oficiais e dos suboficiais de origem operária nos combates. Ele se esforça no trabalho de elevar o seu nível cultural e técnico, para lhes permitir se tornarem oficiais e suboficiais à altura de um exército regular e moderno.

Para aumentar a capacidade combativa do exército, para realizar uma forte centralização do comando e uma coordenação firme entre as diferentes armas, é indispensável praticar regulamentos próprios a um exército regular. Foi isso que foi feito durante os anos da resistência; antes de mais nada, colocar em prática regulamentos que já existiam. O essencial é não perder de vista o princípio de que toda nova regulamentação deve se inspirar no caráter popular do exército e na necessidade absoluta de manter a direção do partido. O estatuto dos oficiais foi promulgado ao mesmo tempo que os regulamentos gerais; um soldo padrão foi estipulado; a questão das gratificações recebeu um tratamento complementar. Todas essas medidas resultaram no reforço da disciplina e da união no interior das tropas e no aumento do senso de responsabilidade entre oficiais, suboficiais e soldados.

A instrução militar e a educação política constituem tarefas centrais na construção do exército em tempos de paz. As questões de regulamentos de combate, de um pensamento tático e de princípios táticos apropriados adquiriram uma importância particular. Trata-se de fazer a síntese das experiências passadas, de analisar bem as condições concretas de nosso exército, do ponto de vista da organização e dos equipamentos, assim como as nossas condições econômicas ou do terreno do país, terreno de florestas e de selvas, terreno de planícies e de arrozais. Trata-se de assimilar a ciência militar moderna dos exércitos dos países irmãos. São necessários esforços perseverantes, tanto no domínio da instrução das tropas, quanto no da formação dos quadros.

Durante muitos anos, o Exército Popular do Vietnã se baseou no voluntariado: todos os quadros e soldados eram engajados voluntariamente e por um período indeterminado. O exército aumentava suas fileiras pelo afluxo da elite da juventude, sempre pronta a responder ao apelo da pátria. Depois da volta à paz, se tornou necessário substituir o voluntariado pelo serviço militar obrigatório. Essa substituição foi calorosamente acolhida pela população. Uma boa parte dos voluntários voltou, depois da sua desmobilização, aos campos e às fábricas; outros servem nas unidades dedicadas à produção, tomando parte ativa na edificação do socialismo. O alistamento se efetuou na base da consolidação e do desenvolvimento das organizações de autodefesa nas comunas, nas fábricas e nos estabelecimentos escolares. Os membros dessas organizações paramilitares estão prontos não somente para se juntar ao exército permanente, do qual constituem uma reserva particularmente importante, mas também para assegurar a defesa de suas próprias regiões.

O exército popular é intimamente ligado à guerra de libertação nacional, quando se deu seu surgimento e crescimento. Atualmente, seu desenvolvimento não poderia mais ser dissociado da edificação do socialismo no Norte, nem da luta do povo por um Vietnã reunificado, independente e democrático. Certo da afeição e do apoio do povo, nestes dias de paz ou durante a guerra, o exército popular levará a bom termo a sua tarefa: defender a paz e a pátria.

★★★

Como já dissemos antes, a história da guerra de libertação nacional do povo vietnamita, a do Exército Popular do Vietnã, é a história da vitória de uma nação fraca, de um povo colonial que se lançou contra as forças agressivas de uma potência imperialista. Essa vitória é igualmente a vitória do marxismo-leninismo aplicado à luta revolucionária armada em um país colonial, a de um partido da classe operária na direção da revolução levada por ela, tanto na etapa nacional democrática quanto na etapa socialista.

O partido de vanguarda da classe operária vietnamita, tendo à frente o presidente Ho Chi-minh, o grande líder do povo e da nação, é o organizador e o guia que conduziu o povo vietnamita e seu exército à vitória. À luz do marxismo-leninismo aplicado à revolução nacional democrática em um país colonial, ele fez uma análise criteriosa das contradições da sociedade e definiu claramente as tarefas fundamentais da revolução. Na questão da guerra de libertação nacional, ele soube examinar dialeticamente a relação das forças presentes e pôr em prática uma estratégia e uma tática apropriadas. Sempre à luz do marxismo-leninismo, ele criou e dirigiu um exército popular heroico. Não cessou de instigar o espírito revolucionário, o autêntico patriotismo do proletariado no povo e no seu exército.

O partido soube assimilar as preciosas experiências da Revolução de Outubro que, com o Exército Vermelho Soviético, mostrou o caminho da libertação não somente aos trabalhadores dos países capitalistas, mas também aos povos coloniais. E as experiências da revolução e do exército de libertação chineses, que enriqueceram as teorias da revolução nacional democrática, da guerra e dos exércitos revolucionários em um país semicolonial. Seus prestigiosos exemplos não cessaram de esclarecer o caminho da luta e do sucesso do povo vietnamita.

Ao assimilar as inestimáveis experiências da União Soviética e da China Popular, nosso partido sempre levou em conta a realidade concreta da guerra revolucionária no Vietnã, o que lhe permitiu enriquecer, por sua vez, as teorias da guerra e do exército revolucionários.

Neste momento, no plano internacional, as forças dos países socialistas, com a União Soviética à frente, atingem um poderio até aqui desconhecido; o movimento de libertação nacional se espalha em muitos lugares, as possibilidades de paz durável no mundo crescem. Todavia, o imperialismo continua sempre seus preparativos de guerra e procura reforçar suas alianças militares de agressão. Enquanto a situação internacional aponta para uma certa coalizão, o Sudeste Asiático continua sendo um dos focos de tensão no mundo. O imperialismo estadunidense não cessa de reforçar seus ativos militar e político no Sul de nosso país. E persegue a mesma política de intervenção no Laos, visando fazer deste uma colônia e uma base militar para uma nova guerra de agressão.

Profundamente amantes da paz, o povo vietnamita e seu exército fazem todos os esforços para o desarmamento, para diminuir a tensão e instaurar uma paz durável. Mas eles devem, ao mesmo tempo, redobrar a vigilância, reforçar sua combatividade, cuidar de seu potencial de defesa e contribuir cada vez mais para aumentar os laços fraternos entre os povos e as forças armadas revolucionárias dos países socialistas. Eles estão firmemente determinados a cumprir suas obrigações sagradas: defender a obra da revolução socialista e da edificação do socialismo no Norte do país, prosseguir na luta pela unificação pacífica da pátria, se conservar prontos a lutar contra qualquer tentativa imperialista de provocar uma guerra de agressão e contribuir para a paz no Sudeste Asiático e no mundo.

II. O aporte criador do nosso partido e nosso povo no armamento das massas revolucionárias e na constituição do exército do povo[45]

Desde seu começo, nosso partido se atribui a missão histórica de dirigir a revolução de libertação nacional em uma época nova, inaugurando a era mais brilhante de nossa história, a era da independência, da liberdade e do socialismo.

Ao longo de mil anos de edificação e defesa do país, nosso povo levou a cabo insurreições e guerras nacionais para reconquistar e salvaguardar a independência nacional. No decorrer dos últimos 40 anos, sob a orientação revolucionária do partido, nosso povo não cessou de desencadear e levar a cabo insurreições de todo o povo e guerras do povo sumamente heroicas para reconquistar e salvaguardar sua independência nacional, para edificar e defender nosso regime democrático popular, nosso regime socialista.

Nosso povo se revoltou e, com a revolução de agosto, levou adiante vitoriosamente a insurreição geral, sacudiu o jugo dos fascistas japoneses e franceses e fundou a República Democrática do Vietnã, o primeiro Estado de democracia popular do Sudeste Asiático. Nosso povo desenvolveu com êxito a primeira guerra de resistência sagrada, fez fracassar a guerra de agressão dos colonialistas franceses, libertou a metade do país e fez o Norte progredir rumo ao socialismo. Nosso povo efetuou e efetua vitoriosamente a segunda resistência – contra os imperialistas estadunidenses – a mais gloriosa e a maior guerra contra uma invasão estrangeira em nossa história, para libertar o Sul, salvaguardar o Norte, nos orientar à reunifica-

45 Texto extraído de *Estrategia de liberación*, Editorial Pueblo Nuevo, México. Tradução de Heloísa Gimenez.

ção pacífica do país e contribuir para a obra revolucionária dos povos do mundo.

Em toda sua história, nunca nosso povo havia levado a cabo uma guerra tão longa como esta, com insurreições armadas e guerras revolucionárias que se estenderam por dezenas de anos. E nunca nosso povo havia feito frente a agressores tão ferozes como os de hoje: os japoneses, esses poderosos fascistas da Ásia; os imperialistas franceses, velha potência colonialista da Europa; e, logo, os imperialistas estadunidenses, o maior dentre os imperialistas, o inimigo número um da humanidade.

Nosso povo levou a um alto grau seu heroísmo e sua ferrenha vontade, e obteve assim grandes vitórias. Essas últimas estão estreitamente ligadas ao surgimento da classe trabalhadora vietnamita, à direção de nosso partido e do venerado presidente Ho Chi-minh, às condições e circunstâncias históricas da nova época inaugurada pela grande Revolução Russa de outubro.

Para cumprir com êxito a tarefa histórica de vencer os agressores, para obter sua independência, sua liberdade e o socialismo, nosso povo mobilizou as forças de todo o país e, sob a direção de nosso partido, desenvolveu sua justa luta com um heroísmo maravilhoso. Sem deixar de organizar as forças políticas das massas e sobre a base desse grande exército político, nosso partido resolveu com êxito o problema da organização militar do povo e criou as forças armadas populares.

As forças armadas populares constituem um dos fatores determinantes da vitória da luta revolucionária em nosso país. Seu desenvolvimento se dá no marco das insurreições armadas e das guerras revolucionárias que a linha do partido tendia a realizar. Por conseguinte, a análise do novo desenvolvimento das insurreições armadas e das guerras revolucionárias serve de base para compreender completamente o espírito criador do nosso partido e nosso povo na edificação das forças armadas revolucionárias.

[...]

Quanto às forças de combate, as insurreições e as guerras nacionais do passado contavam com a grande energia de todo o país conjugando seus esforços, com o patriotismo ardente e o espírito de coesão do nosso povo; por outro lado, os grupos feudais progressistas recorriam a certas formas de democracia para estimular as massas a participar da luta. Nosso povo conseguiu vencer, assim, inimigos muito mais fortes que ele próprio. Mas essa força de todo o país conjugando seus esforços tinha limitações inerentes às condições históricas e aos antagonismos de classe entre os senhores feudais e o campesinato.

As insurreições armadas e as guerras revolucionárias da atualidade extraem uma nova força do bloco de união de todo o povo, sobre a base da aliança operário-camponesa dirigida pela classe operária, e que se origina da perfeita comunhão de interesses entre a classe operária e a totalidade do povo trabalhador, assim como de todas as demais camadas patrióticas, tanto na conquista da independência nacional quanto na edificação do novo regime social. É a força de um patriotismo ardente, unida a uma alta consciência de classe; a força de uma combatividade indomável, unida à inteligência criadora das grandes massas populares, sobretudo dos operários e camponeses, na luta por sua própria libertação nacional, pela libertação de suas classes, pela conquista e salvaguarda do direito a serem donos de seu próprio país e de seu próprio destino. É a força do novo regime social, regime democrático popular e regime socialista, claramente superior em todos os aspectos a qualquer outro regime baseado na exploração. O poder das forças armadas populares reside no fato de que se apoia na força invencível do bloco unitário de todo o povo, pautado na aliança operário-camponesa dirigida pela classe operária e na superioridade do novo regime social.

Nosso povo se beneficia da ajuda e do apoio da revolução mundial, e em primeiro lugar dos países irmãos do campo socialista, diferentemente de nossos antepassados, que não podiam contar, na época feudal, mais que com suas próprias forças. Essa ajuda internacional que reforça consideravelmente o nosso povo é um fator muito importante de vitória.

No que diz respeito aos métodos de luta, nosso povo adotou o ponto de vista marxista-leninista sobre a violência revolucionária, tendo herdado e desenvolvido as experiências de nossos antepassados sobre as insurreições populares e as guerras do povo, e criado novos métodos de luta para assegurar a vitória. Esses métodos adotam várias formas e materializam a lei do desenvolvimento da violência revolucionária em nosso país, a posição de ofensiva e o poder ofensivo de nossas correntes revolucionárias na posição ofensiva geral da revolução mundial. Métodos de luta mediante os quais participam, na insurreição e na guerra, as forças de todo o povo, de toda a nação e de todo o país; métodos colocados em ação pelas forças políticas e armadas, tanto no campo quanto na cidade; pelo exército popular e pelas forças armadas das massas, presentes em toda parte, que aplicam múltiplas formas de luta em diversas frentes, fundamentalmente associando a luta armada à luta política, criando a maior força conjunta possível para alcançar a vitória. O conjunto desses métodos constitui um modo particular de realizar a insurreição, de realizar a guerra, criando uma arte militar original e criadora em uma época nova.

Em virtude do novo conteúdo e da nova qualidade tanto dos objetivos políticos quanto das formas e métodos de luta, e colocando em ação a força acumulada no transcurso de quatro mil anos de edificação e defesa do país, a insurreição armada e a guerra revolucionária atuais, dispõem de uma força totalmente nova. Apoiando-se nessa força, nosso partido e nosso povo resolveram com êxito, e brilhantemente, um problema que para nossos antepassados não existia: o que deve fazer um pequeno povo, economicamente atrasado, para vencer as guerras de agressão de grandes países imperialistas que possuem não só uma população mais numerosa mas também uma economia muito mais desenvolvida, uma indústria moderna, um enorme potencial econômico e militar, e um exército não só numericamente superior mas também mais equipado com armas e meios técnicos dos mais modernos?

Tanto no passado quanto na atualidade, nosso povo teve que opor seu pequeno número ao grande número e, não obstante, a situação é hoje bem diferente. Anteriormente, nossos agressores eram geralmente poderosos, mas possuíam o mesmo regime feudal que nós; eram superiores a nós sob uma perspectiva numérica, mas não em termos de armamentos e técnicas, nos quais, às vezes, eram inclusive inferiores. Os dominadores e agressores do nosso país no momento atual são inimigos poderosos, potências imperialistas, começando pelo imperialismo estadunidense, o mais importante. Eles levam a cabo uma guerra injusta e possuem um regime social reacionário. Mas possuem uma economia desenvolvida, uma indústria moderna, um grande potencial econômico e militar, um exército mais numeroso e aparatos técnicos muito mais modernos que os nossos. Ao contrário, nosso país é pequeno, nosso território não é grande, nossa população é pouco numerosa. Nossas insurreições e nossas guerras são justas; depois de conquistar o poder, nosso povo instaurou um regime político avançado, mas nossa economia é ainda atrasada e essencialmente agrícola, nossa base material e técnica é limitada, consequência de um regime feudal milenar estancado e de quase um século de colonização, além de dezenas de anos consecutivos de guerra depois da tomada do poder pelo povo. Desse modo, apesar da importante ajuda dos países irmãos do campo socialista, nosso povo se encontra ainda numa situação na qual deve se apoiar fundamentalmente em sua economia para vencer os agressores, que dispõem de um potencial econômico e militar maior e mais poderoso.

No processo de direção da luta revolucionária de nosso povo, para levar adiante com êxito as insurreições armadas e as guerras revolucionárias, nosso partido e o presidente Ho Chi-minh criaram, organizaram e prepararam as forças armadas populares vietnamitas, heroicas e invencíveis.

Estreitamente ligadas ao desenvolvimento da insurreição de todo o povo e da guerra do povo, as forças armadas populares vietnamitas e a organização militar atual de nosso povo conheceram, em comparação às épocas precedentes, um novo desenvolvimento no que se refere à sua natureza de classe, às suas formas de organização, ao seu armamento e aparato técnico, assim como à sua arte militar e sua força combativa.

Se considerarmos a natureza de classe, as forças armadas nas insurreições e nas guerras nacionais estavam principalmente organizadas e dirigidas pela classe feudal; entre as tropas insurretas organizadas pela classe feudal, entre o exército do Estado feudal e as grandes massas populares, havia conformidade quanto ao interesse nacional e aos objetivos da luta – por isso o poder considerável das forças armadas nacionais em seu combate contra a dominação e a agressão dos grupos feudais estrangeiros. Porém, entre o exército do Estado feudal e as grandes massas populares existia oposição de interesses de classe, já que o exército do Estado feudal era o instrumento de uma minoria feudal para dominar e submeter a maioria da nação, os camponeses. Portanto, a conformidade quanto ao interesse nacional e aos objetivos da luta nas insurreições e nas guerras nacionais não era perfeita, o que constituía uma desvantagem para a força combativa de nosso exército nacional daquela época.

As forças armadas atuais de nosso povo são de um novo tipo, uma organização militar de novo tipo, organizada e dirigida pelo partido da classe operária, e leva a marca de classe dessa última; é a organização militar do povo, principalmente do povo trabalhador, fundamentalmente dos operários e camponeses, do povo das diferentes nacionalidades e grupos étnicos. O objetivo de sua luta é o objetivo da revolução, definido pelo partido.

As forças armadas populares compreendem os quadros e os combatentes procedentes das classes revolucionárias – em primeiro lugar e fundamentalmente das massas operárias e camponesas – e constituem o instrumento de nosso partido e de nosso Estado de democracia popular, Estado socialista, nas insurreições armadas e guerras revolucionárias levadas a cabo sob a direção do partido, contra os agressores e os traidores a serviço daqueles. Entre as forças armadas populares, o exército do nosso Estado e a totalidade do povo reina não somente uma perfeita harmonia em relação aos interesses nacionais e aos objetivos da luta nacional, mas também uma grande convergência de interesses de classe e objetivos da luta pela edificação e desenvolvimento do novo regime social.

Essa concordância de objetivos entre as forças armadas e o povo em suas tarefas tanto externas quanto internas, assim como a consciência dos interesses nacionais e de classe, o patriotismo, o amor ao novo regime social e o internacionalismo proletário, são a origem da alta combatividade, do heroísmo revolucionário das forças armadas populares. Por essa razão, as forças armadas populares vietnamitas são verdadeiramente uma arma fiel ao partido e ao povo, dispostas a combater e sacrificar-se pela independência, pela liberdade da pátria, pelo socialismo, e capazes de cumprir com êxito qualquer missão, de superar qualquer dificuldade, de vencer qualquer inimigo. A força invencível das forças armadas populares se origina, em primeiro lugar, da direção do partido, da natureza revolucionária das forças armadas, dos laços de sangue que unem o exército e o povo. Sendo assim, o fortalecimento da direção do partido em relação ao exército, assim como uma boa edificação do partido em seu seio, a intensificação do trabalho político, a edificação do exército em todos os níveis, apoiada na educação política e ideológica, constituem a garantia mais sólida para elevar o poder combativo.

Em relação à forma de organização das forças, nosso partido aplicou de modo criador as teses marxista-leninistas acerca da organização militar do proletariado, tendo continuado e desenvolvido a experiência adquirida no passado na organização das forças armadas nacionais, tendo se baseado nas condições políticas e sociais, assim como na base material e técnica existentes, realizando, assim, em todas as partes e com êxito, o armamento de todo o povo, levando a cabo o armamento das massas revolucionárias e a edificação do exército popular com três categorias de tropas: as tropas regulares, as tropas regionais e as milícias populares, e, logo, as forças populares armadas de segurança. As forças armadas populares procediam das forças políticas de massas, constituídas progressivamente a partir das forças armadas de massas, que se organizaram gradualmente no exército do povo. As forças armadas de massas procediam das pequenas unidades de autodefesa e das guerrilhas, e se desenvolveram em uma força numerosa de grande envergadura, com um nível de organização cada vez mais elevado e um aparelhamento cada vez melhor. A partir das primeiras seções e companhias, o exército popular se converteu em um exército poderoso com uma organização cada dia maior e um aparato técnico cada dia mais moderno, passando rapidamente de um exército composto unicamente de infantaria a um exército regular moderno, que compreende diferentes armas e diversos armamentos. Essas forças armadas de massas e o exército popular sempre coordenam precisamente sua ação em qualquer circunstância, na insurreição nacional, na guerra do povo pela libertação, assim como na defesa nacional.

O amplo caráter de massa das forças armadas populares é um traço notável. Graças à política de união de todo o povo, que mobilizou a força de todo o povo combatente para alcançar os objetivos da revolução, a participação de nosso povo no combate é maior que em qualquer outra época anterior de nossa história. Trata-se de um desenvolvimento por saltos do caráter multitudinário da organização militar revolucionária surgida das lutas revolucionárias de que falava Engels. Depois da tomada do poder e da instauração do Estado de democracia popular e do Estado socialista dirigido pelo partido, as forças armadas populares se converteram no instrumento de violência do nosso Estado para combater os inimigos externos e internos, com o fim de salvaguardar o regime, o poder revolucionário, os interesses do povo. O povo participa por sua própria vontade no combate para defender o Estado, o regime; o Estado pode armar o povo de forma verdadeiramente ampla e, sobre essa base, edificar um exército popular poderoso. Como previram os fundadores da ciência militar proletária, a libertação do proletariado se faz sentir também no terreno militar, dando vida a forças armadas muito mais numerosas do que as de um exército nascido da revolução burguesa.

Nosso partido atribui sempre grande importância ao problema da base material e técnica, ao problema dos quadros e dos armamentos, porque o homem e o armamento são os elementos fundamentais do poder combativo das forças armadas, sendo determinante o primeiro. Engels disse que a ação revolucionária na organização militar deve-se ao invento de armas aperfeiçoadas e às mudanças que elas exercem sobre o soldado, sobre a força do homem no combate. As forças armadas populares são uma coletividade de homens nos quais se despertou uma consciência revolucionária e que se sentem animados por uma alta combatividade, unidos por um espírito de disciplina voluntária e estrita e agrupados em organizações de formas apropriadas; homens que utilizam as armas e os meios de que dispõem, e aplicam métodos de combate adequados para vencer o inimigo.

No transcurso da insurreição armada e da guerra revolucionária, a consciência revolucionária do povo experimentou uma sensível mudança qualitativa, formaram-se homens novos da nação vietnamita, os combatentes vietnamitas da nova época; contudo, a base material e técnica segue sendo bastante limitada. Nosso partido definiu muito bem o laço dialético entre o homem, o armamento e os métodos de combate, e determinou a interação desses fatores para preconizar a organização militar mais adequada. Com uma economia nacional ainda atrasada, nosso partido soube apoiar-se na consciência revolucionária do povo, no espírito revolucionário radical do combatente, na alta moral do exército, no caráter multitudinário e nos métodos de combate variáveis. Estes colocam em ação todas as armas e todos os meios disponíveis, desde as armas e meios rudimentares ou relativamente modernos até as armas e meios mais modernos que vão sendo acrescentados progressivamente para resistir a inimigos dotados de fuzis automáticos, tanques, canhões, aviação e marinha. Graças à sua valentia, à sua inteligência, e aos seus métodos de combate criadores, nossas forças armadas populares se utilizaram e desenvolveram a potência de numerosos tipos de armas e meios, desde aparatos rudimentares, bastões de bambu, armadilhas de pedra, garrotes, varas, clavas, até armas e meios mais ou menos modernos e realizações técnicas militares do século 20: canhões, tanques, aviões, foguetes etc., para aniquilar o inimigo.

Com um exército pouco numeroso, porém forte, já que opera coordenado com as forças armadas das massas e suas consideráveis forças políticas, nosso povo venceu exércitos de agressão muito mais numerosos. Com armas e meios de guerra numericamente inferiores e menos modernos, nosso povo venceu exércitos de agressão dotados de armas e meios de guerra muito mais modernos.

Mesmo assim, sempre pensamos que uma base material e técnica medíocre é uma grande debilidade, e que necessita ser superada. Quanto mais moderno é o armamento, mais possibilidades têm as forças armadas revolucionárias de aumentar seu poder combativo. Nosso partido concede sempre uma grande importância às melhoras no armamento, à modernização do exército. Apoiar-nos nas massas, bater com o que temos, combater o inimigo com o que temos, com as armas capturadas, fabricar armas nós mesmos quando as condições permitem, e, ao mesmo tempo, nos assegurar o máximo possível da ajuda dos países irmãos do campo socialista, melhorando incessantemente o aparato técnico: assim é que resolvemos o problema do aparelhamento de nossas forças armadas.

Depois da tomada do poder por nosso povo, nosso partido apoiou-se no novo regime social progressivamente edificado sobre a economia do país cada vez mais desenvolvida, tendo assegurado uma grande ajuda internacional para renovar os quadros de nossas forças armadas populares e criar um nível técnico cada dia mais moderno e em escala cada dia maior. Podemos dizer que o corpo técnico de nossas forças armadas reflete a economia e o nível de desenvolvimento das forças produtivas, não só de nosso país, mas também de parte dos países irmãos do campo socialista. Por essa razão, nossa equipe foi se modernizando pouco a pouco; nosso exército popular recebeu armas e meios modernos, e também nossas forças armadas de massas receberam certo número de armas e meios relativamente modernos, ou modernos, mas adaptados às suas necessidades, para elevar incessantemente sua força combativa. As forças armadas de nosso povo passaram por todo um processo de desenvolvimento. Pequenas, pouco numerosas e frágeis no início, chegaram a ser grandes, numerosas e fortes no decorrer de muitas décadas de lutas cheias de sacrifícios, dificuldades, e também vitórias gloriosas: desde o movimento dos sovietes de Nghe Tinh até a insurreição geral da revolução de agosto; desde a resistência contra os colonialistas franceses até os anos da edificação pacífica no Norte, até a resistência contra a guerra de destruição sistemática por parte da força aérea e naval dos Estados Unidos e a resistência atual contra a agressão estadunidense nas duas zonas de nosso país. Na longa e sanguinolenta luta de nosso povo contra os agressores mais ferozes e poderosos de nossa época, nosso partido considerou as lutas revolucionárias, as formas de luta e o adversário concreto de cada uma das etapas. Assim, solucionou de forma inovadora os problemas do armamento de todo o povo, da edificação do exército popular e do armamento das massas revolucionárias, conforme as condições e circunstâncias históricas concretas. As forças armadas de nosso povo acumularam uma rica e valiosa experiência; em cada uma das etapas, solucionaram com êxito os problemas-chave apresentados pelo combate, com o fim de edificar e desenvolver sua força, crescer constantemente, vencer qualquer inimigo, realizar gloriosas façanhas e cumprir qualquer missão encomendada pelo partido e pelo povo.

No momento de sua fundação, nosso partido definiu, em seu programa revolucionário, seu ponto de vista sobre a revolução, concebida sempre como ação violenta; indicou a via da luta armada para conquistar o poder, e definiu a linha a seguir na edificação das forças armadas. Em seu programa político sucinto, de fevereiro de 1930, o presidente Ho Chi-minh preconizou a organização do exército dos operários e camponeses. Mais tarde, as teses políticas de outubro de 1930 apresentaram também claramente o problema do armamento dos operários e camponeses, da criação de um exército operário-camponês e da organização das unidades operário-camponesas de autodefesa. Assim, desde o começo, nosso partido preconizou o armamento das massas e a edificação do exército, ao mesmo tempo em que indicou a orientação classista que se devia dar à organização das forças armadas revolucionárias. Na medida em que nosso partido foi fundado, instalou-se em todo o país uma tempestade revolucionária cujo clímax foi o movimento dos sovietes de Nghe Tinh (1930-1931). Pela primeira vez em nosso país, as massas operárias e camponesas se sublevaram sob a direção do partido, usaram a violência para sacudir o jugo dos colonialistas, dos mandarins e tiranos locais, e fundaram o poder dos sovietes, semeando pânico nas fileiras de colonialistas e feudais.

Os sovietes de Nghe Tinh duraram pouco tempo, mas tiveram um grande significado. Eram os primeiros passos de alcance decisivo sobre todo o processo posterior de desenvolvimento da revolução em nosso país. Afirmaram o direito e a capacidade de direção da classe operária, da qual nosso partido é vanguarda. Confirmaram a poderosa força das massas operárias e camponesas, do bloco da aliança operário-camponesa, dirigido pela classe operária. Indicaram o caminho da revolução violenta e os métodos de utilização da violência revolucionária das massas para conquistar o poder. Realizaram um treinamento geral do povo vietnamita, sob a direção de nosso partido, para o triunfo da insurreição geral 15 anos mais tarde.

Durante os anos de 1930, nossas forças armadas populares eram organizações de autodefesa. Eram o germe das forças armadas das grandes massas e também do futuro exército revolucionário. A autodefesa estava organizada pelos operários e camponeses, nas cidades e no campo, para se protegerem em sua luta multiforme contra o inimigo.

As unidades de autodefesa eram de grande utilidade. Durante uma manifestação e uma greve realizadas pelos trabalhadores da borracha de Phu Rieng, em fevereiro de 1930, as forças operárias de autodefesa fizeram resistência aos soldados, puseram fora de combate o sargento francês, obrigaram o adversário a retirar-se e protegeram sua manifestação. A conferência celebrada em Nha Be em fins de 1930, pela qual deixaram seus postos de trabalho de 700 a 800 trabalhadores, teve êxito porque "as forças operárias de autodefesa de Nha Be feriram um policial na cabeça e desarmaram-no, o que o obrigou a soltar o trabalhador que discursava. A multidão não se dispersou até que a fala fosse concluída".[46] No movimento

[46] Comunicado do Comitê Central, janeiro de 1931, publicado em *Documentos militares del partido*, Ediciones del Ejército Popular, Hanói, 1969, p. 61.

dos sovietes de Nghe Tinh, operários e camponeses armados com bastões, foices e lanças, se sublevaram para castigar os tiranos locais, destruir os escritórios do mandarim e a prisão do distrito, sitiar o quartel e fundar o poder... Muitas fábricas e aldeias formaram brigadas operário-camponesas de autodefesa, cujos membros eram escolhidos entre a elite das associações operárias, das associações camponesas ou da União de Jovens Comunistas. O comício realizado em 18 de setembro de 1930 em Thanh Chuong (províncias de Nghe An) por mais de 20 mil pessoas, para celebrar a vitória, aconteceu sob a proteção de mais de 20 mil membros das forças de autodefesa.

Nosso partido combateu as concepções e as ações errôneas referentes à organização da autodefesa. Alguns condenavam sua formação, pois a consideravam arriscada. Em alguns lugares, ela só foi organizada por precaução, ou, se estava organizada, não era acompanhada do trabalho de explicação e agitação entre as massas, não era feito o treinamento militar etc.

No que concerne ao armamento das massas, o partido indicava que

> quando as condições estiverem maduras, será absolutamente necessário desencadear um combate sangrento dos operários e camponeses, que empreenderão, sob a direção do partido, uma ação armada para conquistar o poder (...) Se não se preparar a tempo o armamento das massas, não se levará a revolução à vitória (...) Quando se realiza o treinamento militar e se prepara o armamento das massas, é preciso opor-se energicamente à ação violenta e prematura, às tendências que só incitam a fabricar armas e descuidam do trabalho diário entre as massas trabalhadoras (...)

Quanto às formas de organização, o partido indicou:

> As brigadas operárias e camponesas de autodefesa diferem dos destacamentos guerrilheiros e não constituem tampouco o Exército Verme-

> lho. Não se pode organizar o Exército Vermelho e os destacamentos guerrilheiros em qualquer momento, quando se queira, enquanto que as brigadas de autodefesa podem e devem organizar-se sem demora, assim que exista agitação revolucionária, e qualquer que seja sua força... Nenhuma fábrica, nenhuma aldeia onde existam bases do partido, da União de Jovens Comunistas e associações de massas revolucionárias, devem ficar sem sua organização de autodefesa... Há que se organizar brigadas de autodefesa permanentes e numerosas forças de autodefesa entre as massas (...)

Em relação à natureza do partido e à natureza classista, o partido disse:

> As brigadas de autodefesa dos operários e dos camponeses revolucionários estão submetidas à direção centralizada do Comitê Militar Central do partido (...) É necessário assegurar constantemente o caráter revolucionário da brigada de autodefesa (...) assegurar a direção estrita do partido na organização de autodefesa permanente... Para isso é preciso que participem da autodefesa e do mando os membros mais preparados do partido e da União de Jovens Comunistas. O chefe da brigada e o delegado do partido devem cooperar entre si para assegurar o mando. Para as atividades diárias, a brigada está subordinada ao escalão do partido correspondente. Para suas atividades militares em geral, obedece aos responsáveis do escalão superior da autodefesa e ao comitê militar do partido do escalão correspondente.[47]

Pode-se dizer que as ideias expostas anteriormente são as primeiras ideias do partido, mas as fundamentais, sobre a edificação das forças armadas revolucionárias de nosso povo. Essas ideias, unidas à prática do movimento dos sovietes de Nghe Tinh, confirmaram que nosso partido e nosso povo aplicaram rapidamente e de forma criadora as ideias do marxismo-

[47] *Documentos militares del partido*, 1930-1945, Ediciones del Ejército Popular, 1969, pp. 113-120.

-leninismo acerca da violência revolucionária, o armamento das massas revolucionárias e a edificação do Exército Vermelho operário-camponês, nas condições concretas de nosso país.

Entre os anos 1936 e 1939, diante do perigo de uma ativa preparação da guerra mundial por parte dos fascistas alemães, italianos e japoneses, nosso partido modificou a orientação da luta. Deixou temporariamente de lado as palavras de ordem derrotar os imperialistas franceses e apropriar-se das terras dos latifundiários para dividi-las entre os camponeses, e impulsionou a fundação da Frente Democrática Indochina, apontando assim suas armas contra os reacionários coloniais, contra os reis e mandarins feudais. Reivindicou, além disso, as liberdades democráticas, o melhoramento do nível de vida, a luta contra os fascistas agressores e a salvaguarda da paz mundial. Modificou também as formas de luta, passando da luta clandestina à luta aberta combinada com as atividades clandestinas, combinando habilmente as formas legais e semilegais com as ilegais. Pôde, assim, dar vida a um movimento de uma amplitude e um ímpeto sem precedentes, tanto nas cidades quanto no campo, despertar politicamente milhões de homens, elevar a consciência de classe das massas operário-camponesas e inculcar o patriotismo nos compatriotas de todo o país. Essa era uma situação insólita nas condições de um país colonizado. Depois do movimento dos sovietes de Nghe Tinh (1930-1931), a edificação das forças políticas e o desencadeamento da luta política no período da Frente Democrática (1936-1939) constituíram um novo passo fundamental na preparação para os combates decisivos; tanto das forças políticas quanto das forças armadas, tanto da luta política quanto da luta armada de nosso povo no período revolucionário subsequente, o período de preparação para a insurreição armada e da insurreição geral para a conquista do poder.

Estourou a II Guerra Mundial. Enquanto na Europa os imperialistas franceses se rendiam aos fascistas alemães, e na Ásia ofereciam a Indochina aos militares japoneses, nosso povo se sublevou heroicamente contra ambos os fascismos: o japonês e o francês. Três insurreições, as de Bac Son, Nam Ky e Do Luong, marcaram o início de um novo período de luta revolucionária em nosso país.

Em sua 6ª Conferência, em 1939, e logo também na 7ª, em 1940, o Comitê Central definiu uma nova orientação para a direção estratégica, ressaltando que a libertação nacional era a prioridade, enquanto que a palavras de ordem da revolução agrária continuava sendo prorrogada, para poder concentrar as forças contra o imperialismo e seus lacaios. Na primavera de 1941, a 8ª Conferência do Comitê Central do partido, presidida por Ho Chi-minh, deu uma nova orientação. Afirmando que a revolução era, de imediato, uma revolução de libertação nacional, preconizava a criação da Frente Viet Minh (Liga pela Independência do Vietnã), que englobava as associações de salvação nacional das diferentes camadas sociais. A conferência adotou, ademais, a resolução de: edificar e desenvolver as forças armadas revolucionárias, organizar brigadas de autodefesa, organizar pequenos grupos de guerrilheiros de salvação nacional, criar bases da revolução, dar um forte impulso às atividades em todos os sentidos, passar progressivamente da luta política à luta armada, unir estreitamente essas formas de luta e preparar ativamente a insurreição armada para a conquista do poder.

O movimento revolucionário estava em plena atividade em todo o país. A Frente Viet Minh, o exército político da revolução, se desenvolvia muito rapidamente e com grande vigor, primeiro no campo, para logo chegar às cidades, tamanho era o terror implantado pelos fascistas franceses e japoneses. As forças armadas das massas também se desenvolveram rapidamente, baseando-se nas forças políticas das massas, sobretudo depois do chamado do Comitê Central do partido, de conseguir as armas e expulsar o inimigo comum.

Foram criados inúmeros destacamentos de guerrilheiros. Surgido no transcurso da insurreição de Bac Son, o destacamento de Bac Son se manteve e se desenvolveu até se converter, em finais de 1940, no Exército de Salvação Nacional. Com a criação do Destacamento de Propaganda Armada pela Libertação do Vietnã, em dezembro de 1944, mencionou-se nas diretrizes do presidente Ho Chi-minh, a decisão do nosso partido referente à resistência nacional, o armamento de todo o povo e a edificação do exército e das forças armadas regionais:

> como nossa resistência é uma resistência de todo o povo, armar todo o povo. Por conseguinte, quando reunirmos nossas forças para constituir as primeiras tropas, é preciso manter as forças regionais para coordenar a ação, e ajudá-las em todos os sentidos (...)

Como nosso partido havia previsto, em 9 de março de 1945, os japoneses derrotaram os franceses na Indochina. Um impetuoso movimento de resistência contra os japoneses, pela salvação nacional, se desencadeou em todas as direções como premissa à insurreição geral. A revolução se desenvolveu com insurreições e guerrilhas locais que tomavam diversas regiões. As forças armadas se unificaram para se converterem no Exército de Libertação. As organizações de autodefesa e de autodefesa de choque se desenvolveram por toda parte. A zona libertada, que compreendia seis províncias de Viet Bac, viu a luz e se converteu na base essencial da revolução em todo o país, tendo se convertido também em embrião da futura República Democrática do Vietnã.

Assim tomou forma o exército revolucionário, junto com as numerosas forças armadas das massas, organizadas a partir das organizações de salvação nacional. Pela primeira vez em nosso país havia surgido forças armadas revolucionárias, um exército de novo tipo, que pertencia verdadeiramente ao povo, organizado e dirigido por nosso partido.

A II Guerra Mundial chegava ao seu fim. Os fascistas alemães e italianos haviam se rendido; para os fascistas japoneses também se aproximava a hora da rendição. A 2ª Conferência Nacional do partido, celebrada em 13 de agosto de 1945 em Tan Trao, decidiu desencadear a insurreição geral. E a insurreição geral estourou; sua vitória na capital, Hanói, em 19 de agosto de 1945, teve um efeito decisivo sobre a situação revolucionária em todo o país. A insurreição se estendeu rapidamente para as províncias, de Bac Bo até Trung Bo e Nam Bo, das cidades até o campo. A insurreição geral de agosto de 1945 havia triunfado. Em poucos dias, o velho regime colonial de quase cem anos e o regime feudal milenar foram derrotados. Em 2 de setembro de 1945, o presidente Ho Chi-minh lia em Hanói a "Declaração de Independência"; nascia a República Democrática do Vietnã; abria-se uma era nova na história do povo vietnamita.

A insurreição geral de agosto de 1945 foi uma insurreição de todo o povo, dirigida pelo partido da classe trabalhadora. Respondendo ao chamado do partido, nosso povo se levantou em sua totalidade, tanto nas cidades quanto no campo, combinando rigorosamente as forças políticas e as forças armadas, e conquistou o poder com a insurreição armada. A vitória da revolução de agosto deveu-se fundamentalmente ao feito de que as forças políticas do povo souberam aproveitar a oportunidade mais favorável para desencadear a insurreição e tomar o poder. Mas, se nosso partido não houvesse edificado previamente as forças armadas, se não houvesse estabelecido amplas bases que serviram de apoio às forças e ao movimento de luta política e se, nas condições que foram amadurecendo, não houvesse dado o sinal da insurreição armada, a revolução não poderia ter triunfado com tanta rapidez.

O imenso exército político da revolução englobava milhões de compatriotas; com suas forças armadas bem organizadas, constituiu a força fundamental que assegurou o triunfo da insurreição. Na ação das massas que se sublevaram com as armas em punho, que atacaram diretamente o poder do inimigo para derrubá-lo, é muito difícil distinguir claramente as forças políticas das imensas forças armadas das massas. Pode-se dizer que as forças armadas de nosso povo, no momento da insurreição geral de agosto, compunham-se, em parte, das unidades do exército de libertação, e, por outra, das forças de autodefesa, de uma multidão de pequenos grupos de guerrilheiros que compreendiam dezenas de milhares de pessoas, organizadas sobre a base das associações de salvação nacional. Devemos atentar também para as grandes massas que se lançaram no momento oportuno e se armaram com o que tinham a seu alcance: bastões, martelos, foices, machados etc., para conquistar o poder. Nessa ofensiva tempestuosa de todo o nosso povo na totalidade de nosso território, as forças armadas das massas se multiplicaram em saltos, com efetivos consideráveis, com um impulso irresistível e uma força ofensiva muito grande. Nessas condições, nosso exército de libertação, que só contava com alguns milhares de homens, adquiriu um grande prestígio e uma sólida posição, um poder combativo muito grande, assim como a capacidade de esmagar o moral do inimigo, estimulando energicamente o levante das massas revolucionárias.

A experiência da revolução de agosto demonstra que, em um país colonizado, onde não existia nem a sombra de um direito democrático e onde as armas estavam proibidas, fora difícil organizar, desde o começo, um exército revolucionário de grande envergadura para vencer o exército dos dominadores, bem organizado e bem equipado. Contudo, uma vez definido o objetivo político da insurreição, para conduzir a sublevação de todo o povo à vitória, foi preciso dispor de uma poderosa força política, de um numeroso exército político e, sobre essa base, dispor das forças armadas das massas amplamente organizadas, de um exército revolucionário de certo nível.

O grande exército político das massas e suas forças armadas amplamente organizadas foram as forças fundamentais que permitiram alcançar a vitória na insurreição, porque nosso partido havia se dedicado a edificá-las e a treiná-las durante todo o processo de direção da revolução, e soube prever e aproveitar a tempo a ocasião favorável para a insurreição.

> Aplicar o golpe decisivo, começar a insurreição, quando a crise já havia chegado ao seu ponto culminante, quando a vanguarda está disposta a lutar até o fim, quando a reserva está disposta a apoiar a vanguarda e o desarranjo nas filas do inimigo já alcança seu grau máximo.[48]

Nessas condições, frente à força ofensiva do povo, os dominadores perderam a vontade e a possibilidade de utilizar suas tropas para combater a insurreição.

[48] STALIN, J. *Los fundamentos del leninismo.* Ediciones en Lenguas Extranjeras, Moscou, 1961, p. 83.

Aproveitar a ocasião favorável é uma das questões cruciais da arte insurrecional. Na insurreição geral de agosto, nosso partido fez previsões acertadas e soube aproveitar a ocasião favorável, soube levar adiante os preparativos e desencadear no momento oportuno a insurreição. Depois da rendição dos fascistas japoneses, seu exército na Indochina ficou desmoralizado; em sua maioria, os militares japoneses na Indochina já não tinham ânimo para utilizar suas tropas no combate contra a insurreição.

Foi precisamente nessa conjuntura que o exército político e suas grandes forças armadas se sublevaram, colocaram em ação todo seu poder decisivo, derrubaram o poder inimigo e se apoderaram do poder para o povo.

Dessa forma, foi necessário dispor de um exército revolucionário, organizado até certo nível, que servisse como força de choque para atacar e aniquilar uma parte do exército e da administração inimiga, para paralisar e desintegrar as forças inimigas nos pontos em que elas combatiam a insurreição; só assim se pôde exortar as massas a seguir adiante, criando boas condições para levar a insurreição à vitória. A revolução de agosto demonstra que, no decorrer das insurreições parciais e das guerrilhas locais que levariam à insurreição geral, haviam sido verificados numerosos combates armados entre o exército revolucionário e o exército reacionário. Combates desse tipo ocorreram inclusive durante a insurreição geral, em algumas localidades, enquanto as forças das massas se somavam à insurreição. Assim, as forças fundamentais da insurreição foram as imensas forças políticas das massas armadas; mas o apoio do exército revolucionário permitiu encorajá-las ativamente, favorecendo o triunfo da insurreição. O apoio do exército de libertação, ainda quando este era pouco numeroso, constituiu uma experiência positiva, um ponto básico da revolução de agosto.

Para assegurar a vitória da insurreição é preciso, além de tudo, levar a cabo um trabalho de agitação entre as tropas inimigas para conquistá-las, paralisá-las, desintegrar suas fileiras, no intuito de que percam a vontade de combater, permaneçam passivas, vacilantes, não intervenham e não combatam as massas insurretas, ou ainda para que se aliem a elas.

Lenin disse: "Só o impulso combinado das massas operárias, dos camponeses e da parte melhor do exército pode criar as condições para uma insurreição vitoriosa, quer dizer, oportuna".[49]

Desse modo, o trabalho de agitação entre as tropas inimigas, para cumprir a palavra de ordem de união entre os operários, os camponeses e os militares, adquire nas insurreições uma importância estratégica.

Não acontece o mesmo na confrontação entre dois exércitos; aqui é importante também a agitação entre os soldados inimigos, mas o essencial é aniquilá-los, vencer o exército adversário.

> Uma vitória efetiva da insurreição sobre as tropas [inimigas] (...) uma vitória como no combate entre dois exércitos, é uma das maiores raridades... Em todos os casos se alcançou a vitória porque as tropas não reagiram, porque faltou decisão ao mando ou porque se encontrou com as mãos atadas.[50]

Esse trabalho de agitação é realizado fundamentalmente pelas forças políticas, com o apoio, em certa medida, das unidades do exército revolucionário. De pronto, na revolução de agosto, as massas se apoiaram em suas próprias forças esmagadoras, mas também realizaram um trabalho de agitação e de persuasão entre as tropas inimigas que lhes permitiu paralisar quase todas

---

[49] LENIN, V. "Levantamientos en el ejército y la flota", *in: Obras Completas*, Editorial Cartago, Buenos Aires, 1960, tomo XVIII, p. 224.

[50] ENGELS, F. *Introdución a las luchas de clases en Francia de 1848 a 1850*, de Karl Marx, Editorial de Ciências Sociales, La Habana, 1973, pp. 22-24.

as forças japonesas e os soldados vietnamitas em suas fileiras, e deixá-los passivos e vacilantes em seu combate contra as forças insurrecionais; em alguns lugares, os soldados vietnamitas das fileiras inimigas passaram para o lado da revolução.

O trabalho de agitação deve realizar-se; mas se as forças de dominação tiverem ainda a possibilidade e a vontade de utilizar seus exércitos para combater a insurreição, então é necessário desenvolver decididamente a posição ofensiva da revolução, intensificar a luta armada, ampliar e reforçar o exército revolucionário para vencer o exército reacionário e transformar a insurreição armada em guerra revolucionária.

Em resumo, na revolução de agosto, nosso partido soube conduzir nosso povo à tomada do poder em todo o país graças à sua correta orientação política na organização das forças, desencadeando a insurreição de todo o povo no momento oportuno e colocando em ação o poderoso potencial do numeroso exército político das massas das forças armadas amplamente organizadas.

A revolução de agosto foi o primeiro triunfo do marxismo-leninismo em um país colonial e semifeudal. Demonstrou que, na atual conjuntura internacional favorável, um pequeno povo, oprimido e dominado, está perfeitamente em condições de se sublevar e conquistar o poder por meio de uma insurreição armada, para sacudir o jugo dos imperialistas colonialistas, que dispõem de um enorme aparato de dominação e de um exército profissional equipado com as armas mais modernas.

Assim que o poder conquistado em todo o país acabava de se consolidar, os colonialistas franceses desencadearam uma guerra de reconquista.

"Antes sacrificar tudo do que perder a pátria, cair de novo na escravidão!" Nosso povo, respondendo ao chamado do presidente Ho Chi-minh, se alçou com um impulso irresistível para fazer frente ao agressor e salvaguardar a independência da pátria e o poder popular recém-instaurado. A insurreição popular da revolução de agosto se converteu em uma guerra de todo o povo, uma guerra de libertação que era na verdade uma guerra pela defesa da pátria.

A resistência contra os colonialistas franceses foi uma resistência de todo o povo, em todos os planos, em longo prazo, e apoiada em nossas próprias forças.[51]

A resistência se reiniciou em Nam Bo. A população de Nam Bo e suas forças armadas, dando a prova de um valor sem par, enfrentaram com armas rudimentares e lanças de bambu as tropas francesas dotadas de canhões, tanques e aviões, e respaldadas pelas tropas inglesas e japonesas.

Em 19 de dezembro de 1946, a resistência se estendeu por todo o país. Nossas forças armadas populares, mal equipadas e sem experiência, mas animadas pela valentia e por um alto espírito de sacrifício, e em comum acordo com a população das cidades, desencadearam um combate desigual, mas glorioso, para conter o inimigo, persegui-lo e causar-lhe perdas consideráveis. Logo a resistência se deslocou, pouco a pouco, das cidades ao campo. Tratávamos efetivamente de atacar o inimigo sem deixar de preservar nossas forças, com vistas a uma longa resistência. Onde quer que o inimigo colocasse os pés, ele se encontrava frente às milícias da guerrilha. Estas últimas, em coordenação com a população, destruíram estradas e pontes, dificultaram o avanço do inimigo, perseguiram e cansaram o inimigo...

51 Diretriz do partido, de 22 de dezembro de 1946: Todo o povo participa na resistência.

Em fins de 1974, os franceses lançaram uma grande operação contra o Viet Bac, tratando de aniquilar nossas forças regulares, assim como os órgãos dirigentes da resistência, e tratando de acertar um violento golpe na base nacional da resistência e de terminar rapidamente com a guerra. Graças à ação das tropas regulares, às múltiplas escaramuças das tropas regionais e das milícias de guerrilha ao longo da linha avançada do inimigo, a população de Viet Bac e suas forças armadas, em coordenação com os demais teatros de operações do país, conseguiram rechaçar o que era essencial nessa ofensiva.

A balança da guerra começou a inclinar-se a nosso favor. De uma guerra relâmpago, o inimigo viu-se obrigado a passar a uma guerra prolongada, a retirar-se para suas retaguardas no Norte, no centro e no Sul para consolidá-las, tratando de alimentar a guerra com a guerra para fazer com que os vietnamitas combatessem os próprios vietnamitas. Decidimos, então, penetrar profundamente nessas retaguardas para desencadear ali uma guerra de guerrilhas vigorosa e generalizada. Ao dispersar uma parte das tropas regulares em "companhias independentes" e batalhões agrupados, conseguimos dar um forte impulso no desenvolvimento das milícias de guerrilha e das tropas regionais nas tropas inimigas. Ao mesmo tempo, criamos unidades móveis para impulsionar progressivamente a guerra de movimentos. As forças armadas populares compreendiam três categorias de tropas.

A vitória na batalha da fronteira, ocorrida no outono e no inverno de 1950, marcou o rápido crescimento das três categorias de tropas, e das tropas regulares em primeiro lugar. Com uma organização de maior envergadura, com equipe e armamento melhorados, nosso exército desencadeou pela primeira vez uma grande ofensiva, graças à qual aniquilou uma parte importante das forças móveis do inimigo, rompeu seu dispositivo de defesa na fronteira e libertou um vasto território. A guerra do povo se desenvolveu e passou da guerrilha à guerra regular. Depois da proclamação da República Popular da China, a vitória da batalha da fronteira colocou fim ao cerco da revolução vietnamita pelo imperialismo; abria-se ali uma via de comunicação entre nosso país e os países socialistas.

O 2° Congresso do Partido, celebrado no início de 1951, adotou decisões sobre vários problemas fundamentais da revolução vietnamita e a resistência prolongada. As rigorosas diretrizes do partido que seguiram, sobretudo a reforma agrária, mobilizaram grandes massas de camponeses trabalhadores, que se colocaram de pé com um novo impulso revolucionário, para derrubar os imperialistas e os feudais. Foi possível, assim, mobilizar as forças humanas e materiais em favor da resistência e da edificação das forças armadas. Dessa forma, a guerra do povo adquiriu novas forças que lhe permitiram dar conta dos agressores franceses, apesar de que esses últimos receberam, depois de 1950, uma ajuda importante do imperialismo estadunidense.

Nossas tropas regulares desencadearam sucessivas ofensivas e contra-ofensivas de grande envergadura, sobretudo em Bac Bo, principal palco de operações. A guerrilha também adquiriu um impulso vigoroso e generalizado. Nas retaguardas inimigas, a população – com as milícias de guerrilhas e as tropas regionais como sustentação – combinou a luta política com a luta armada, empreendeu numerosos levantes armados que permitiram liquidar com os conselhos de autoridades colaboracionistas e com os traidores, arrasar as bases para poder edificar o poder popular e transformar as retaguardas inimigas em nossas próprias frentes. A guerra de guerrilhas recebeu um novo impulso, combinada com a guerra regular, sobretudo durante as grandes campanhas. Enquanto o movimento revolucionário se reforçava nas zonas rurais, a luta da população nas cidades adquiria novo vigor.

Em fins de 1953 e princípios de 1954, a grande contra--ofensiva estratégica se desenvolveu em escala nacional, nas direções estratégicas importantes. Reforçaram-se a guerra regular e a guerra de guerrilhas, estreitamente combinadas. Nossas forças armadas e nosso povo conquistaram grandes vitórias em todos os palcos de operações. Em particular em Dien Bien Phu, aniquilamos uma parte muito importante das aguerridas forças móveis estratégicas do inimigo na Indochina. A clamorosa vitória na histórica batalha de Dien Bien Phu, de grande alcance estratégico, junto com os triunfos nos demais palcos de guerra, acertaram um golpe decisivo à vontade de agressão do inimigo, transformaram a fisionomia da guerra e fizeram triunfar a resistência.

A revolução de agosto e a resistência antifrancesa permitem comprovar na prática que, no que se refere às forças impulsoras da insurreição e da guerra revolucionária, se na insurreição de agosto a força essencial estava no exército político das massas e nas suas amplas forças armadas na guerra popular contra os imperialistas franceses, por outro lado, a força essencial estava nas forças armadas populares, apoiadas pelas forças políticas do bloco da grande união nacional e em coordenação com elas. Isso porque a insurreição é, em geral, o levante das massas, enquanto que a guerra é, geralmente, o enfrentamento entre dois exércitos. Evidentemente, a guerra popular também inclui o levante das massas e em uma insurreição de todo o povo se verificam choques entre os exércitos de ambos os lados.

Na resistência antifrancesa, nosso povo soube combinar as forças armadas com as forças políticas, tendo essas últimas como base. As três categorias de forças armadas constituíram o núcleo da resistência: a luta armada se combinava com a luta política, e o combate com a sublevação, de modo que a forma de luta fundamental era a luta armada.

Nosso partido havia se preocupado em edificar as forças armadas populares. Baseando-se nas forças políticas do povo e partindo da aliança entre os operários e camponeses, sob a direção da classe operária, nossas forças armadas, surgidas durante o período pré-insurrecional, deram um salto adiante no transcurso do primeiro ano de poder popular, e logo se forjaram e cresceram rapidamente durante a guerra de resistência. O exército de libertação se converteu no Exército Popular do Vietnã, o exército regular do nosso Estado. As formações de autodefesa e de guerrilhas se desenvolveram sem cessar. As três categorias das forças armadas populares: tropas regulares, tropas regionalizadas e milícias de guerrilha, aumentavam cada dia mais.

As forças regulares, que eram as fundamentais, operavam nos palcos de guerra mais importantes do país. Tinham a missão de destruir as forças regulares do inimigo, sobretudo suas forças móveis e estratégicas, acertar-lhes golpes severos, libertar o território e unir seus esforços aos da guerrilha para modificar o perfil da guerra. Os seus golpes foram de alcance estratégico, para quebrar a vontade de agressão do inimigo e fazer triunfar a resistência. As forças regulares e a guerra regular criaram, ademais, as condições para desenvolver a guerrilha e acelerar a luta política e os levantes armados das massas, assim como o trabalho de agitação e persuasão entre as tropas e os funcionários inimigos.

Na resistência antifrancesa, nossas forças regulares, que ao começo compreendiam pequenos destacamentos, evoluíram até se converterem em forças móveis estratégicas que abarcavam grupos aguerridos, cada vez melhor equipados e treinados, com um espírito combativo muito elevado e uma grande força de combate, capazes de aniquilar vários batalhões e regimentos inimigos em uma só batalha. Nossos grupos móveis entraram em ação pela primeira vez na batalha da fronteira sino-vietnamita (1950), e logo participaram em outras: a de Hoa Binh, a do Noroeste etc. Cooperaram estreitamente com as forças armadas regionais, e as três categorias de tropas desempenharam, assim, um grande papel, contribuindo ao avanço da resistência. A batalha de Dien Bien Phu marcou um hiato no desenvolvimento das forças móveis estratégicas. Enquanto nossas forças armadas e nosso povo conquistavam grandes vitórias em lugares importantes, nossos grupos móveis aguerridos, reforçados por unidades técnicas e sustentados por todo o povo, aniquilaram em Dien Bien Phu o mais poderoso campo fortificado do inimigo da Indochina.

As forças regionais, estruturadas para se adaptarem às condições e tarefas concretas em cada um dos palcos de operações, constituíam o núcleo da luta armada local. Distribuídas em fortes unidades, operavam tanto agrupadas quanto dispersas, em estreita coordenação com as milícias populares e as forças regulares para aniquilar o inimigo, ou para manter e desenvolver a guerrilha, para atuar em coordenação com a luta política e a sublevação das massas e fazer fracassar as manobras inimigas de concentração e recrutamento da população, protegendo a população, o poder revolucionário e os recursos da resistência em homens e em bens.

Oriundas das seções de propaganda armada, das companhias independentes, dos batalhões agrupados durante os primeiros anos da resistência, as forças regionais de província e de distrito não cessaram de se desenvolver: seu armamento e seu equipamento melhoravam fundamentalmente graças aos bens materiais e humanos tomados do inimigo. Com muita frequência, as tropas regionais aniquilavam o inimigo por seções e por companhias, e até o final da resistência conseguiram inclusive destruir batalhões adversários.

As milícias de guerrilha, forças armadas amplamente organizadas da população, se dedicavam à guerrilha de acordo com as forças regionais, cooperavam com as forças regionais, cooperavam com as forças políticas de massa na eliminação das autoridades fantoches e dos traidores, e empreendiam levantes para conquistar o poder. Os guerrilheiros não abandonaram a produção, utilizavam qualquer arma, atacavam o inimigo nas aldeias ou nos caminhos, onde quer que se apresentassem, inclusive na retaguarda. As milícias locais e a guerrilha constituíam o fundamento da edificação do exército popular e do desenvolvimento da guerra regular.

As milícias de guerrilha evoluíram vigorosamente, tanto em relação às suas forças militares quanto à sua capacidade combativa. Apoiando-se nas aldeias de resistência, que eram cada vez mais numerosas, manejavam com habilidade armas rudimentares que aperfeiçoavam progressivamente, e aniquilavam o inimigo por grupos, por seções, e, até o final da resistência, inclusive por companhias inteiras. Em união com as forças regionais, desempenharam um papel cada vez mais importante na edificação, na manutenção e na ampliação das zonas e das bases de guerrilha, assim como na proteção da zona libertada, fazendo fracassar as operações de limpeza e confisco do inimigo e dando um forte impulso à guerra do povo. O papel e a eficácia das milícias de guerrilha e das tropas regionais foram muito grandes durante toda a longa resistência, sobretudo nos períodos cruciais, quando o partido desencadeou a guerra de guerrilhas na retaguarda do inimigo em 1948-1949, ou quando a impulsionou energicamente nas batalhas de Hoa Binh, Dien Bien Phu etc.

O desenvolvimento das forças armadas populares em três categorias de tropas: as regulares e as regionais – que formavam o exército popular – e as milícias de guerrilha – que constituíam as forças armadas de massas – traduz o caráter amplamente popular da nossa organização militar na guerra do povo contra a agressão dos colonialistas franceses.

As relações, desde o ponto de vista da organização, entre as tropas regulares, as regionais e as milícias de guerrilha no curso do desenvolvimento das forças armadas revolucionárias, assim como a coordenação da ação entre as três categorias de tropas, entre o exército do povo e as forças armadas de massa, estão estreitamente ligadas à evolução da resistência desde a guerrilha até a guerra regular, assim como a estreita coordenação entre a guerra regular e a guerrilha.

A experiência da resistência antifrancesa demonstra que a coordenação da ação entre as tropas regulares, as regionais e as milícias de guerrilha, entre a guerra regular e a guerra de guerrilha, constitui uma grande vantagem da guerra popular para mobilizar o povo, colocar em ação a força de uma guerra justa, uma guerra de libertação que se desenvolve em nosso próprio solo. Essa coordenação impediu que os exércitos profissionais de agressão, mesmo com sua grande força militar e seu moderno equipamento, pudessem realizar uma guerra convencional que os permitiria colocar em jogo todas as suas forças. Os exércitos agressores têm que se enfrentar não somente com o exército revolucionário, mas também com todo um povo que leva corajosamente uma resistência em todos os planos. Suas tropas se afundam no oceano da guerra do povo, em uma guerra sem frente nem retaguarda, na qual a frente se encontra em todas as partes ao mesmo tempo em que em nenhuma. As contradições inerentes a todas as guerras de agressão, entre a dispersão e a concentração, entre a ocupação do terreno e a mobilidade, vão se tornando mais agudas. As tropas agressoras, numerosas e dotadas de equipamentos modernos, resultam inoperantes. Não somente não puderam destruir as forças armadas do povo, mas também se mostraram debilitadas, cansadas, logo aniquiladas e, ao final, vencidas.

Assim, com um exército do povo cujos quadros eram reduzidos em relação aos do inimigo, e em consonância com as amplas forças armadas das massas, nosso povo sustentou uma resistência de todo o povo, em todos os planos, aliando estreitamente a guerrilha à guerra popular, e venceu o exército agressor dos imperialistas franceses, de quase meio milhão de homens dotados de meios modernos.

Essa primeira vitória da guerra de libertação nacional em um país colonizado demonstra que, na época atual, uma pequena nação, com um território nacional pequeno, uma população pouco numerosa e uma economia subdesenvolvida, está perfeitamente em condições de derrotar [o inimigo] na guerra de agressão colonialista de velho tipo dos imperialistas, por meio da guerra revolucionária.

***

Já totalmente libertado e com as estruturas completas de um Estado independente, o Vietnã do Norte passou à revolução socialista e à edificação do socialismo durante a paz, enquanto nosso povo segue lutando por completar a revolução nacional e estabelecer a democracia popular em todo o país, já que o Sul está ainda sob o jugo do imperialismo estadunidense e seus lacaios.

Depois de realizar a reforma agrária e a restauração da economia nacional, o povo do Norte se dedicou às transformações e à edificação socialista, a revolução mais profunda e mais radical de nossa história. Com a realização, ao menos essencialmente, das transformações socialistas, aboliu-se a exploração do homem pelo homem, instaurou-se novas relações de produção, estabeleceu-se a propriedade socialista do povo trabalhador sobre os meios de produção e foram edificadas progressivamente as bases materiais e técnicas do socialismo. A unidade política e moral do povo está mais que consolidada. O amor à pátria e ao socialismo e a consciência de ter a posse coletiva do homem novo, socialista, se elevam sem cessar. Por outro lado, nosso povo obtém a ajuda, cada dia mais importante, dos países irmãos do campo socialista, tanto para a edificação quanto para o combate.

O novo desenvolvimento das forças armadas populares se situa, pois, dentro desse marco do desenvolvimento histórico da sociedade do Norte. É a organização militar com vistas à defesa nacional, por parte de todo o povo, de um Estado independente que edifica o socialismo em paz; sua função é a de servir de instrumento ao Estado de ditadura do proletariado, defender o Norte socialista e cumprir sua missão rumo à revolução de todo o país, mantendo-se pronto para fazer fracassar, a qualquer momento, qualquer manobra do imperialismo estadunidense.

Edificar o exército, consolidar a defesa nacional na paz e nas condições do regime socialista: é esse um problema novo para nosso partido e nosso povo. No passado, durante muitos séculos, nosso povo já havia adquirido a experiência da edificação do exército e da consolidação da defesa nacional de uma nação independente na paz; mas as condições daquela época eram as do regime feudal. Depois do surgimento do nosso partido, nosso povo lutou sem descanso durante décadas; acumulamos uma experiência de um valor inestimável na edificação das forças armadas com vistas à insurreição pela conquista do poder, quando nosso país se encontrava ainda sob o jugo dos imperialistas e dos feudais, e mais tarde com vistas a uma longa guerra de libertação sobre a base de um regime de democracia popular cada dia mais sólido.

Hoje, nosso partido e nosso povo têm resolvido, com êxito, um problema novo.

Em tempos de paz, a tarefa principal de nosso povo é a de concentrar todas suas forças para edificar o país e a economia socialista. Por conseguinte, um problema fundamental é o de resolver cabalmente as relações entre a economia e a defesa nacional. Só uma economia forte permite uma forte defesa nacional. E, por outro lado, só com uma poderosa defesa nacional é possível proteger o trabalho pacífico de edificação do povo e garantir a segurança da pátria. A relação entre a economia e a defesa nacional deve se resolver em harmonia com a situação do país, ainda dividido, com o inimigo que ainda persiste em sua agressão contra o Sul, e com o Norte destinado a se converter em uma base sólida para a revolução em todo o país no menor tempo possível, já que nosso país, um pequeno Estado, deve se preparar para vencer um agressor poderoso: o imperialismo ianque. Por conseguinte, na edificação da economia é preciso estar ciente da necessidade da consolidação da defesa nacional, não somente na orientação e nas tarefas do plano econômico geral e na repartição das grandes regiões econômicas, mas também nos diferentes ramos, como a indústria, a agricultura, as comunicações e o transporte, assim como nos problemas culturais e nas atividades sociais. Ao mesmo tempo, é necessário manter-se prontos, do ponto de vista da organização, para converter a economia de tempos de paz em uma economia de guerra.

Nosso partido se mantém firmemente consequente com a concepção da guerra popular, da defesa nacional por parte de todo o povo, realiza o armamento de todo o povo nas novas condições e edifica um exército popular poderoso, uma vez que arma em todas as partes as massas revolucionárias e reforça as três categorias de forças armadas populares. Com forças armadas de massas amplamente expandidas, que se mantém na produção, e com um exército popular bem treinado e dotado de uma grande força combativa, dispomos agora de uma poderosa defesa nacional e de mão-de-obra suficiente para a produção. Essa política de defesa nacional é a única correta para um pequeno país como o nosso, que deve esforçar-se, em tempos de paz, para desenvolver sua economia e enfrentar vitoriosamente em tempos de guerra os poderosos inimigos imperialistas.

Devemos estar conscientes de nossa obrigação, nas condições que acabamos de expor, de conjugar a economia com a defesa nacional. Isso traduz a estreita vigilância de nosso povo, conhecedor da necessidade de salvaguardar a independência e a soberania do Norte socialista e de estar pronto, ainda que em tempos de paz, para rechaçar qualquer intenção de agressão do inimigo; ao mesmo tempo, nosso povo está animado pela indestrutível decisão de libertar o país, e para isso se prepara.

Por essas razões, nosso partido impulsionou a edificação de um forte exército popular que se converteu em um exército regular e moderno, impulsionando o desenvolvimento generalizado das milícias populares e de autodefesa e a edificação de poderosas forças de reserva.

Desmobilizou-se uma parte do exército para reintegrá-la à produção e se fizeram esforços para consolidar o exército permanente com efetivos apropriados e dotados de uma alta qualidade combativa. Numerosas unidades do exército devem participar diretamente na edificação da economia, sem deixarem de estar prontas para o combate. No lugar do alistamento voluntário, o Estado instituiu o serviço militar obrigatório com o fim de criar numerosas forças de reserva. Os militares desmobilizados que reúnem as condições necessárias são admitidos como oficiais e soldados da reserva. Reajustaram-se e consolidaram também as organizações das milícias populares e de autodefesa; foi reativada a criação de comunas, aldeias e bairros de resistência, reforçando assim a defesa da ordem e da segurança. Foi dado aos jovens um treinamento militar geral, ativado o movimento de educação física e esportes em favor da defesa nacional, e iniciou-se a edificação das forças armadas populares de segurança.

Com relação ao fortalecimento das forças armadas populares e o papel do exército popular, as resoluções do 3º Congresso do Partido, de 1960, estabelecem que

> o exército popular é a força fundamental do Estado, chamada a defender a independência nacional e o trabalho pacífico do povo norte-vietnamita, e é agora o firme pilar da luta pela reunificação do país. É necessário reforçar a defesa nacional, edificar o exército permanente no sentido de um exército regular e moderno, consolidar as forças populares armadas de segurança e velar, ao mesmo tempo, pela consolidação e o desenvolvimento das milícias de autodefesa e pela edificação das forças de reserva.[52]

Apoiando-se nas realizações em todos os domínios da revolução socialista e da edificação do socialismo, as forças armadas populares se desenvolveram rapidamente.

[52] *Documentos del Congreso,* Ediciones en Lenguas Extranjeras, Hanói, tomo I.

O exército do povo, exército revolucionário de um Estado socialista, é um exército moderno que compreende diferentes forças e armas: exércitos terrestres, aviação, marinha. O exército de terra compreende a infantaria, a artilharia, os blindados, o corpo de engenheiros, as transmissões, as unidades antiquímicas, os transportes... Existem regulamentos que definem diversos regimes de um exército regular; incentiva-se a combatividade e a disciplina do exército. As tropas regulares estão constituídas por grandes e potentes unidades, dotadas de armas e equipamentos cada dia mais modernos, com uma crescente mobilidade, um nível de coordenação interarmas cada vez mais elevado, e um grande poder combativo. As tropas regionais, consolidadas e melhor equipadas, veem aumentar sua capacidade combativa. Graças ao patriotismo do povo e ao seu amor pelo socialismo, graças ao serviço militar obrigatório, às numerosas forças da reserva, às importantes forças da milícia popular e de autodefesa, o exército popular pode aumentar a qualquer momento os seus quadros.

As milícias populares de autodefesa, por sua vez, se desenvolvem vigorosamente sobre a base das novas relações de produção socialistas, tanto no campo quanto nas cidades. São as forças armadas das massas, organizadas a partir do povo trabalhador, nas condições do socialismo. As milícias populares e os guerrilheiros constituem a organização armada dos camponeses das cooperativas. A autodefesa e a autodefesa de choque constituem a organização armada dos operários nas fábricas, empresas, minas, obras e granjas estatais; dos empregados e dos quadros no serviço estatal e do povo trabalhador nos bairros. As milícias populares de autodefesa e as forças da reserva, animadas por uma elevada consciência política, com um certo nível de instrução geral, bem organizadas, equipadas com armas diversas – algumas das quais modernas – e bem treinadas nos métodos de combate apropriados, podem combater localmente, ou mesmo completar as forças permanentes.

Em 1965, frente ao perigo de um fracasso total da guerra especial no Sul de nosso país, os imperialistas estadunidenses lançaram sua aviação contra o Norte, ao mesmo tempo em que introduziam um corpo expedicionário no Sul para uma agressão direta. Começou então a resistência da população do Norte à guerra ianque de destruição sistemática. Foi um aspecto de nossa resistência nacional antiestadunidense em todo o país, e ao mesmo tempo uma guerra pela defesa de nossa pátria socialista contra as forças aéreas inimigas.

Os estadunidenses mobilizaram uma grande força aeronaval moderna. Descarregaram sobre o Norte milhões de toneladas de bombas, perpetrando crimes inauditos contra nosso povo. De escalada em escalada, atacaram diversas regiões para terminar lançando-se sobre Hanói, o coração de nosso país. Contavam com seu enorme poderio militar e acreditaram que poderiam subjugar nosso povo. Equivocaram-se redondamente. Fiel à sua tradição de luta indomável contra as agressões estrangeiras, nosso povo nunca se dobrara diante de nenhum agressor. O exército e a população do Norte socialista, respondendo ao chamado do presidente Ho Chi-minh: "nada é mais precioso que a independência e a liberdade", se lançaram em uma guerra popular terra-ar, corajosa e eficaz.

Este é um tipo de guerra popular totalmente novo: todo o povo combate as forças aéreas e navais inimigas; todo o povo se entrega aos trabalhos de defesa e proteção; todo o povo assegura as comunicações e os transportes; todo o povo participa agora do combate e da produção; todo o povo defende a retaguarda do mesmo modo que serve à frente. É esse o novo desenvolvimento da guerra popular em nosso país. Continuamos a guerra do povo sobre a base de um regime socialista que está em seu início, no momento em que nosso povo possui um Estado independente bem estruturado, depois de dez anos de consolidação e desenvolvimento na paz, e que se beneficia, além disso, de uma ajuda considerável dos países socialistas irmãos.

Na resistência antifrancesa, mobilizamos todo o povo para combater o invasor, fundamentalmente as suas forças terrestres, e vencemos esse exército agressor equipado com armas relativamente modernas. Hoje mobilizamos de novo todo o povo para combater o agressor, fundamentalmente as suas forças aéreas, que constituem uma das armas mais modernas dos imperialistas ianques.

Nosso partido mobilizou as forças de todo o povo e pôs o país em estado de guerra para dar um forte impulso à guerra do povo. Rapidamente multiplicou as forças armadas populares e deu uma nova orientação à economia: dispersou as indústrias centrais, impulsionou a economia regional, evacuou as regiões muito povoadas e os lugares particularmente enfocados pelo inimigo, combinou o combate com a produção, e intensificou a produção durante essa mesma guerra. Nosso partido concluiu que, em qualquer circunstância, devemos continuar avançando, no Norte, rumo ao socialismo, para reforçar a resistência em todos os setores; devemos conseguir que o Norte cumpra sua missão na revolução de todo o país e prepare, ao mesmo tempo, a edificação do país no futuro. A tripla revolução recebeu um forte impulso. As relações de produção socialistas se consolidam cada dia mais, a unidade política e moral do povo se reforça constantemente, a base material e técnica do socialismo se fortalece cada dia mais. Nosso partido e nosso povo se esforçam para conseguir que a superioridade do socialismo se faça sentir em todos os setores, para cumprir assim todas as tarefas impostas pela guerra popular contra os intentos de destruição dos estadunidenses.

Temos, assim, em primeiro lugar, o considerável desenvolvimento, em um breve lapso de tempo, das forças DCA-Aviação do exército popular, das forças antiaéreas no exército regular e nas tropas regionais: são essas as forças que servem de pilar na guerra popular terra-ar, cuja ação está coordenada com a das amplas forças das milícias populares. Nossa DCA-Aviação possui peças de artilharia de diferentes calibres, foguetes dos aviões a jato, meios técnicos modernos que integram forças móveis ou fixas capazes de aniquilar os aviões inimigos e defender os principais objetivos ameaçados. Numerosas batalhas de considerável envergadura, por grupos mistos formados por várias armas de nossa DCA-Aviação, coordenadas com unidades de infantaria do exército terrestre e tropas regionais apoiadas pela população, desenvolveram-se em uniões de comunicação importantes, sobre os centros industriais e as grandes cidades. Nossa DCA-Aviação e nossa jovem aviação lograram grandes vitórias. É esta uma nova forma de combate regular de nosso exército, na guerra do povo terra-ar.

Também foram bastante desenvolvidos os transportes militares. Os transportes das forças armadas compreendem diversas armas modernas: trens, corpo de engenheiros, DCA, infantaria... Sob sangrentos bombardeios, as forças de transporte militar, em acordo com os transportes civis, enfrentaram com heroísmo e habilidade e asseguraram o tráfego em todas as circunstâncias, cumprindo suas tarefas em todas as rotas do país, da retaguarda à frente.

As grandes unidades de infantaria do exército terrestre, reforçadas com armas técnicas, alcançaram progressos visíveis no sentido da modernização; sua força combativa aumentou: estão prontas para combater o agressor em qualquer parte, e impor o fracasso a todas suas aventuras militares. As tropas regionais desenvolveram ainda mais sua organização, sua equipe e sua capacidade de combate. Numerosas províncias possuem unidades de artilharia antiaérea e unidades de artilharia terrestre que abateram aviões e afundaram navios inimigos, assim como unidades militares técnicas que contribuíram amplamente para assegurar as comunicações e os transportes.

Graças ao patriotismo do povo e ao seu amor pelo socialismo, e graças ao serviço militar obrigatório, pudemos lograr e levar a cabo com êxito a tarefa de mobilização em tempo de guerra, e ampliamos rapidamente as forças armadas populares sobre a base das forças da reserva, organizadas desde os tempos de paz. Ao chamado da pátria para defender o Norte socialista e cumprir com os deveres para com a resistência nacional, numerosos jovens, a elite das cooperativas, das fábricas, dos serviços públicos, das escolas, tomaram o caminho da frente e ocuparam seu lugar nas fileiras do exército popular e nas brigadas de choque da juventude; eles combateram com valor e trabalharam com abnegação em todos os palcos de guerra.

Criadas e organizadas desde os tempos de paz, as forças armadas das massas tiveram um rápido desenvolvimento em tempos de guerra, tanto no sentido de quantidade quanto de qualidade. Sua equipe aumentou e aperfeiçoou-se. Em numerosas aldeias, as milícias se organizaram em unidades capazes de utilizar fuzis, armas automáticas, armas DCA de pequeno calibre, projéteis e canhões, e em grupos especializados: técnicos de engenharia, observadores, grupos de primeiros socorros etc. Em muitos lugares foram constituídas forças móveis destinadas a operar em todo o território da comunidade. Muitas fábricas e empresas possuem numerosas forças de autodefesa, organizadas de forma estrita e racional para permitir conjugar a produção e o combate; essas forças utilizam diversas armas, algumas das quais são modernas.

As milícias populares e as formações de autodefesa desempenharam um importante papel. Interpretando as palavras de ordem do "arado em uma mão e o fuzil na outra", "o martelo em uma mão e o fuzil na outra", velhos e jovens, homens e mulheres, no campo e na cidade, desde o delta até as montanhas, participaram ativamente no combate contra os aviões inimigos, tecendo por todas as partes uma rede de fogo a baixa altura, para proteger diretamente a população e a produção locais; em concordância estreita com a DCA e a aviação, criaram uma rede de fogo em distintos níveis, móvel e elástica, que cobre o território mantendo-se centrada em pontos-chave; essa rede de fogo abateu um grande número de aviões estadunidenses que voavam a distintas alturas, sobre distintos terrenos e em circunstâncias diversas. As milícias derrubaram, com armas de infantaria, numerosos jatos ianques e fizeram prisioneiros muitos de seus pilotos. A caça de aviões inimigos que voam a baixa altura é, para as unidades das milícias populares e de autodefesa, uma nova forma de guerrilha na guerra popular terra-ar. As unidades das milícias, além disso, capturaram e aniquilaram numerosos comandos inimigos e destruíram ou desativaram dezenas de milhares de bombas e minas. No contexto do regime socialista, as forças armadas das massas deram provas de suas novas e consideráveis capacidades combativas.

O fato mesmo de que as milícias populares tenham derrubado aviões em reação ao imperialismo ianque com metralhadoras e fuzis, contém já dois elementos de resposta a esta pergunta: como pode, um pequeno país de economia subdesenvolvida, com um exército pouco equipado, vencer uma grande potência imperialista que conta com um exército numeroso e com equipamentos e meios modernos?

O papel das milícias populares e de autodefesa se manifestou, além disso, em numerosas outras tarefas e em outras frentes da guerra do povo: proteção das comunicações e dos transportes; defesa antiaérea popular; manutenção, em acordo com as forças populares armadas de segurança, da ordem e da segurança pública; edificação das aldeias de resistência para proteger a produção local, a vida e os bens da população. Desse modo, contribuem em grande medida para fazer fracassar totalmente as manobras do inimigo em sua guerra de destruição sistemática.

As forças populares armadas de segurança, criadas desde o período de paz, amadureceram rapidamente e desempenharam um grande papel na guerra. Seus quadros e seus combatentes não cessaram de manter vigilância, assegurando a proteção da linha de demarcação militar provisional, das fronteiras, das ilhas; mantiveram a ordem e a segurança no país, derrubaram aviões, capturaram pilotos, aniquilaram e capturaram numerosos grupos de bandidos e de comandos *rangers*.

Nosso povo participou ativamente no combate, dedicou milhões de jornadas de trabalho à construção de estradas, à instalação de postos de combate e de auxílio aos feridos, ao abastecimento das tropas, para ajudar o exército; dedicou-se a desenvolver a economia, a cultura, a educação, o serviço sanitário, a estabilizar a vida, apesar dos horrores da guerra. O heroísmo revolucionário de nosso exército e de nosso povo se manifesta tanto no combate quanto nos esforços ao serviço do combate, para assegurar as comunicações, os transportes, a defesa antiaérea popular, assim como o trabalho de produção e de edificação da nova vida.

A guerra estadunidense de destruição sistemática é uma dura prova para nosso regime socialista e para sua organização militar. Coordenando sua ação à de seus compatriotas e das FAPL – Forças Armadas Populares de Libertação – do Sul, e com a ajuda considerável dos países irmãos do campo socialista, as forças armadas e a população do Norte alcançaram grandes vitórias. O agressor foi derrotado, seus desígnios maquiavélicos fracassaram. Mais de três mil aparatos modernos, de mais de 40 tipos distintos, alguns deles de recente invenção e utilizados pela primeira vez no Vietnã, foram derrubados. Numerosos pilotos condecorados das forças aéreas ianques foram mortos ou capturados. O Norte socialista suportou o golpe com um bastão de bronze; não cessou de consolidar-se, tanto no plano econômico quanto no militar; não cessou de desempenhar plenamente seu papel de base revolucionária para todo o país, de prosseguir no cumprimento de seu glorioso dever para com a grande frente. De comum acordo com as forças armadas e a população em todo o país, o Norte levou a resistência nacional a êxitos cada vez maiores.

A vitória da guerra do povo sobre a guerra de destruição sistemática no Norte socialista é uma vitória para nosso povo em sua totalidade; essa vitória tem um grande significado, não só para nosso povo, mas também no plano internacional. É a vitória da linha política e militar de nosso partido, de suas linhas de resistência anti-ianque, pela salvação nacional e a edificação do socialismo, de sua linha política internacional correta, independente e rica em iniciativas.

Diferentemente do que sucedeu durante a insurreição geral de agosto e na resistência antifrancesa, esta é a primeira vez que nosso partido assume a direção do povo no desenvolvimento vitorioso de uma guerra popular terra-ar sobre a base do regime socialista, apoiando-se no poder da união combativa de todo o exército popular, regular e moderno, que compreende as tropas regulares e as tropas regionais, em coordenação com as milícias populares de autodefesa – forças armadas de massa poderosas e onipresentes – e colocando em jogo a eficácia de todo tipo de arma, mais ou menos modernas, para fazer frente à guerra aérea de agressão do imperialismo estadunidense. Nas condições e circunstâncias novas, nosso povo e suas forças armadas deram um novo rumo à arte de combater o grande com o pequeno, o grande número com o pequeno número, o moderno com o menos moderno. Em uma guerra pátria, o primeiro problema que se apresenta é, sem dúvida, o de fazer passar o país da paz à guerra; as tarefas mais importantes são: a mobilização de todo o povo para engrossar as forças armadas populares; a modificação da orientação econômica; a organização de uma economia de guerra tendente a satisfazer as necessidades da resistência e da vida da população. O êxito dessa transição é resultado, em primeiro lugar, da solução correta das relações entre a economia e a defesa nacional, assim como de todos os preparativos, durante o período de paz, em escala nacional a cada região. Reforçar a retaguarda nos planos econômico, político, material e moral é uma garantia fundamental para assegurar o abastecimento da frente em homens e bens. Uma retaguarda sólida e poderosa é, sem a menor dúvida, um dos mais importantes fatores de vitória da guerra em geral, e da guerra patriótica em particular.

Quanto à organização militar, pelo fato de que as forças armadas populares foram organizadas, edificadas e preparadas para o combate em tempos de paz, e de que foram aproveitadas as condições favoráveis oferecidas em todos os aspectos por um Estado independente e soberano, por um regime socialista progressivamente consolidado, as mesmas puderam alcançar, no transcurso da guerra patriótica pela salvaguarda da pátria socialista, um nível de desenvolvimento mais elevado que durante a insurreição e a guerra de libertação.

No início, nosso povo havia se mobilizado para o combate com as mãos vazias. Foi necessário despertar nas massas a consciência revolucionária e mobilizá-las, criar as forças políticas e, sobre essa base, criar as forças armadas revolucionárias, em primeiro lugar as forças armadas de massas. A partir dessas últimas foi se constituindo gradualmente o exército revolucionário; partindo dos êxitos da insurreição e da guerra revolucionária, fomos elevando pouco a pouco o nível das forças armadas. Logo tivemos que passar da luta política à luta armada e combinar essas duas formas de luta; ir da guerra de guerrilha à guerra regular e combinar essas duas formas de guerra. Na insurreição e na guerra de libertação, sempre mantivemos estreitamente unidas a luta política e a luta armada, as sublevações e os ataques, a aniquilação do inimigo e a conquista do poder pelo povo etc.

Na guerra patriótica pela salvaguarda da pátria socialista contra a aviação inimiga, nosso povo dispôs desde o começo de um exército permanente regular e moderno, bastante poderoso, que compreende tropas regulares e tropas regionais criadas em tempos de paz e rapidamente incrementadas no momento em que estourou a guerra. Dispomos, além disso, das forças armadas das massas, compostas por milhões de milicianos e membros da autodefesa, organizados, equipados e instruídos, tanto no campo quanto nas cidades. A edificação das forças armadas revolucionárias apoiou-se no patriotismo e no amor ao socialismo, assim como nas políticas concretas e nas regulamentações aplicadas pelo poder popular.

Pelo fato de existir um exército popular regular e moderno e forças armadas de massas poderosas e amplamente espalhadas, desde o começo apareceram simultaneamente o combate regular e a guerrilha, combinados estreitamente. A guerra colocado em destaque desta vez o papel muito importante do exército popular, da guerra regular. As unidades da defesa aérea e da aviação pertencentes ao exército regular desencadearam grandes batalhas, derrubaram um grande número de combatentes, puseram em cheque o inimigo em todas as suas escaladas. Com sua nova capacidade de combate, as tropas regionais ampliadas serviram de núcleo na guerra popular nas regiões. As milícias populares e as transformações de autodefesa, por sua vez, desempenharam um papel muito importante, como o de assegurar as comunicações e o transporte, a defesa antiaérea popular e o serviço de frente...

Estamos seguros de que, no combate contra as forças terrestres inimigas, todas as armas do exército popular, assim como as forças armadas de massas, desenvolveram plenamente sua capacidade combativa e coordenaram eficazmente suas ações para vencer o inimigo.

Naturalmente, na guerra patriótica, para desenvolver as forças de todo o povo, de todo o país, de toda a nação, e para criar um poder global máximo, nosso povo é perfeitamente capaz de aplicar a experiência das insurreições e das guerras de libertação passadas. Isso porque a guerra pela defesa da pátria, em nosso país, é uma guerra de todo o povo e em todas as frentes, igual à guerra de libertação; por outro lado, na guerra de libertação, quando já dispúnhamos de uma base revolucionária, de uma zona libertada cada vez mais vasta, se assistiu ao surgimento e ao desenvolvimento dos elementos de uma guerra pela defesa da pátria.

A grande vitória de nossa população e de suas forças armadas no Norte socialista demonstra que um país, inclusive pequeno, com uma economia pouco desenvolvida e um exército dotado de uma equipe e uma tecnologia pouco modernas, mas uma linha revolucionária precisa, uma grande determinação de combater pela independência e a liberdade da pátria, capaz de apoiar-se na força de todo o povo e de tomar o exército popular e as forças armadas das massas como base, capaz de conquistar as simpatias e o apoio internacionais, está em condições de pôr em marcha a guerra do povo, para derrotar a guerra de destruição sistemática das forças aéreas modernas do imperialismo ianque. A vitória da população do Norte e da população combatente do Sul demonstra eloquentemente a grande possibilidade que oferece a guerra popular para vencer qualquer agressor.

Nossa resistência nacional antiestadunidense se desenvolveu como uma guerra de libertação no Sul e como uma guerra de defesa do regime socialista no Norte. A prática e a experiência acumuladas sumamente ricas nos ajudam a resolver corretamente o problema da edificação das forças armadas e da consolidação da defesa nacional por todo o povo, para defender o Norte, de imediato, e para, em longo prazo, conduzir a resistência até a vitória total, para defender eficazmente a independência de nossa pátria.

A guerra revolucionária de nosso povo, no Sul, começou há mais de dez anos. É uma guerra de libertação contra a agressão neocolonialista do imperialismo ianque, guerra que pretende libertar o Sul, cumprir as tarefas da revolução nacional democrática popular em todo o país, contribuir para a defesa do Norte socialista e progredir rumo à reunificação pacífica do país. A luta de nossos compatriotas e de nossos combatentes do Sul, contra um inimigo novo – o imperialismo ianque – e contra uma nova forma de agressão – a guerra de agressão neocolonialista – se desenvolve nas mesmas condições em que nosso povo levou ao triunfo a revolução de agosto em todo o país, nas mesmas condições em que obteve a vitória da resistência e libertou a metade do país; o Norte, libertado, entregou-se à revolução socialista e à edificação do socialismo e converteu-se na sólida base da revolução de todo o país e em membro do campo socialista. Por outro lado, nossa revolução goza da crescente ajuda dos países socialistas irmãos e se desenvolve em uma conjuntura internacional cada vez mais favorável: na disputa internacional, as forças revolucionárias são francamente superiores às reacionárias e se encontram em uma posição de ofensiva constante contra a muralha do imperialismo, este encabeçado pelo imperialismo ianque.

Por essas razões, a guerra revolucionária no Sul experimentou um novo desenvolvimento de um alto nível e possui uma força considerável. A evolução das forças armadas populares de libertação do Sul está estreitamente ligada a todas as características da guerra revolucionária no Vietnã do Sul em suas diferentes fases (sublevações em cadeia, guerra popular contra guerra especial, contra guerra local, contra guerra vietnamizada).

Nos anos de 1959-1960, a população empreendeu sublevações em cadeia em numerosas e vastas regiões rurais. A força comprometida nessas sublevações era o exército político das massas, apoiado pelas unidades armadas de autodefesa, ainda pouco importantes. Esse exército político, edificado a custo de grandes esforços na época do movimento revolucionário anterior à insurreição geral de 1945, se desenvolveu rapidamente durante a revolução de agosto e a resistência antifrancesa, e enfrentou as novas provas da árdua e sangrenta luta contra a administração Ngo Dinh Diem; esse exército político possuía um moral muito alto e um impulso poderoso e adquiriu uma rica experiência. Aproveitando o momento em que a administração fantoche, minada por profundas contradições, revelou suas debilidades, a população das diferentes regiões se mobilizou valentemente, desencadeando insurreições parciais, coordenando suas forças políticas com suas forças armadas e deixando às primeiras o papel principal. A grande força das sublevações em cadeia minou a base do poder fantoche em numerosas regiões, mesmo que a administração central de Saigon dispusesse ainda de um exército de várias centenas de milhares de homens e usasse os procedimentos de repressão mais ferozes. A política de dominação pelos meios clássicos do neocolonialismo fracassou.

Quando o imperialismo ianque desencadeou a guerra especial para continuar sua agressão, o movimento de sublevações em cadeia da população vietnamita se converteu em guerra de libertação. Com perfeito domínio das leis que regem a revolução e a guerra revolucionária sul-vietnamita, e descobrindo rapidamente as leis da guerra de agressão neocolonialista dos ianques, a população do Vietnã do Sul, sob a direção do FNL, reforçou a posição ofensiva do movimento, pôs em jogo a força global de suas forças políticas e de suas forças armadas, impulsionou a luta política paralelamente com a armada, atacou o inimigo no plano militar e político e intensificou a agitação entre seus homens nas três zonas estratégicas: as regiões montanhosas, o delta e as cidades.

Partindo do numeroso e potente exército político das massas revolucionárias, as forças armadas populares de libertação chegaram rápido à sua maturidade. Organizaram-se as tropas locais de libertação, convertidas logo em unidades do exército regular. Formou-se em todas as partes milícias de guerrilhas e autodefesa. Foram tomando corpo assim, gradualmente, as três categorias de tropas das forças armadas de libertação.

O armamento utilizado, que em sua maior parte era conquistado do inimigo ou fabricado com os meio disponíveis, era, ainda assim, medíocre.

A guerra do povo nas diversas regiões se desenvolveu com vigor em amplas zonas rurais. O exército e a população combinaram estreitamente a luta política com a luta armada, desencadearam ofensivas e sublevações, intensificaram a guerrilha e as insurreições parciais. Desse modo, esgotaram e aniquilaram numerosas forças vivas do exército fantoche, fizeram fracassar suas táticas de transporte por helicóptero e de movimento por veículos blindados, conquistaram o direito de soberania na base, destruíram dois terços do sistema das aldeias estratégicas e abalaram fortemente a administração títere central. A luta política se fez mais intensa nas cidades e coordenou suas atividades com as do movimento revolucionário no campo. O exército político numeroso e as amplas forças armadas das massas fizeram sentir eficazmente seu peso. O próprio inimigo reconheceu que os vietcongues eram mestres da guerrilha. A fisionomia da guerra mudou progressivamente em nosso favor. O inimigo se via desgarrado pelas condições internas cada vez mais agudas e se afundava cada vez mais profundamente em um beco sem saída. Os estadunidenses tiveram que assassinar seu próprio títere, Ngo dinh Diem, e "trocar de montaria no meio do vau". A guerra do povo adquiriu um novo impulso quando surgiram as forças regulares móveis do exército de libertação, que lutavam em batalhas com fortes concentrações de tropas e aniquilaram unidades regulares inimigas inteiras em Binh Gia, Dong Xoai e Ba Gia: a guerra revolucionária passou assim a uma nova e poderosa ofensiva.

A estreita coordenação entre as forças políticas e as forças armadas, entre as forças armadas das massas e o exército de libertação, levou a uma nova situação, na qual o conjunto do exército e a administração de títeres se viram ameaçados pela desintegração total, apesar de seus efetivos terem se elevado a 550 mil homens, enquanto que as unidades regulares do exército de libertação ainda não haviam aumentado consideravelmente quanto à quantidade, nem quanto à envergadura das batalhas com fortes concentrações de tropas.

Isso se deveu ao grande poder das forças políticas armadas locais, a grande intensificação do movimento político e das grandes sublevações das massas, ao vigoroso impulso da guerrilha. As tropas regulares, que haviam surgido recentemente nos campos de batalha, conquistaram um grande prestígio e uma forte posição e adquiriram uma grande força ofensiva para ameaçar, dominar e aniquilar o inimigo, responder golpe por golpe e alcançar vitórias sucessivas. Diante do fracasso da guerra especial, o imperialismo ianque se viu obrigado a enviar ao Vietnã do Sul um importante corpo expedicionário para resgatar as tropas títeres.

Assim, nas condições e circunstâncias novas dos anos de 1960-1965, no Sul, a guerra revolucionária passou da luta política à luta armada, combinando essas duas formas; da insurreição armada passou-se à guerra de libertação, combinando essas duas formas; da guerrilha passou-se às grandes batalhas, também as associando. As forças populares de libertação do Sul de desenvolveram também segundo o mesmo processo: as forças armadas se organizaram partindo das forças políticas; as três categorias de tropas se formaram progressivamente a partir das formações de autodefesa armadas na insurreição. Tropas regulares e tropas regionais constituem o exército de libertação do Sul; as formações de guerrilhas e de autodefesa integram as forças armadas de massa. Apoiando-se nas forças políticas e em associação a elas, as forças armadas populares de libertação do Sul desempenharam um grande papel estratégico nas insurreições parciais das massas que derrubaram o poder fantoche na base e conquistaram a soberania para o povo, assim como nas ofensivas militares que destruíram distintos tipos de tropas fantoches sob o mando dos assessores ianques.

Quando os agressores estadunidenses introduziram massivamente seu corpo expedicionário no Sul e lançaram contra o Norte sua aviação, empreendendo a guerra local mais importante e feroz na história de suas agressões, nosso povo em sua totalidade, e suas forças armadas revolucionárias, se encontraram diante de uma prova sem precedentes. O imperialismo ianque, a cabeça dos imperialismos, possui o potencial econômico e militar mais poderoso do mundo capitalista e um exército dotado de efetivos consideráveis e de equipes e armamentos dos mais modernos. Para agredir o Sul de nosso país, mobilizaram-se progressivamente até um milhão de soldados estadunidenses, saigoneses e dos países satélites, dos quais mais de 500 mil eram estadunidenses; gastaram centenas de milhões de dólares, despejaram mais de uma dezena de milhões de toneladas de bombas e projéteis, empregaram quase todas as armas e aparatos de guerra mais modernos, com a única exceção da arma nuclear.

Respondendo ao chamado sagrado do presidente Ho Chi-minh, e fiel às nossas indomáveis tradições nacionais, nosso povo se levantou massivamente, do Sul ao norte, unido, decidido a combater pela salvação nacional e a cumprir com suas nobres obrigações internacionais.

Nosso povo e suas forças armadas realizaram uma correta apreciação dos desígnios do imperialismo ianque, da correlação de forças entre nós e o inimigo: assim, descobrimos seus pontos fortes, suas debilidades, suas dificuldades e contradições; temos clara consciência de nossas vantagens e de nossas dificuldades, de nosso poder e nossa forte posição. Sobre essa base e sobre a união de nosso povo em sua totalidade, chegamos à firme resolução de vencer totalmente os agressores estadunidenses, de continuar essa estratégia ofensiva, de afrontar seu exército de agressão, numeroso e dotado de armamentos muito modernos.

Nossa resistência se converteu na vanguarda da luta dos povos do mundo contra o imperialismo ianque agressor. Os povos dos países socialistas, os povos progressistas do mundo, consolidam ainda mais sua união conosco na luta contra o inimigo comum. A simpatia, o apoio e a importante ajuda da humanidade progressista constituem um dos fatores determinantes na vitória de nossa resistência.

No campo de batalha sul-vietnamita, e apoiando-se em duas forças estratégicas – o corpo expedicionário estadunidense e o exército títere, constituindo o primeiro a força essencial – os agressores estadunidenses desencadearam contraofensivas massivas contra as forças armadas revolucionárias, e em particular contra as unidades regulares do exército de libertação, com a esperança de aniquilá-las. Ao mesmo tempo, seguiram adiante com seu cruel programa de pacificação, com o fim de submeter e controlar a população. Levaram a cabo o que denominam a guerra em todas as frentes, militar e política, uma guerra total que conjuga as práticas militares brutais com o estrangulamento econômico e político e os mal intencionados procedimentos da guerra psicológica.

Explorando sua posição de vitória e iniciativa, nossos compatriotas e combatentes do Sul seguem intensificando a luta armada e a luta política para fazer fracassar as manobras do imperialismo ianque. As forças armadas populares de libertação multiplicaram as batalhas com forte concentração de tropas e atividades de guerrilha; atacaram as tropas estadunidenses, assim com as tropas fantoches e satélites, combinando as grandes batalhas com os combates de média e pequena envergadura, aniquilando numerosas forças vivas e uma grande quantidade de efetivos bélicos inimigos, apoiando eficientemente a luta política e as sublevações populares. Com efetivos mais frágeis e pior equipados que o inimigo, o exército de libertação acertou de pronto o corpo expedicionário estadunidense com golpes demolidores em Van Tuong (Trung Bo central), nos altiplanos ocidentais, em Nam Bo oriental, em Tri Thien. As operações de envergadura cada vez maior das unidades regulares do exército de libertação, e os volumosos e repentino surgimento das guerrilhas das forças armadas regionais, se desenvolveram sucessivamente em todos os palcos de operações. Nas cidades, sobretudo em Da Nang e Hue, estouraram potentes movimentos políticos. O corpo expedicionário estadunidense sofreu, um atrás do outro, golpes inesperados, e experimentou fracasso sobre fracasso que o fizeram perder rapidamente sua agressividade inicial. A contraofensiva lançada com 200 mil homens durante a temporada de seca de 1965-1966 foi repelida; a estratégia que consistia em buscar e destruir, em despedaçar o lombo dos vietcongues, fracassou igualmente ao programa de pacificação. As tropas de libertação abriram a frente de Tri Thien e seguiram atacando com todas as suas forças nos diferentes palcos de operações. A contraofensiva de 400 mil homens durante a temporada de seca de 1966-1967 foi, por sua vez, repelida: as manobras estratégicas dos dois braços de tenaz, buscar e destruir e pacificar, também fracassaram.

No momento em que fracassava a escalada estadunidense, levada até seu mais alto nível, contra as duas zonas de nosso país, Norte e Sul, a ofensiva generalizada da primavera de 1968 por parte do exército e da população do Vietnã do Sul, estourou como um raio, sacudindo o Vietnã do Sul e os próprios Estados Unidos. Esse estratégico ataque surpresa, levado a cabo de forma original e criadora pelas forças armadas de libertação, e unido às sublevações das massas, acertou um golpe decisivo na estratégia de guerra local e provocou uma virada histórica nessa guerra.

Na resposta do povo contra a guerra local, e com a obrigação de intensificar a luta militar e coordená-la com a luta política para vencer militarmente o imperialismo estadunidense, as forças armadas populares de libertação experimentaram um novo desenvolvimento, tanto no sentido da quantidade quanto da qualidade, assim como, do ponto de vista da organização, o equipamento e a arte de combater.

As tropas regulares do exército de libertação adquirem novas armas e se organizam em agrupamentos móveis cada dia mais poderosas. As tropas regionais se ampliam e reforçam. As milícias de guerrilha e as formações de autodefesa se desenvolvem energicamente em todos os palcos de operações. Surgem as unidades de elite. O armamento e o equipamento das forças armadas experimentaram uma sensível melhora, a qual permite às três categorias de tropas aniquilar não somente os infantes inimigos mas também os tanques e outras unidades blindadas, e derrubar inclusive aviões. A experiência adquirida no combate foi aproveitada em cada caso. A determinação e a fé na vitória por parte dos quadros e combatentes não cessou de se reforçar durante o combate. As capacidades de organização e de direção por parte dos quadros e o poder combativo das forças armadas progrediram constantemente. Um movimento de emulação pelo ataque contra os soldados ianques e a aniquilação dos soldados títeres, pela aquisição do título de valente combatente, galvanizou o exército, a população e as três categorias de tropas das forças armadas de libertação.

Com um eficaz dispositivo estratégico da guerra popular, que aproveita a força global resultante da coordenação entre a luta armada e a luta política, o exército de libertação do Sul, altamente qualificado e dotado de efetivos adequados, e as numerosas forças armadas das massas, acertaram, de comum acordo com o exército político do povo, potente e numeroso, golpes mortais no corpo expedicionário ianque, no exército títere e nas tropas dos países satélites, vencendo-os passo a passo.

As forças regulares do exército de libertação sabem concentrar de forma adequada suas forças no campo de batalha, destruir com forças pouco numerosas um inimigo numericamente superior, colocar em ação suas diferentes armas tanto em associação quanto separadamente.

As tropas regionais sabem combater admiravelmente em múltiplas formas, utilizando efetivos pouco numerosos, mas bem treinados, para alcançar grandes vitórias. As FAPL do Vietnã do Sul acertaram golpes decisivos nos soldados estadunidenses, aniquilando uma grande quantidade de forças vivas e de meios de guerra modernos, em particular quadros de mando, oficiais, pessoal técnico, aviões de todos os tipos e equipamentos técnicos ultramodernos. Apoiando-se nas forças regionais, as milícias de guerrilha e de autodefesa levaram a guerra de guerrilha a um nível mais alto, utilizando armas rudimentares, assim como armas modernas e inclusive ultramodernas, e formas de combate muito variadas. Foram criados métodos de combate novos e originais, de grande eficácia: combater com forças concentradas, utilizar a guerrilha, atacar as retaguardas inimigas, as vias de comunicação, as cidades, unir o combate ao trabalho de agitação e persuasão nas fileiras inimigas etc.

Tanto no conjunto do território quanto no marco de cada região, se realiza uma associação entre as forças móveis e as forças locais, unidas em um dispositivo estratégico eficaz, sólido e móvel ao mesmo tempo, sobretudo nos setores cruciais das três zonas estratégicas. As forças armadas locais compreendem as unidades das forças regionais, as milícias de guerrilha e de autodefesa, que se apoiam solidamente nas forças políticas locais e cooperam estreitamente com elas, tanto no campo quanto nas cidades; obrigam as tropas estadunidenses, títeres e satélites a se dispersarem ao máximo; imobilizam-nas em todas as áreas de operações, cercam, atacam, esgotam e as destroem em qualquer parte seus meios de combate. Enquanto isso, as tropas móveis, com uma concentração cada vez mais importante em diferentes frentes de guerra, acertam o inimigo com golpes demolidores, aniquilando suas forças vivas em grandes quantidades.

A guerra do povo desarticulou o inimigo, cercou-o, atacou-o implacavelmente e o destruiu. O corpo expedicionário estadunidense, as tropas títeres e os mercenários dos países satélites, com mais de um milhão de homens e um aparato técnico ultramoderno, não conseguiram cumprir o que se esperava deles. O inimigo viu-se numa situação tal que, apesar de seus consideráveis efetivos, resultaram insuficientes e, apesar de toda sua força, resultara demasiado débil. Ao querer atacar não acerta, enquanto por outro lado é atacado cada vez com maior intensidade e destruído pelas FAPL. Suas tropas se dispersam, sua capacidade ofensiva diminui constantemente, o que o leva pouco a pouco a se colocar na defensiva. Quer resolver rapidamente a guerra, mas se vê obrigado a prolongá-la. O exército agressor, numeroso e moderno, se afunda cada dia mais na passividade. Sofre perdas cada dia mais graves, e pouco a pouco se vê reduzido ao fracasso pela guerra revolucionária levada a um alto grau de desenvolvimento. Enquanto isso, suas ultramodernas forças aeronavais sofriam severos golpes infligidos pela guerra popular terra-ar do exército e da população do Norte. Ao afrontar o gigantesco aparato militar do imperialismo estadunidense, conseguimos grandes vitórias. Impusemos o fracasso à maior guerra de agressão local dos estadunidenses, precisamente no período em que levavam sua escalada ao ponto mais alto nas regiões de nosso país.

Uma vez fracassada a estratégia de guerra local, a administração Johnson se viu obrigada a abandonar sua escalada, a cessar sem condições seus bombardeios contra o Norte, a manter-se na defensiva no Sul e a "desamericanizar" a guerra para tratar de se safar.

Nixon modificou a estratégia e "vietnamizou" a guerra de agressão, prolongando-a com o fim de manter a dominação neocolonialista dos Estados Unidos no Vietnã do Sul.

A estratégia de vietnamização da guerra não é outra coisa senão uma guerra de agressão neocolonialista levada a cabo com um método novo: a aplicação da doutrina Nixon no Sul de nosso país. Essa doutrina reacionária é a nova estratégia global do imperialismo estadunidense dos anos de 1970, surgida como consequência de seus sucessivos fracassos no Vietnã, e no momento em que a correlação de forças no mundo se modifica contra a sua. Essa estratégia tende a manter o papel de gendarme internacional do imperialismo estadunidense e a prosseguir com a implantação de seu neocolonialismo no mundo com novos métodos e manobras: apoiar-se no poderio dos Estados Unidos e se aproveitar em maior grau dos recursos humanos e materiais dos países satélites.

Para realizar a vietnamização, o imperialismo ianque e seus lacaios concentram seus esforços para colocar em prática um brutal programa de pacificação, considerado como um procedimento estratégico fundamental com vistas a subjugar a população do Sul. O desígnio maquiavélico dos imperialistas estadunidenses é fazer com que vietnamitas combatam vietnamitas, alimentar a guerra com a guerra, utilizar as tropas expostas ao risco de morte, abastecidas por seus lacaios e os dólares e armas estadunidenses em proveito de seus sórdidos interesses. Os ianques se colocaram a tarefa de converter o exército mercenário de Saigon em um exército moderno, para fazer dele uma força estratégica essencial no Sul, uma força de choque na Indochina, chamada a substituir progressivamente as tropas estadunidenses nos combates terrestres. A administração Nixon agrediu descaradamente o neutro Camboja e intensificou a guerra no Laos, estendendo sua guerra de agressão a toda a Indochina; ela se esforça por "khmerizar"[53] a guerra, por "laosiá-la", por reforçar a união militar entre seus lacaios saigoneses e os de Phnom Penh, entre os reacionários tailandeses e os lacaios do Laos e Camboja, realizando uma aliança regional de fato entre as forças dos países satélites e lançando indochineses contra indochineses, e asiáticos contra asiáticos.

Sob a direção da Frente Nacional de Libertação e do Governo Revolucionário Provisório da República do Vietnã do Sul, a população do Sul e suas forças armadas, conscientes das características e das leis da guerra em seu novo desenvolvimento, continuam reforçando a posição ofensiva estratégica da guerra do povo, para fazer fracassar a vietnamização. Nas três zonas estratégicas, elas se esforçam para impulsionar e combinar estreitamente a luta armada com a luta política, as

[53] De khmer, língua oficial e pessoa nativa do Camboja. NT.

ofensivas com as sublevações, e por intensificar a agitação entre as tropas inimigas, com o fim de desagregar e aniquilar o inimigo, conquistar o poder para o povo, ampliar a zona libertada e vencer o inimigo.

Nosso povo e suas forças armadas coordenaram estreitamente sua resistência com a luta revolucionária dos povos irmãos do Laos e Camboja para fazer fracassar a doutrina Nixon na Indochina. A posição ofensiva da guerra revolucionária no Sul se converteu em posição de ofensiva dos povos indochineses que combatem em cooperação contra o inimigo comum. A guerra pátria do povo do Laos conseguiu novas e importantes vitórias. A revolução do Camboja também deu um salto.

Ao fazer fracassar pouco a pouco os planos de Nixon, as tropas de libertação do Sul, com efetivos adequados e uma alta qualidade, realizaram um grande progresso no fortalecimento de sua capacidade combativa, respondendo às novas exigências da guerra revolucionária; seu armamento e seu equipamento são cada vez mais modernos, as armas técnicas se desenvolveram rapidamente, sua capacidade de combater com uma forte concentração de tropas e de coordenar as diferentes armas aumentou. No início de 1969, as tropas de libertação causaram graves perdas às tropas estadunidenses, acertando-lhes um golpe vigoroso desde a chegada de Nixon à Casa Branca; depois de 1970, quando Nixon invadiu o Camboja e o Laos, as forças revolucionárias dos três países, lado a lado, empreenderam numerosas batalhas de aniquilamento com suas poderosas unidades regulares, e alcançaram importantes vitórias. Mesmo que as tropas títeres gozem do potente apoio aéreo e logístico dos estadunidenses, aqueles que, por outro lado, aumentaram consideravelmente seu equipamento, tiveram que sofrer fracasso atrás de fracasso. Não só as tropas de Vietnã e de Phnom Penh foram duramente castigadas; também as de Saigon, espinha dorsal da vietnamização, brigada de choque da doutrina Nixon na Indochina, foram derrotadas. As grandes vitórias alcançadas pelas forças armadas e pela população dos três países indochineses, em particular a da Estrada nº 9 – Sul do Laos – de alcance estratégico, abriu-lhes a perspectiva real de vencer militarmente a estratégia de vietnamização, assim como de fazer fracassar a doutrina Nixon na Indochina.

Enquanto o inimigo realiza grandes esforços para incrementar as tropas reacionárias e as outras forças de opressão, para edificar um sistema compacto de postos e pontos de apoio com o fim de controlar a população, e para realizar seu brutal plano de pacificação das zonas rurais, o papel da guerra do povo nas regiões, e das forças armadas regionais, adquire uma importância cada vez maior. Em vastas regiões rurais, nossos compatriotas e combatentes do Sul uniram estreitamente a luta armada com a luta política, e fazem convergir as três pontas de ataque – ação militar, luta política e trabalho de explicação e persuasão entre os soldados do exército inimigo – para dar fim ao plano de pacificação. Exaltadas pelas vitórias das tropas regulares, as milícias de guerrilha, de comum acordo com as tropas regionais que lhes servem de coluna vertebral, levaram à prática a diretriz de que os quadros se mantivessem unidos à população, que a população se agarrasse à terra e que os guerrilheiros perseguissem o inimigo; levaram a guerra de guerrilhas, a guerra do povo da base até um nível mais elevado; aniquilaram e dizimaram as forças armadas reacionárias regionais e destruíram numerosos quartéis; em associação com as lutas políticas e as insurreições pela conquista da soberania popular, eliminaram os verdugos, quebraram o cerco inimigo, desagregaram as forças da defesa civil e derrubaram a administração títere em sua base. As forças revolucionárias das massas se mantêm, se consolidam e se desenvolvem. A guerra popular no campo deteve e fez retroceder o plano de pacificação inimigo, e já o venceu em um primeiro *round* importante.

Enquanto as tropas regulares de libertação operam vitoriosamente e a guerra popular no campo não cessa de intensificar-se, a luta política da população urbana progride, se faz mais ampla e profunda e se desenvolve de formas novas e diversas.

Durante os últimos três anos, o exército e a população do Sul obtiveram numerosas e grandes vitórias. Em 1971, ano durante o qual os imperialistas estadunidenses e seus lacaios esperam cumprir ao menos o plano de vietnamização da guerra, a cujo fim a administração Nixon não poupou esforços em todos os sentidos nos campos de batalha, é também o ano durante o qual sofreram as mais graves derrotas. A estratégia de vietnamização fracassou. Essa situação demonstra que tanto a vietnamização quanto a doutrina Nixon têm em si numerosas contradições insolúveis e numerosas debilidades insuperáveis. A grande ilusão de Nixon consiste, no plano político, em querer apagar, sob a bandeira neocolonialista enganosa da independência e da liberdade, a contradição fundamental que opõe nosso povo aos agressores estadunidenses, no momento em que todo o nosso povo se une estritamente para resistir ao agressor, no momento exato em que essa contradição se acirra. Nixon quer se apoiar em seus lacaios, que perderam todo o sentimento nacional, para fazer os vietnamitas combaterem os vietnamitas, em benefício dos alvos estadunidenses de agressão. No plano militar, depois das derrotas sofridas por mais de um milhão de soldados estadunidenses e títeres – que ocasionou a retirada forçada e progressiva da maior parte das tropas estadunidenses – Nixon quer transformar a debilidade em força, a derrota em vitória, e colocar de pé os títeres para que combatam no lugar dos estadunidenses. Ao se chocar com a resistência heroica de nosso povo, que conta com uma gloriosa tradição de luta indomável contra a agressão estrangeira e que combate, a partir de uma posição de força, de vitória e iniciativa, a estratégia de vietnamização, principal meio da doutrina Nixon, está destinada a um inevitável fracasso. No Norte e no Sul, nosso povo, estreitamente unido aos irmãos povos laosianos e khmer, continuará e intensificará sua resistência, fará fracassar com toda segurança a estratégia de vietnamização e a doutrina Nixon na Indochina, e alcançará a vitória total.

Em geral, na guerra revolucionária no Sul, nosso povo aplicou de forma global a soma das experiências da revolução vietnamita durante as últimas décadas: na luta militar e política, na insurreição armada e na guerra revolucionária, na organização militar. Graças a seu perfeito domínio das leis da revolução e dos métodos da ação revolucionária, assim como das leis no neocolonialismo e da guerra de agressão neocolonial do imperialismo estadunidense, nossos compatriotas e combatentes do Sul desenvolveram essa experiência nas novas condições.

Na guerra revolucionária do Vietnã do Sul, nosso povo desenvolveu a força global resultante da estreita coordenação entre as forças políticas e as forças armadas, levando adiante de uma vez a guerra armada e a luta política, e combinando a insurreição com a guerra e a guerra com a insurreição, para assim alcançar a vitória.

De acordo com as circunstâncias, em cada etapa do desenvolvimento da guerra, a população do Sul e suas forças armadas, combinando de modo flexível e criador as forças armadas com as forças políticas, fizeram fracassar sucessivamente todas as formas de guerra de agressão do neocolonialismo, inclusive quando o imperialismo estadunidense elevava sua guerra de agressão ao plano mais alto.

Nossa resistência antiestadunidense colocou em um nível muito alto a mobilização e o armamento de todo o povo. Apoiando-se na correta linha da revolução nacional-democrático-popular no Sul, e na superioridade do regime socialista no Norte, nosso povo criou forças políticas forjadas no calor de muitos anos de luta, cada vez melhor organizadas e cada vez mais consideráveis; sobre essa base, nosso povo edificou forças armadas de massas, estritamente organizadas, e um exército revolucionário cada vez mais regular e moderno. Cada uma dessas forças desempenhou papéis distintos em campos de batalha diversos, nas diferentes etapas do desenvolvimento da resistência. Contudo, em geral, na guerra revolucionária do Sul, tanto as forças armadas quanto as forças políticas desempenharam um papel estratégico fundamental e decisivo; nas forças armadas populares de libertação do Sul, o exército de libertação compreende as tropas regulares e as tropas regionais e, por sua vez, as forças armadas das massas compreendem as milícias de guerrilha e as formações de autodefesa; todas essas forças desempenham um papel estratégico considerável, e cada vez mais importante no transcurso da guerra.

O fracasso estadunidense no Vietnã e na Indochina é o maior fracasso na história das guerras de agressão desencadeadas pelo imperialismo. A grande vitória de nosso povo em sua luta patriótica contra os agressores estadunidenses demonstra que, em nossa época, um pequeno povo que mobilize todas as suas forças e coordene estreitamente a ação de suas forças políticas e a de suas forças militares, a ação do exército revolucionário e a das forças armadas de massa, e leve adiante simultaneamente a luta política e a luta armada, a insurreição armada e a guerra revolucionária, é perfeitamente capaz de derrotar a guerra de agressão das potências imperialistas, incluindo o imperialismo estadunidense.

★★★

Se dermos uma olhada retrospectiva na luta revolucionária, no desenvolvimento da insurreição armada, na guerra revolucionária e nas forças armadas populares de nosso país durante mais de 40 anos, nos sentiremos orgulhosos de nosso partido, do venerado presidente Ho Chi-minh, de nosso povo e de nossa nação. Nunca em seus quatro milênios de história se havia visto nosso povo empenhado em uma insurreição e uma guerra durante um período tão grande. Nunca havia vencido, em poucas décadas, três agressores ferozes, incluindo o imperialismo estadunidense, o cruel e pérfido gendarme internacional, possuidor do maior potencial econômico e militar do mundo capitalista.

Para levar à vitória a insurreição de todo o povo e a guerra popular, nosso partido, sem abandonar seu trabalho de propaganda, educação e organização no seio do povo, nem a edificação das forças políticas das massas – necessidade fundamental em todas as fases da luta revolucionária – dedicou uma atenção particular à edificação das forças armadas populares e resultou satisfatoriamente na organização militar, outro problema de importância fundamental.

Partindo da ideia de que todo país conjuga suas forças, nossos antepassados conseguiram materializar o princípio de cada cidadão um soldado. Na atualidade, nosso partido parte do princípio da união de todo o povo, para conseguir que todo o povo combata o agressor, que todo o país combata o agressor, e para fazer de cada aldeia, cada município, uma fortaleza, de cada caminho uma frente, de 31 milhões de nossos compatriotas 31 milhões de valentes combatentes.

Nosso partido empreendeu em grande escala o armamento de todo o povo; edificou o exército popular ao mesmo tempo em que armou as massas revolucionárias em situações e condições concretas de luta, diferentes em relação ao inimigo e suas formas de guerra de agressão, em relação aos nossos métodos de emprego da violência revolucionária, em relação às conjunturas nacionais e mundiais e à correlação das forças comprometidas com o conflito.

Nascidas das forças políticas das massas, de pequenas formações de autodefesa, de grupos clandestinos armados, as forças armadas de nosso povo se converteram em forças armadas revolucionárias poderosas, portadoras de uma gloriosa história, de uma tradição de fidelidade ao partido e ao povo, e de invencibilidade; essas forças armadas revolucionárias dispõem ao mesmo tempo de um exército popular preparado, dotado de um aparato cada vez mais moderno e que inclui o exército terrestre, a aviação e a marinha, e amplas e poderosas forças armadas de massa, organizadas em toda a parte e dotadas de uma grande variedade de armas, algumas das quais modernas.

Em sua história de constituição e combate, em condições e situações de luta diferentes, as forças armadas do nosso povo adotaram diversas formas concretas de organização, com posições e papéis diferentes, e alcançaram um grau de desenvolvimento cada vez mais elevado, mas estiveram sempre formadas por dois componentes fundamentais, aliados entre si:

Primeiro: o exército popular, que compreende as tropas regulares e as tropas regionais.

Segundo: as forças armadas de massa, que compreendem as amplas formações de milícias populares e de autodefesa.

A prática das insurreições e a guerra em nosso país demonstraram que armar todo o povo significa armar as grandes massas populares e constituir, além disso, o exército popular. O exército popular oferece vantagens que as forças armadas das massas não possuem, e vice-versa. O exército popular é uma força estritamente organizada, com uma disciplina rigorosa, cuidadosamente treinada, provida de um aparato técnico relativamente avançado, com um mando e uma direção centralizados e unificados, que possuem grande capacidade de combate e estão sempre prontas para combater. As forças armadas das massas são forças mais estreitamente ligadas às massas, cujo potencial desenvolvem diretamente; utilizam uma grande variedade de armas e aplicam distintos métodos de combate por toda parte em todos os momentos.

Coordenar a constituição do exército popular e o armamento das massas revolucionárias é conjugar a constituição das forças que servem de arcabouço teórico-ideológico para formulações políticas e das amplas forças, a constituição das forças móveis e das forças fixas, para rechaçar exércitos de agressão numerosos e providos de um aparato moderno, de uma grande mobilidade e de um grande potencial de fogo. É preciso constituir as forças que servem de parâmetros políticos e as forças móveis, tanto em escala nacional quanto local; constituir as forças fixas por toda parte, nas três zonas estratégicas: região montanhosa e delta, campos e cidades. As forças móveis que possibilitam as formulações políticas em escala nacional são as tropas regulares; em escala local, são as tropas regionais. As forças amplas são as milícias populares e as formações de autodefesa. Desse modo, as forças armadas populares se compõem de três categorias de tropas: tropas regulares, tropas regionais e milícias populares e de autodefesa. As tropas regulares e regionais formam o exército popular. As milícias populares e de autodefesa constituem as forças armadas das massas. Em escala nacional, as tropas regulares são forças móveis; as tropas regionais, as milícias populares e de autodefesa são forças fixas. As tropas regionais e as milícias populares e de autodefesa constituem as forças armadas populares regionais. Em cada localidade, as tropas regionais são forças móveis; as milícias populares e de autodefesa são forças fixas. A relação entre as tropas regionais e as milícias populares e de autodefesa nas localidades representa a relação entre o exército popular e as forças armadas em escala nacional. A coordenação entre o exército popular e as forças armadas das massas constitui a forma de organização mais adequada das forças armadas para aumentar o poder de todo o povo, de todo o país, de toda a nação. Se a coordenação entre as forças políticas e as forças armadas, entre a luta política e a luta armada, entre a insurreição armada e a guerra revolucionária, é entre nós a forma fundamental da violência revolucionária, a coordenação entre o exército revolucionário e as forças armadas das massas é a organização militar mais adequada para ligar estreitamente as forças armadas com as forças políticas e a luta armada com a luta política, e para aplicar os métodos de insurreição e de guerra, assim como a arte militar da insurreição de todo o povo e a guerra de todo o povo.

A prática e a experiência nos permitem chegar à conclusão de que a coordenação entre o exército revolucionário e as forças armadas das massas e vice-versa, e a edificação das três categorias de tropas das forças armadas populares, constituem leis da organização e o emprego das forças armadas populares, para acrescentar o potencial de todo o povo, de toda a nação, de todo o país, na insurreição de todo o povo, na guerra popular, assim como na defesa nacional por parte de todo o povo, tanto na guerra de libertação quanto na de defesa da pátria por parte do nosso povo, um pequeno povo que deve resistir à dominação e à guerra de agressão de grandes países imperialistas.

A iniciativa de nosso partido e de nosso povo quanto ao armamento das massas revolucionárias e à constituição do exército popular, se inspira na tese marxista-leninista sobre a organização militar do proletariado e é a continuação e o desenvolvimento do ensinamento de nossos antepassados em matéria de constituição das forças armadas. Nosso partido soube unir estreitamente a teoria da vanguarda da ciência militar proletária com as tradições originais de nosso povo, e soube levar cabalmente essas teorias e ensinamentos à prática da luta de nosso povo nas novas condições e situações históricas de nossa época. Assim, o novo e importante desenvolvimento da insurreição armada e a guerra revolucionária, assim como a organização militar em nosso país, sob a direção do partido, é lógico e necessário na história das tradições de luta de nosso povo na época em que a classe operária vietnamita constitui sua representante autêntica. Sob a direção do partido e do presidente Ho Chi-minh, nosso povo continuou ampliando as heroicas tradições de luta contra a agressão estrangeira da nação vietnamita. A insurreição popular e a guerra popular são, sob a direção do partido, o auge da insurreição armada e da guerra revolucionária em nosso país. São a insurreição de todo o povo e a guerra do povo vietnamita na nova época, a época de Ho Chi-minh.

As sucessivas vitórias de nosso povo contra três imperialismos demonstram o grande poder da guerra do povo dirigida pela classe trabalhadora e pelo partido marxista-leninista. Na nova época da história da humanidade, demonstram o poder invencível das forças armadas populares, a organização militar de novo tipo da classe operária, das massas trabalhadoras e dos povos oprimidos, em luta por sua própria libertação e constituição do novo regime social.

Com a grande força da insurreição e a guerra nacional, do exército nacional e do povo em armas, nossos antepassados conseguiram brilhantes vitórias na reconquista e na salvaguarda da independência do país, vencendo inimigos certamente mais fortes, mas que possuíam o mesmo regime social feudal, e o mesmo nível de desenvolvimento das forças produtivas e as mesmas bases materiais e técnicas. Hoje, com a nova força da insurreição de todo o povo e da guerra do povo, dirigidas pela classe operária; com as forças de todo o povo, sob a bandeira do partido; com o exército popular e as forças armadas de massa, nosso partido e nosso povo cumpriram com êxito a grande missão histórica de colocar em ação a força de todo o povo, em um pequeno país cujo potencial econômico e cujas bases materiais e técnicas são inferiores às do adversário, colocar em ação a superioridade do novo regime social para vencer exércitos agressores de grandes países imperialistas, mais numerosos e dotados de armas e meios bélicos mais modernos.

Para resolver esse problema de importância estratégica de primeiro plano, nosso partido solucionou de forma consciente e correta a relação dialética entre a organização das forças e as bases materiais e técnicas, entre o homem e a arma, como analisamos anteriormente. A vitória pertence geralmente aos exércitos que combatem por uma causa justa, numericamente superiores ao inimigo, dotados de armas mais aperfeiçoadas e que se apoiam em uma economia mais desenvolvida. As insurreições e guerras de nosso país se caracterizaram sobretudo pela vitória alcançada por nosso povo combatendo o grande com o pequeno, o grande número com o pequeno número. Hoje nosso povo segue obtendo a vitória sobre inimigos providos de armas ultramodernas e de uma economia mais desenvolvida, e a obtém com armas de qualidade inferior ou relativamente inferior. O segredo desse brilhante êxito reside no fato de que nosso partido soube unir o homem e a arma, sendo o homem o fator determinante e a arma um fator muito importante. O homem vietnamita, o combatente vietnamita, possui, na nova época, um novo grau de consciência política, uma grande combatividade; o novo regime social, regime de democracia popular e regime socialista, possui uma potente vitalidade e uma franca superioridade de todos os pontos de vista. A organização militar de novo tipo mobiliza as grandes massas mais que em qualquer outra época anterior da história nacional.

A aliança entre o exército e as forças armadas das massas experimentou um novo desenvolvimento. A arte militar das forças armadas populares possui um conteúdo radicalmente revolucionário, um potente espírito de ofensiva e métodos de combate engenhosos e originais. Todos esses novos elementos servem precisamente de base para o aumento do poder de todo o povo, das forças armadas populares, mesmo quando só contaram com armas e equipamentos medíocres. Por conseguinte, na sublevação geral da nação, as forças armadas de todo o povo possuem um potencial surpreendente, capaz de vencer um inimigo com tropas mais numerosas e dotadas de aparatos ultramodernos, como o imperialismo estadunidense. Nunca havia sido lançado contra nosso país um exército agressor de um milhão de homens, dotados de um equipamento moderno, como o corpo expedicionário estadunidense e as tropas mercenárias saigonesas. Nunca antes nosso povo havia enfrentado um inimigo provido de um potencial econômico e militar tão grande como o do imperialismo estadunidense. Ainda assim, nosso exército e nosso povo obtiveram grandes vitórias, estão obtendo outras ainda mais importantes, e marcharão sem a menor dúvida rumo à vitória final.

A vitória militar de nosso povo, de nossas forças armadas populares, desmentiu a tese militar burguesa sobre o papel determinante das armas e da técnica na guerra. Ao contrário, confirma a tese militar do proletariado sobre o papel decisivo do homem, das massas populares, e nos apresenta as provas da clara superioridade da ciência militar proletária em relação à ciência militar burguesa. Terminou a época em que os grandes países imperialistas empregavam sua força militar para fazer sua própria vontade e submeter os povos pequenos.

A grande vitória do povo vietnamita – uma pequena nação, com um território pouco vasto, uma população pouco numerosa e uma economia subdesenvolvida – contra os imperialistas, dotados de um potencial econômico e militar enorme, de tropas numerosas e aparatos técnicos modernos; essa grande vitória demonstra o grande poderio dos povos, incluindo os povos pequenos, em seu justo combate, assim como as possibilidades limitadas dos grandes países imperialistas em suas guerras de agressão. Evidentemente, em nossa época, um país, mesmo que pequeno, mas que esteja unido e decidido, e que siga uma orientação revolucionária precisa, que saiba exortar todo o seu povo a sublevar-se, a ir à guerra, a participar na constituição e consolidação da defesa nacional, que saiba, além de tudo, ganhar o apoio e a ajuda internacionais, está perfeitamente em condições de derrubar a dominação colonialista e fazer fracassar as guerras de agressão dos grandes países imperialistas, incluindo aquele que o encabeça, o imperialismo estadunidense.

O LEGADO DE FIDEL CASTRO

Fidel Castro Ruz nasceu em 13 de agosto de 1926, na antiga província de Oriente, em uma fazenda chamada Birán, na atual província de Holguín. É o terceiro de sete filhos da família. O pai, Angel Castro, um espanhol da Galícia, foi enviado como soldado do Exército, por volta de 1895, para lutar contra a independência de Cuba. Descendente de camponeses pobres, fixou-se ali e passou a arregimentar pessoas para o trabalho agrícola. A mãe, Lina Ruz, cubana, de origem camponesa. Ambos aprenderam a ler e a escrever sozinhos quando adultos.[54]

Quando Fidel nasceu, encontrou o seu país profundamente dominado pelos Estados Unidos da América. A independência, conquistada em 1898, quando se libertou da dominação espanhola, não foi suficiente para se iniciar ali uma pátria livre de exploradores. Em 1901, uma emenda constitucional

[54] FREI BETTO. *Fidel e a religião*. São Paulo: Editora Brasiliense, 1986.

no Congresso estadunidense, apresentada pelo senador Orvill Platt, dava aos EUA o direito de intervirem militarmente na ilha, para defender a ordem ou a independência.[55] Em 1934 essa emenda foi suspensa, mas os direitos de permanecerem militarmente em Cuba, não. Até hoje, os Estados Unidos conservam uma base militar em Guantánamo, sem se importarem com a soberania cubana.

Com cinco anos de idade, Fidel foi enviado a Santiago de Cuba para estudar e passou a morar na casa de uma professora pobre, amiga da família. Batizado aos 6 anos, recebeu o nome do padrinho. Fez os estudos primários no colégio La Salle, posteriormente entrou em um colégio jesuíta e depois em um colégio mariano, onde ajudava os padres a celebrarem as missas. De físico atlético e líder estudantil, enquanto cursava o 2º ano do ensino médio editou com seus amigos um periódico mensal chamado *Saeta*. Em 1949 graduou-se em Direito na Universidade de Havana

Em 1948 Fidel Castro casou-se com Mirta Diaz e teve com ela, um ano depois, um filho, Fidel Castro Diaz Balart, que é atualmente físico nuclear e assessor científico do governo cubano. Teve também, em 1950, a filha Alina, fruto de um outro relacionamento com Natália Revuelta, que vive atualmente nos EUA!

Depois de terminar a faculdade, passou a se dedicar à defesa de membros de sindicatos e opositores ao governo que eram presos. Fazia denúncias públicas e passou a fazer parte do Partido do Povo, liderado por Eduardo Chibás, assassinado em 1951 pela repressão. Mas em 10 de março de 1952, Fulgêncio Batista deu um golpe de Estado que levou Fidel a pensar em

---

55 MORAIS, Fernando. *A ilha*. 17ª ed. São Paulo: Editora Alfa-Omega, 1980.

desenvolver outras formas de luta para transformar a sociedade cubana. Passou a organizar um grupo de jovens rebeldes e, em 26 de julho de 1953, tomaram de assalto o Quartel de Moncada em Santiago de Cuba.

A iniciativa visava chamar a atenção da população sobre a situação do país. Derrotados, foram presos e exilados do país. Fidel, como advogado, assumiu a sua própria defesa, em um longo discurso conhecido como: "A história me absolverá". Apesar do esforço, foi condenado a 15 anos de prisão. Ficaram as ideias e a data do 26 de julho como memória que viria a ser o nome do movimento revolucionário criado posteriormente para desencadear o processo revolucionário em Cuba.

Beneficiado pela anistia política, Fidel, em 1955 partiu para o México, onde passou a se dedicar à formação de um grupo para retornar a Cuba e organizar a insurreição popular e revolucionária.

Aproveitou o período de exílio no México para viajar aos EUA em busca de apoio dos emigrados cubanos que lá viviam. Retornou ao México depois de algumas semanas e de lá, no final de novembro de 1956, com um grupo de 81 guerrilheiros embarcados em um pequeno barco chamado Granma, partiram para Cuba. Em 2 de dezembro, desembarcaram na praia Las Coloradas sob a artilharia pesada do Exército cubano. Na ocasião, a grande maioria dos revolucionários foi morta e um pequeno grupo se refugiou na Sierra Maestra, de onde iniciaram a formação da guerrilha.

O grupo guerrilheiro liderado por Fidel Castro passou a se relacionar com os camponeses, e enquanto treinavam, prestavam assistência por meio do trabalho voluntário. Ali, Fidel com seu grupo de revolucionários, estabeleceu as táticas e a estratégia da revolução cubana.

A luta avançou rapidamente para o meio urbano, com intensas mobilizações e fazendo com que as forças políticas se unificassem em torno do mesmo objetivo. Rapidamente o regime de Batista se deteriorou e, com o apoio das lutas sociais e das mobilizações estudantis, em 1º de janeiro de 1959, as forças revolucionárias tomaram o poder no país. Fidel e sua coluna guerrilheira somente chegaram à capital oito dias depois.

Inicialmente Fidel Castro foi nomeado comandante-em-chefe das forças armadas e, em fevereiro, foi eleito primeiro ministro do Estado cubano.

A aproximação com o governo soviético levou a uma dura e violenta perseguição por parte do governo dos Estados Unidos. Cuba passou a sofrer um bloqueio econômico intenso e uma perseguição militar permanente, chegando em 1961 a sofrer uma tentativa de invasão por exilados cubanos e militares estadunidenses. A batalha se deu na Praia Girón e foi uma grande vitória do povo cubano.

Em 1965 as forças revolucionárias se unificaram em torno da criação do Partido Comunista Cubano e em 1977 constituiu-se a Assembleia Nacional Popular e Fidel passou a ser, além de primeiro-ministro, presidente dos Conselhos de Estado.

Em agosto de 2006, Fidel Castro, por motivos de saúde, delegou, em caráter provisório, as suas funções políticas a seu irmão Raul, que era até então ministro da Defesa, sem que ocorressem os abalos que os Estados Unidos esperavam com a saída de Fidel do governo. Em fevereiro de 2008 comunica ao povo cubano que não aspirará nem aceitará o cargo de Presidente do Conselho de Estado e de comandante-em-chefe.

Questionado por Fernando Morais, escritor brasileiro ainda na década de 1970 quando escreveu o livro *A Ilha*, que coisas faria de novo e que coisas deixaria de fazer, Fidel sintetizou rapidamente com as características que o qualificam até hoje como um ser de visão estratégica e de coerência com a sua própria história:

> Cometi muitos erros que não voltaria a cometer. Não vou enumerá-los porque seria muito extenso. Trataria de repetir os acertos, claro. Outro dia, num discurso, eu dizia que se tivesse o privilégio de viver de novo minha vida, talvez fizesse muitas coisas diferentes das que fiz. Mas lutaria com a mesma paixão pelas mesmas coisas por que lutei até hoje. Quer dizer, o objetivo seria o mesmo, a estratégia, na essência seria a mesma, e os erros eu deixaria de lado. Mas os erros foram fundamentalmente táticos, não estratégicos.[56]

★★★

Fidel Castro, por ser de natureza pragmática, pouco se dedicou às letras. Suas ideias encontram-se em seus longos discursos que chegam a horas. Seu poder de influência é enorme. Seu carisma e habilidade política combinam com sua persistência e ousadia diante de um império inconformado, que brada à sua frente sem ter jamais, em quase 50 anos de revolução, encontrado uma oportunidade que fosse favorável para derrotá-lo.

Aqui, separamos três dos seus discursos que expressam bem os elementos das táticas e da estratégia estabelecida para continuar no caminho da revolução. O primeiro trata-se do discurso proferido em 13 de março de 1962 em homenagem aos mártires que tomaram o palácio presidencial, em que Fidel dirigindo-se aos estudantes procurou incentivá-los com a esperança da revolução. A estratégia, portanto, revelou-se no investimento que deviam

56 *Idem*, p. 169.

fazer no ser humano. Deveriam ensinar, exortar, mas, acima de tudo, deixar a juventude aprender por conta própria.

Fidel com toda a sua clareza política se propôs a fazer uma crítica, tomando um fato como exemplo, a leitura do testamento de José Antonio Echeverria, o estudante assassinado na ocasião da tentativa da tomada do palácio do governo. Na ocasião, o mestre de cerimônia, por orientação superior, havia subtraído uma frase do testamento que falava em Deus e na fé. Ao tomar conhecimento, antes de iniciar o ato, Fidel refez o documento e a partir disso coordenou uma das mais belas autocríticas feitas em público, que poucas vezes se viu de uma organização revolucionária. Certamente, sem essa correção inicial, a revolução e o socialismo cubano não teriam sido o que viriam a ser.

Para Fidel, a falsificação do testamento era também a falsificação da história e das próprias raízes, mas, mais do que isso, se seguissem por aquele caminho, "teriam que abolir o conceito de revolucionário desde Espártaco até Martí".

Trata-se de uma visão estratégica no sentido do comportamento dos revolucionários, pois sem isso de nada valeriam as formulações marxistas. O que Fidel afirmou nessa autocrítica foi que o povo e os revolucionários que não conheciam o marxismo lutaram movidos pelos sentimentos e pelas próprias ideias. Após fazer uma análise sobre o uso indevido da fé e da religião, expôs o resumo de um documento, mas que, de fato, foi a estratégia da unificação das forças para a revolução:

> (...) na luta pela libertação nacional, na luta contra o imperialismo, devem unir-se todos os elementos progressistas, todos os elementos patrióticos, e que nessa frente deva estar desde o católico sincero, que não tenha nada que ver com o imperialismo nem com o latifundiário, até o velho militante marxista.

Após explicar que a revolução não estava no falar e no gritar, remeteu à comparação das palavras de ordem formuladas e corrigidas pela juventude, no sentido de que elas deveriam ser positivas, convincentes e convidativas. E daí em diante passou a explicar para a juventude o que é o socialismo e o comunismo e qual era o método para ir forjando as novas gerações a partir da juventude.

Concluiu com uma frase emblemática: "quem quiser ser revolucionário sendo um privilegiado não terá o respeito de ninguém". A linha estratégica da conduta estava fixada: combate duro aos privilégios!

O segundo discurso refere-se ao ato comemorativo do 1° de Maio de 1962, feito na Praça da Revolução.

Nesse discurso, Fidel Castro, expôs o que significava o 1° de Maio para os trabalhadores e que ele somente poderia ser celebrado nos países livres. Acentuou a importância dos participantes no ato, em que se podia ver "trabalhadores com o uniforme verde-oliva", bonés e os chapéus dos camponeses. Homens e mulheres haviam se convertido em trabalhadores revolucionários defensores da causa socialista. Todos traziam na cabeça "a própria história". Mas acima de tudo, expôs o conteúdo da estratégia do inimigo como forma de tornar consciente a causa dos sacrifícios passados e os que ainda viriam.

Entender a estratégia do inimigo era para ele fundamental, pois saberiam como combatê-lo.

Num terceiro momento, em 18 de outubro de 1967, no velório simbólico e solene do comandante Ernesto Che Guevara, na Praça da Revolução, Fidel sob grande emoção descreveu o processo da revolução cubana a partir das relações políticas e afetivas com o Che.

Além de destacar as características de Che, Fidel marcou o roteiro do que queria valorizar enquanto linha política da revolução. Ao atribuir ao Che determinadas qualidades, tinha certamente em mente fortalecer, no povo cubano, a unidade, a sensibilidade, o ódio ao imperialismo, o espírito de sacrifício e, acima de tudo, o amor à revolução.

Ao manter viva na memória a presença do Che no conteúdo do discurso, relatou passo a passo as táticas e a estratégia da revolução, iniciando no México, a travessia do oceano no final de novembro, mal acomodados, com carências de remédios, no barco Granma.

Depois a chegada a Cuba, o primeiro confronto, as baixas e a dispersão marcaram o início da luta armada. Che, que tinha a responsabilidade de ser o médico da guerrilha, antes empenhava-se como soldado nos combates. Na bravura de Che, Fidel expôs como se desenvolviam as táticas da guerrilha, a defesa dos ataques aéreos, a formação da força militar no recrutamento dos camponeses e como Che ascende de médico a soldado e a comandante de uma coluna.

Ao descrever as "façanhas" do Che, destacou duas fundamentais; a primeira, ao quebrar o cerco de soldados com Camilo, quando conseguiram fugir mesmo sendo em um terreno de características difíceis; e a outra, a que definiu a guerra na entrada em Santa Clara, com uma coluna de 300 homens, que dividiu as forças inimigas ao meio, prendendo um trem carregado de soldados e armamentos.

Intermeando com as qualidades do Che, Fidel acentuou a natureza da guerrilha que se organiza para cumprir tarefas, e que, na guerra, o fator "sorte" também é importante, sobretudo que a morte nunca significa o fim. Na luta, no seu entender, há a morte física, que no caso do Che fora um duro golpe ao movimento revolucionário, mas não morreriam as ideias e a causa com a sua morte física.

Enfatizou, então, a importância das qualidades revolucionárias e não simplesmente as atitudes guerreiras do Che. "... quando nós recordamos o Che, quando nós pensamos no Che, não estamos pensando fundamentalmente em suas virtudes militares. Não! A guerra é um meio e não um fim, a guerra é um instrumento dos revolucionários..." A partir disso, resgatando as características do Che, apresentou qualidades que deveriam servir de exemplo.

I. ATO EM HOMENAGEM AOS MÁRTIRES DO ASSALTO AO PALÁCIO PRESIDENCIAL, NA ESCADARIA DA UNIVERSIDADE DE HAVANA. 13 DE MARÇO DE 1962[57]

FIDEL CASTRO

Companheiros estudantes;

Povo de Cuba:

Esta é uma ocasião duplamente importante para nós, primeiro, porque recordamos uma data histórica singularmente importante no processo revolucionário; e, segundo, porque nos reunimos com os jovens, nos reunimos com os estudantes.

Já é o quinto aniversário e a quarta comemoração... Perco a conta. Foi em 1957. É que o fato daquele acontecimento ter ocorrido no ano de 1957 e a revolução ter triunfado em 1959, me confunde um pouco. Mas, enfim, o que quero dizer é o seguinte: há algo novo, há uma mudança, uma verdadeira mudança de qualidade na composição deste ato.

Este ato, a quarta comemoração, em si, já reflete uma mudança substancial na vida do país, e já reflete uma mudança

57 Textos extraídos do sítio www.cuba.cu/gobierno/discursos Tradução de Ana Corbisier.

profunda na vida do estudante, na composição do estudantado e na própria universidade.

Pode-se dizer, na realidade, que no dia de hoje podemos assistir aqui a este ato, todos, com verdadeira satisfação, com a verdadeira e com a única satisfação com que se recordam os caídos. Esta universidade de hoje, este estudantado, estas fileiras cheias de jovens aqui presentes, estão nos dizendo que temos direito a nos sentir satisfeitos em um dia como hoje, e que estamos honrando de maneira digna, da única maneira digna com que se pode honrar os mortos; assim estamos honrando José Antonio Echeverría e todos os que caíram naquele 13 de março: com a presença de 3 mil bolsistas universitários, e com a presença de milhares e milhares de jovens das escolas de bolsistas pré-universitários e de institutos tecnológicos; estamos comemorando este aniversário com uma juventude que surge e que se desenvolve em meio à revolução, com uma juventude cada vez mais homogênea, cada vez mais revolucionária; estamos comemorando este aniversário de 13 de março com a presença em peso dos filhos e filhas dos operários e dos humildes da pátria.

E nessa juventude estão postas as esperanças da Revolução, nessa juventude estão postas as mais legítimas esperanças de nosso povo, e nessa juventude estão postas também as mais legítimas e as mais humanas esperanças nossas, dos revolucionários, de todos os revolucionários. E, a essa juventude é preciso falar; é preciso exortá-la, é preciso educá-la, orientá-la, é preciso forjá-la; é preciso fazer dessa juventude o que todos sonhamos para o futuro, é preciso fazer dessa juventude o que todos sonhamos que haverá de ser o povo de amanhã, as novas gerações da pátria; é preciso fazer dessa juventude o que todos nós queríamos ser, o que todos nós gostaríamos de viver com vocês; é preciso fazer dessa juventude, simplesmente, o futuro.

E que juventude queremos? Queremos, por acaso, uma juventude que se limite a ouvir e a repetir? Não! Queremos uma juventude que pense. Por acaso uma juventude que seja revolucionária para nos imitar? Não! Queremos uma juventude que aprenda por si mesma a ser revolucionária, uma juventude que se convença a si mesma, uma juventude que desenvolva plenamente seu pensamento.

E por que acreditamos que essa juventude vai desenvolver-se revolucionariamente? Simplesmente porque tem todas as condições para isso, tem todas as condições que lhe permitirão desenvolver-se revolucionariamente, pensar e agir revolucionariamente. Não queremos dizer que o exemplo não valha; o exemplo influi, o exemplo vale, mas, muito além da influência do exemplo, vale a própria convicção, vale o pensamento próprio. E nós sabemos que essa juventude será revolucionária, simplesmente porque acreditamos na revolução, porque temos fé nas ideias revolucionárias e porque sabemos que essas ideias ganharão o pensamento e o coração dessa juventude.

E para que este preâmbulo? De que vamos falar hoje? Queremos simplesmente falar dos jovens aos jovens. E este preâmbulo tem algo a ver com o que vou expor aqui esta noite e que os jovens devem analisar. Vou criticar aqui esta noite um fato que parece incidental e que, no entanto, deve ser criticado e analisado, e vamos fazê-lo publicamente.

Eis que aqui, esta noite, apresenta-se um caso, um exemplo que deve nos servir de lição e vai nos servir para fazer uma análise revolucionária. O companheiro que desempenhou o papel de mestre de cerimônias leu no princípio deste ato uma série de documentos, algumas palavras, alguns escritos e, entre eles, esteve lendo o testamento do companheiro José Antonio Echeverría. E nós, enquanto ele lia, íamos lendo também o testamento, na última página de uma cartilha que nos entregaram; íamos lendo mecanicamente o "Testamento Político de José Antonio Echeverría ao povo de Cuba". E o companheiro começou a lê-lo. Leu o primeiro parágrafo, leu o segundo parágrafo, começou a ler o terceiro e, quando estava no final do terceiro parágrafo, notamos que ele pulou o quarto parágrafo, deixando de ler três linhas. Ouçam, companheiros, não se apressem em julgar, nem mesmo em pôr a culpa no companheiro. E nos deu a impressão que ele tinha pulado e por curiosidade fomos ler o trecho, já que ele o tinha pulado, e lemos – vou ler o terceiro parágrafo: "Nosso compromisso com o povo de Cuba ficou estabelecido na Carta do México, que uniu a juventude na conduta e na ação; mas as circunstâncias necessárias para que os estudantes desempenhassem o papel que lhes foi atribuído não se deram oportunamente, obrigando-nos a adiar o cumprimento de nosso compromisso... Dali pulou: "...Se cairmos, que nosso sangue...", e leio as três linhas. O que diziam? "Cremos que chegou o momento de cumprir. Confiamos em que a pureza de nossas intenções atraia para nós a graça de Deus para conseguir o império da justiça em nossa pátria."

Prestem atenção, pois isto é muito interessante; não aplaudam. Pensei: "Caramba, vejam só! Será que omitiram intencionalmente estas três linhas?" Fiquei com essa dúvida, e perguntei ao companheiro, quando terminou de ler, quem lhe dera os papéis, quem tinha preparado isso. Disse: "Na entrada deram-me instruções. Eu disse que ia ler isso e me disseram para tirar estas três linhas."

Será possível, companheiros?! Vamos fazer uma análise. Seremos nós, companheiros, tão covardes, seremos tão limitados mentalmente, que vimos aqui ler o testamento de José Antonio Echeverría e temos a covardia, a miséria moral de suprimir três linhas, simplesmente porque essas linhas foram a expressão bem formal de um modismo, ou então de uma convicção que não cabe a nós analisar, do companheiro José Antonio Echeverría? Vamos mutilar o que ele escreveu? Vamos negar aquilo em que acreditou? E vamos nos sentir esmagados, simplesmente, pelo que ele pensou, ou por suas crenças quanto à religião? Que tipo de confiança é essa nas próprias ideias? Que tipo de conceito da história é esse? E como conceber a história de maneira tão mesquinha? Como conceber a história como uma coisa morta, como uma coisa putrefata, como uma pedra imóvel? Poder-se-á chamar "concepção dialética da história" a semelhante covardia? Poder-se-á chamar marxismo a semelhante maneira de pensar? Poder-se-á chamar socialismo a semelhante fraude? Poder-se-á chamar comunismo a semelhante mistificação? Não! Quem concebe a história como deve ser concebida, quem concebe o marxismo como deve ser concebido, e o compreende, o interpreta e o aplica à história, não comete semelhante estupidez; porque, com esse critério, seria preciso começar por suprimir todos os escritos de Carlos Manuel de Céspedes, que expressou o pensamento de seu tempo, que expressou o pensamento de sua classe, que expressou o pensamento revolucionário que correspondia a um momento em que os nativos, os representantes da riqueza nacional se rebelaram contra o jugo e a exploração da Espanha. E que ideias influenciavam aqueles homens? As ideias da Revolução Francesa, isto é, da revolução burguesa! E que ideias influenciaram os próceres da América, que ideias influenciaram Bolívar? Aquelas mesmas ideias! Que ideias influenciaram Martí, que ideias influenciaram Maceo, que ideias influenciaram Máximo Gómez e os demais homens daquela gloriosa estirpe? Que ideias influenciaram nossos poetas daquele tempo, representantes da cultura cubana, raiz de nossa história, senão as ideias daquele tempo? Então teremos que suprimir os livros de Martí, porque Martí não era marxista-leninista, porque Martí respondia ao pensamento revolucionário que cabia em nossa pátria naquela época?

Se o marxismo-leninismo é a ideologia da classe operária quando essa classe surge e toma consciência de si mesma e se lança à luta por sua redenção, como poderíamos pedir que fosse esse o pensamento quando a tarefa que se apresentava em um país, a tarefa que se apresentava na América Latina na época de sua independência, e a tarefa que se apresentava em nossa pátria eram tarefas nacionais, tarefas de outra índole, tarefas de outro tipo, que correspondiam ao desenvolvimento de nossa pátria naquele dado momento?

Por esse caminho, seria preciso abolir o conceito de revolucionário desde Espártaco até Martí! Por essa concepção míope, sectária, estúpida e limitada, negadora da história e negadora do marxismo, seria preciso cair na negação de todos os valores, na negação de toda a história, na negação de nossas próprias raízes! Quando todo esse acervo de progresso humano, de esforço humano, de sacrifício humano deve ser reunido e acumulado por nós na bela história da pátria e na bela história de uma humanidade que progride, que vem progredindo desde o princípio, e que continua progredindo e continuará progredindo cada vez mais!

Por esse caminho chegaríamos à situação de nos achar ultrarrevolucionários, de achar que fizemos toda a história da pátria, nos esquecendo das dezenas de milhares de mambises que caíram, nos esquecendo das dezenas de milhares de heróis que morreram no caminho; todos eles, em um grau ou outro, foram balizando o caminho, foram fazendo a história da pátria e foram criando as condições em virtude das quais nós, geração afortunada, tivemos a oportunidade de chegar a metas mais altas e ver cumpridos sonhos que foram sonhos de gerações de lutadores que, umas depois das outras, sacrificaram-se e se imolaram preparando o caminho.

Invocar seus sentimentos religiosos – se é que essa frase foi expressão desse sentimento – não tira de José Antonio Echeverría nada de seu heroísmo, nada de sua grandeza e nada de sua glória, porque foi expressão do sentimento rebelde da juventude universitária, do sentimento generoso daquela juventude que, pela boca de um de seus mais valorosos dirigentes, escreveu tão sereno e desinteressado testamento, tão sereno e generoso testamento, como se tivesse quase certeza de que ia morrer!

Com esses esforços, com esses sacrifícios, com o conjunto de todo esse sangue generoso, desse sangue rebelde, desse sangue heroico, em que se mesclou o afã de liberdade de todos os jovens, desde Mella até José Antonio Echeverría; com o sangue de Mella e com o sangue de José Antonio Echeverría, e com o sangue de muitos como eles foi se fazendo a história da pátria! E a grandeza da revolução está em saber ir unindo todo esse esforço, todo esse sangue para fazer a revolução e para levá-la adiante.

Como podemos enfrentar com moral nossos inimigos usando esses truques? Sabe-se que os contrarrevolucionários tentaram usar essa frase para buscar mostrar José Antonio Echeverría como instrumento de seu próprio pensamento, isto é, do pensamento dos contrarrevolucionários; que tentaram utilizar essa frase para combater a revolução, para combater o marxismo. Que os contrarrevolucionários, com a hipocrisia e a fraqueza moral que os caracteriza, ajam dessa forma, se explica; mas que nós, os revolucionários, os marxistas, por tal razão suprimamos essa frase, não se explica.

Sabe-se que um revolucionário pode ter uma crença, pode ter. A revolução não obriga todos os homens, não se mete em seu foro íntimo, não exclui os homens; não obriga nem põe em desgraça todos os homens que amam sua pátria, os homens que desejam que em sua pátria haja justiça, que se ponha fim à exploração, ao abuso, ao odioso domínio imperialista, simplesmente porque têm em seu foro íntimo uma ideia religiosa.

Já se sabe que os latifundiários, os exploradores, ao longo de toda a história, quiseram utilizar a religião contra a revolução. E assim, aí está na Declaração de Havana: os pagãos romanos, isto é, os patrícios romanos, que tinham sua religião, que era a religião da classe dominante, utilizavam sua religião para perseguir os cristãos, levá-los à fogueira e sacrificá-los no circo. E o cristianismo era a religião dos humildes, dos escravos, dos pobres de Roma. O tempo passou, a escravidão desapareceu, isto é, aquele regime escravagista; veio uma ordem social nova, o feudalismo, e então os padres, os arcebispos, os papas e aqueles senhores, invocando a religião, levavam à fogueira aqueles homens de pensamento revolucionário que se opunham à ordem feudal. E, então, os primeiros filósofos e pensadores que expressavam o pensamento de uma classe que nascia eram levados pelos inquisidores à fogueira.

Depois se estabeleceu outra ordem social: o capitalismo, que se desenvolveu e se transformou em imperialismo, e então vemos os arcebispos anatematizando as revoluções proletárias e pedindo o fuzilamento dos seguidores da classe revolucionária, ou seja, dos trabalhadores. E, então, invocando a religião, perseguem o pensamento revolucionário.

Os latifundiários, os esbirros e criminosos que vieram à Praia Girón traziam quatro padres, e lançaram um deles, ou dois, de paraquedas; estes vinham pelo caminho rezando missa. Sempre ostentando sentimentos em que não acreditam; porque, em que sentimento religioso poderia crer aquela manada de traidores, de exploradores e de esbirros? Possivelmente a maior parte deles jamais foi a uma igreja; no entanto, estavam ali ajoelhados diante do padre, sendo que vinham assassinar camponeses e operários, sendo que vinham aqui para instaurar outra vez o império das companhias americanas, da exploração estrangeira e do jugo dos latifundiários e dos exploradores de toda laia. E vinham com um crucifixo na mão!

Sabe-se que essa atitude é a atitude dos contrarrevolucionários, que tentam arrastar com eles as pessoas crentes. Como não têm nenhuma bandeira justa, não têm nenhuma causa que atraia as massas, buscam apelar às crenças religiosas, às superstições, seja lá o que for. Mas, que culpa tem disso um bom católico, um católico sincero, que seja miliciano, que esteja com a revolução, que esteja contra o imperialismo, que esteja contra o analfabetismo, que esteja contra a exploração do homem pelo homem, que esteja contra todas as injustiças sociais? Que culpa tem?

Agora: fazemos um documento revolucionário, que publicamos em vários idiomas, todo o povo o apoia, mais de um milhão de cidadãos que estão ali votam nele, na América Latina encontra um eco extraordinário. E que dizemos nós? Que na luta pela libertação nacional, na luta contra o imperialismo, devem unir-se todos os elementos progressistas, todos os elementos patrióticos, e que nessa frente deve estar desde o católico sincero, que não tem nada a ver com o imperialismo nem com o latifúndio, até o velho militante marxista. Declaramos isso a todo o mundo, e vimos aqui, com uma covardia sem nome, tirar do testamento de um companheiro sua invocação ao nome de Deus. Enquanto por um lado lhes dizemos que têm que se unir e que, se são patriotas e revolucionários, para lutar contra o imperialismo, para lutar contra o latifúndio e para lutar contra a exploração não é obstáculo ser crente, ter uma religião, seja cristão, seja qualquer religião, e o outro seja marxista, o outro tenha sua fé na filosofia marxista, que isso não é obstáculo, e vimos aqui com essa covardia de suprimir uma frase!

Não se podia deixar passar isso em branco! Porque, o que é isso? Um sintoma, uma corrente miserável, covarde, mutilada, de quem não tem fé no marxismo, de quem não tem fé na revolução, de quem não tem fé em suas ideias.

E para acabar de esclarecer com um exemplo, aqui mesmo, o aspecto trágico dessa situação é que o companheiro que recebeu a ordem de suprimir as três linhas é poeta, tem um livrinho de versos, e entre seus versos há um intitulado: "Prece ao Deus anônimo." E que começa expressando sua crença. E depois me diz: "Eu tinha complexo com todas essas coisas." Como não ia ter complexo! Um companheiro miliciano, um companheiro mestre de cerimônias, um companheiro integrado à revolução, que pelo fato de que um dia escreveu versos que falavam de Deus, tem que viver complexado. E como não vai ficar complexado, se chega aqui e lhe dizem: tire essas linhas? Em que se transforma a revolução? Em uma igrejinha... E isso não é revolução! Em que se transforma a revolução? Em uma escola de domesticados. E isso não é revolução!

E o que tem que ser a revolução? A revolução tem que ser uma escola de revolucionários, a revolução tem que ser uma escola de homens valentes, a revolução tem que ser uma escola de pensamento livre, a revolução tem que ser uma forja de homens e de caráter; a revolução tem que ser, antes de mais nada, fé em suas próprias ideias, aplicação de suas ideias à realidade da história e à realidade da vida; a revolução tem que levar os homens a estudar, a pensar, a analisar, para ter convicção profunda, tão profunda que esses truques não sejam necessários.

Porque nós, se falamos assim, é porque cremos em nosso povo, porque cremos nas ideias revolucionárias, porque sabemos que nosso povo é revolucionário e porque sabemos que nosso povo será cada dia mais revolucionário; porque cremos no marxismo-leninismo, porque cremos que o marxismo-leninismo é uma verdade irrefutável. Simplesmente por isso, porque temos fé em nossas ideias e temos fé em nosso povo, não somos tão covardes a ponto de aceitar semelhante coisa. Sentimos muito pelo responsável por isso, mas deveria fazer uma boa autocrítica.

Como nós, frente a uma geração nova, frente a uma geração que começa a estudar, sedenta de aprender, sedenta de ler, sedenta de introjetar o estudo da história, sedenta de introjetar o estudo do marxismo, como vamos pôr nessa geração umas orelheiras tão grandes que não lhe seja permitido nem ler por completo o documento histórico de um companheiro da revolução, de um companheiro que, com Martí, com Mella, com Maceo, com Guiteras, fizeram a história e foram construindo, degrau por degrau, esse caminho da pátria? Sim, o primeiro degrau devia ser muito baixinho; mas era o primeiro degrau, o humilde primeiro degrau. E assim, sobre o primeiro o segundo, e sobre o segundo o terceiro, assim foi se construindo a história da pátria. E se hoje estamos neste degrau tão alto da história e do pensamento revolucionário, é porque começaram a construí-lo desde o primeiro e humilde degrau de nossos primeiros patriotas!

Aqui há muitos que se acham mais revolucionários do que qualquer um, e acham que a revolução consiste em gritar, e acham que a revolução consiste em dizer: "Esquerda, esquerda." Não desejo fazer nenhuma crítica aos Jovens Rebeldes, claro, porque eles retificaram algumas de suas palavras de ordem. Por exemplo, diziam: "Somos socialistas, pra diante e pra diante, e quem não gostar, que tome purgante." Eu não gostava, sinceramente, dessa palavra de ordem, porque não era positiva. Mudaram: Somos socialistas, pra frente e pra frente, e quem esteja de acordo levante a mão". Essa é positiva, essa palavra de ordem; a outra coisa, é mostrar o marxismo como um purgante: "e quem não gostar, que tome purgante". Não convida ninguém a estudar, não convida ninguém a converter-se ao marxismo; diz apenas "engole, se quiser ou não quiser; se não gostar, tome purgante." Quem vão conquistar assim? "Esquerda, esquerda, esquerda, sempre esquerda", isso não é o socialismo, isso pode ser esquerdismo, doença infantil do comunismo.

Acho que já estamos grandinhos e um pouquinho maduros, e podemos enfrentar esses problemas, para ir, de verdade, criando um espírito revolucionário, mas não um espírito de palavras nem de imposição. O que é isso? Desde quando? A quem se impôs aqui o marxismo? O povo se tornou marxista por convicção própria, porque a própria revolução o ensinou; ninguém impôs, senhores. Batista tentou nos impor o imperialismo e não conseguiu; não conseguiu nos impor seu espírito reacionário, seu domínio militar, capitalista e imperialista, não conseguiu.

Então, é a própria revolução, com seus fatos, com suas lutas, com suas evidências, que foi transformando este povo, que tem uma sensibilidade política tremenda, transformando-o em um dos povos mais avançados neste momento, de um espírito revolucionário extraordinário. Esta não é uma opinião nossa; é uma opinião que nos foi transmitida por muitos visitantes que ficam admirados ao ver como pensa o homem da rua, ao ver o que diz um menino; vão às escolas, e os jovens lhes dão umas respostas fantásticas.

No entanto, acreditamos que é preciso criar mais espírito marxista; e na juventude, sobretudo, é preciso criar algo mais que espírito socialista, é preciso criar espírito comunista!

Aqui os companheiros dos Jovens Rebeldes estiveram discutindo se mudavam o nome do movimento, se adotariam outro nome, que nome utilizariam, se Juventude Socialista. Eu, sinceramente, dei minha opinião: penso que a esta juventude, a esta geração nova que estamos forjando para o futuro, a sua organização, à organização juvenil do Partido Unido da Revolução Socialista, à organização juvenil devemos chamar Organização ou Associação de Juventudes Comunistas.

Mas, por quê? Por quê? Simplesmente, porque é preciso distinguir entre socialismo e comunismo; antes de mais nada, é preciso saber, com toda clareza, que os regimes sociais não podem ser impostos, que é preciso construí-los sobre determinadas bases, e nós estamos construindo as bases do socialismo, estamos caminhando para o socialismo, ainda não estamos no socialismo; a revolução é socialista, nós somos socialistas, mas estamos construindo o socialismo; embora o povo seja, em sua maioria, socialista, a sociedade não o é, o que vocês acham?, porque permanecem muitas reminiscências do passado capitalista; estamos construindo o socialismo.

A geração atual está vivendo esta etapa de construção do socialismo, e é lógico que o partido da revolução chame-se Partido Unido da Revolução Socialista, porque estamos construindo o socialismo; mas a juventude não, a juventude constitui a geração futura, uma geração que deve viver em outra etapa mais elevada, mais avançada, não no socialismo, e sim no comunismo. O que quer dizer, simplesmente – qualquer um pode compreender isso –, que é preciso preparar as futuras gerações para a futura sociedade; que o homem do futuro deve ser forjado desde já; é preciso forjar seus sentimentos, sua consciência, seu caráter, seu espírito, é preciso desenvolvê-lo em uma consciência ainda mais generosa, em um espírito ainda mais revolucionário, mais avançado, mais novo. E de onde há de sair, senão da juventude, na qual está a sementeira da geração futura? Temos que ir criando desde já esse espírito e vamos dizer que, nesse sentido, não houve muito espírito.

Tendo uma matéria-prima fantástica, uma juventude que acaba de realizar uma proeza, pois liquidou o analfabetismo em um ano, não devemos perder tempo em fazer um grande esforço para criar esse espírito comunista na juventude.

O que acontece muitas vezes, e é deprimente? Tira-se um quadro dos Jovens Rebeldes, um rapaz desenvolvido, que tem uma grande consciência, mas que tem 18 anos e é solteiro; levam-no para trabalhar em um ministério; ali existe uma escala de salários e, de repente, um rapaz de 17 anos, às vezes até de 16 ou de 18, dá na mesma, solteiro, vai trabalhar e, graças à escala de salários, começa a ganhar 500 pesos porque lhe deram um cargo importante. Isso faz revolucionários? Isso cria espírito comunista? (exclamações: "Não!") Não. E se, mais adiante, casa-se com uma mocinha que talvez tenha também outro salário alto, entre os dois, ganham mil pesos. E há muitos casos assim.

O que criamos com isso? Criamos um cidadão que se acostuma a receber muito mais do que precisa; e a fórmula do socialismo é: "cada um dá segundo sua capacidade e recebe segundo seu trabalho"; a fórmula clássica do comunismo é: "cada um dá segundo sua capacidade e recebe segundo suas necessidades". Mal poderemos fazer um comunista desse jovem que, sem ter essa necessidade... Outro caso seria se esse mesmo jovem tivesse sete irmãozinhos, órfão de pai e mãe, e tivesse que sustentar toda a família, e expõe o caso; mas, se o pai e a mãe estão ganhando dinheiro, se ele não tem outras necessidades, não estamos corrompendo esse jovem? Bem, se não o corrompemos, não o acomodamos a uma renda muito além de tudo o que necessita? Assim não fazemos revolucionários, assim não fazemos comunistas.

É preciso criar um espírito mais revolucionário frente ao trabalho, frente aos semelhantes, frente a todo o povo, frente à sociedade e frente à vida. É preciso fazer isso, e fazê-lo com os jovens.

Bem, tivemos problemas, os salários foram aumentados, a certas categorias de técnicos foram dados salários mais que satisfatórios. Mas quanto aos novos jovens, os que agora estão no curso médio, os que se alfabetizaram, que logo já estarão no pré-universitário e depois na universidade, e depois, talvez muito jovens ainda, com 20 ou 22 anos, talvez já especializados quem sabe em cirurgia ou em qualquer outra coisa, em qualquer especialidade, ele e, além disso, a companheira com quem se casou na carreira ou terminando, ele ganhando 800 pesos e ela outros 800 pesos, 1.600 pesos! Isso é espírito revolucionário?

Nos jovens que começam – tudo bem com os que já estão formados, e até os que ainda estão nesse trâmite universitário –, em toda essa geração, em todos esses 60 mil bolsistas, vamos ou não começar a criar uma atitude verdadeiramente revolucionária, uma atitude mais elevada, mais generosa e mais revolucionária frente à sociedade e à vida?

Estas são coisas que sinceramente nos preocupam, são coisas que sinceramente devemos começar a expor e a fazer para criar uma sociedade nova, uma geração nova sem egoísmos, sem individualismos antissociais; a geração que vai viver na sociedade da abundância, em que será possível, com o esforço e o trabalho de todos, proporcionar a todos tudo aquilo de que necessitem.

E que melhores condições para fazê-lo do que as condições que cercam essa juventude? Juventude que sem importar quanto ganha seu pai, nem a renda da família, nem quantos irmãos tem, juventude que, simplesmente pelo fato de se tratar de jovens, pelo fato de viver neste país, pelo fato de desejar superar-se, de ser útil à pátria, sem importar a renda – repito –, nem a situação da família, recebe uma bolsa, vem para a capital ou para onde quer que seja, estudar nos melhores centros, vivem nas mais cômodas mansões, tem roupa, sapatos, alimentação, assistência médica, todos os serviços educacionais, todos os serviços culturais, todos os serviços recreativos; porque fizemos esforços, o povo está fazendo esforços para que não falte nada a essa juventude.

E esta manhã, esta manhã, em uma reunião de dirigentes operários, em que eram entregues ao Comitê Executivo da CTC mais de 300 casas, em um antigo bairro de veraneio e de férias das classes dominantes, que hoje passou às mãos dos trabalhadores, ao falar para aqueles operários, pais de família, foi para nós de extraordinário significado, ali mesmo, junto a uma dessas escolas onde há 5 mil jovens estudando, onde antes o cidadão não podia nem mesmo transitar; falávamos de tudo o que isso significava para o futuro da pátria, perguntava se alguns deles tinham parentes ali; vendo que muitos levantavam a mão, foi para nós uma grande satisfação dizer – repito – que valia a pena o esforço que se estava fazendo, e que se tivéssemos que passar fome para que essa juventude crescesse forte e saudável, estávamos dispostos a passar. E para nós foi uma grande satisfação ver aquela explosão de entusiasmo e de aprovação.

Satisfação que aumentou quando, mais adiante, ao deter-nos junto a uma construção onde havia meia centena de operários, conversando com eles lhes perguntamos se tinham algum parente entre os bolsistas; e quase todos aqueles humildes operários da construção levantaram a mão, porque um tinha um filho, outro tinha dois, outro tinha um sobrinho, outro tinha um irmão; o outro tinha a noiva estudando em El Nacional, na "Escola de Domésticas", estudando taquigrafia e datilografia. Praticamente, não havia um que não tivesse um familiar mais ou menos próximo.

Era a classe operária, essa classe que produz, essa classe que trabalha, essa classe que sente tão profundamente a revolução e que vê bem perto dela o que a revolução significa.

Que melhores condições do que essas – dizia – para forjar revolucionários, nas quais os jovens recebem tudo, porque a sociedade lhes dá tudo, porque o povo trabalhador lhes dá tudo? Estudam de acordo com sua capacidade, e vão receber de acordo com suas necessidades. Desde já são estudantes que praticam uma espécie de fórmula comunista: cada um estuda segundo sua capacidade e recebe segundo suas necessidades.

Que melhores condições e que melhor escola revolucionária? Que melhores condições para desenvolver, estimular o espírito revolucionário dos jovens, o verdadeiro espírito revolucionário, a convicção e a consciência, o conhecimento profundo, a preparação?

Temos escolas de instrução revolucionária onde estudam às vezes 45 dias, outras vezes três meses, quatro, oito. Podemos dar oportunidade aos jovens de estudar marxismo não três meses, não um ano, mas cinco anos, sete anos, oito anos, no curso médio, no pré-universitário, no instituto tecnológico e na universidade. E forjar em massa quadros revolucionários, com o verdadeiro espírito revolucionário, com a profunda convicção de um verdadeiro revolucionário que sabe pensar, que sabe discutir, que tem uma convicção, que tem uma disciplina, que tem uma consciência nova, uma atitude nova frente à vida.

Esse é o revolucionário que queremos; esse é o revolucionário que queremos na organização política da revolução, esse tipo de homem que seja exemplo; esse núcleo que tenha autoridade, não simplesmente por ser núcleo, mas porque é exemplo; que tenha autoridade não por ser imposta, e sim porque todo o mundo a reconhece. Porque quem queira passar por revolucionário sendo um preguiçoso, não ganhará o respeito de ninguém; quem queira passar por revolucionário sendo um privilegiado, não ganhará o respeito de ninguém.

Por isso é preciso ganhar a autoridade conferida pelo exemplo, pela conduta. Assim têm que ser os núcleos. E não descansaremos, companheiros, nem devemos descansar, na luta incessante para que, no aparato político da revolução, no Partido Unido da Revolução, juntem-se os melhores homens e mulheres da pátria.

E que à organização juvenil da revolução pertençam e militem os melhores jovens da pátria, os mais disciplinados, os mais sérios, os mais estudiosos, os mais abnegados, os mais trabalhadores, o melhor de nossa juventude; e que seja uma honra, uma grande honra, honra sempre, satisfação sempre.

Este é o prêmio a que devem aspirar os revolucionários: a satisfação de quem cumpre seu dever de homem, de quem cumpre seu dever para com a sociedade e para com a pátria.

Privilégios jamais! Guerra ao privilégio! Guerra a tudo o que seja debilidade, a tudo o que seja acomodação!

A revolução integrou sua direção política; a revolução avançou no campo da organização. Agora devemos continuar seguindo adiante, como uma flecha disparada para o futuro, trabalhando bem, selecionando o melhor, pondo fim a essas coisas minúsculas, a esse tipo de sectarismo oco e chocho, inútil.

Guerra a esse sectarismo, que leva ao privilégio, que leva ao pântano! Vamos sair desse pântano imundo de um sectarismo mesquinho! E vamos começar, companheiras e companheiros, vamos começar a fazer o que a história espera de nós, o que a pátria espera de nós, o que a América espera de nós, o que o mundo espera de nós, com espírito verdadeiramente revolucionário, com espírito verdadeiramente novo, com espírito verdadeiramente criador, onde a pedra de toque de cada homem e de cada mulher da pátria seja o mérito, seja o espírito de sacrifício, seja a consciência revolucionária, seja o amor à revolução!

Pátria ou Morte!

Venceremos! (exclamações: "Venceremos!")

II. Ato comemorativo do "1º de Maio", na Praça da Revolução. 1º de maio de 1962

Visitantes que nos honram com sua presença;

Trabalhadores:

O que ocorre no "1º de Maio" serve para definir qual é a política de um país. Ali onde os trabalhadores são oprimidos, ali onde a classe operária é vítima da exploração mais feroz, do 1º de maio não se pode nem sequer falar; onde quer que o imperialismo e os regimes exploradores que o apoiam decidem, na política de qualquer país do mundo, os trabalhadores não podem sequer reunir-se no dia 1º de maio.

O "1º de Maio", Dia Internacional dos Trabalhadores, serve, portanto, para definir a política econômica e social de qualquer país. Na Argentina, por exemplo, sob a mão de ferro dos militares reacionários, hoje os trabalhadores não podem celebrar o 1º de maio; na Guatemala, onde o povo é vítima de feroz tirania, os trabalhadores não podem comemorar o 1º de maio; em El Salvador, onde a oligarquia mais reacionária governa, os trabalhadores não podem celebrar o 1º de maio; nos Estados Unidos, onde os monopólios extraem da classe operária dezenas de bilhões de dólares todos os anos, onde são publicadas listas dos fabulosos lucros de cada uma das corporações – e de onde saem esses lucros senão do suor e da exploração dos operários? –, nos Estados Unidos nem sequer pode-se considerar o dia 1º de maio como o dia dos trabalhadores. Durante os sete anos em que nosso país viveu sob a tirania de Batista, não era permitido aos trabalhadores sair às ruas; a classe operária tinha que comemorar esse dia internacional em local fechado, sem que fosse permitido nenhum tipo de ato público.

Que significam, portanto, o júbilo e a participação multitudinária da classe operária em um dia como hoje, em um ato como este, em um desfile como o que acabamos de presenciar em nosso país? Significa a grande realidade, a bela realidade, a realidade de que os trabalhadores amanhecem jubilosos com as primeiras luzes da manhã, fazendo soar os apitos de todas as fábricas e começam a comemoração deste dia da classe operária; e todos os trabalhadores se mobilizam, há semanas vêm se mobilizando e se preparando para tornar mais belo e mais brilhante este dia.

Isso mostra a bela realidade de que nosso país é um país onde já não existe exploração imperialista, onde acabou a exploração capitalista e onde tem lugar uma profunda revolução social; em que os trabalhadores deixaram de ser a classe oprimida e a classe explorada, para ser a classe que rege os destinos da nação cubana.

Mas isto é visível não apenas pelo fato de que a classe operária está na rua, não apenas pelo fato de que a classe operária se reúne, mas também porque a classe operária se reúne transformada em movimento revolucionário, a classe operária transformada em vanguarda da pátria, a classe operária transformada em construtora da pátria nova, a classe operária transformada em Estado revolucionário, a classe operária transformada em defensora da pátria. Porque o operário não se reúne simplesmente como operário, reúne-se também como miliciano, reúne-se também como soldado da pátria. Basta ver esta multidão para ter ideia do que é uma revolução.

Quem está reunido aqui? Quem está aqui presente? (exclamações: "O povo!") O povo, como responde o povo. E o que é esse povo? Um povo de trabalhadores. Quem está reunido aqui? Os trabalhadores. Mas não vemos apenas trabalhadores vestidos de trabalhadores, não vemos apenas trabalhadores usando em suas cabeças os bonés das oficinas, vemos uma infinidade de cabeças de trabalhadores que usam a boina miliciana e, com a boina, o símbolo que os identifica como parte dos batalhões de milícia que defendem a revolução; o símbolo que identifica os que passaram pela instrução militar, mas, sobretudo, o símbolo que identifica as forças que limparam de bandos contrarrevolucionários as montanhas do Escambray; o símbolo, mais belo ainda, por ter sido proclamado com os fuzis levantados – quando foram enterrar os companheiros caídos, vítimas de criminoso ataque –, os operários, repito, que com os braços erguidos proclamaram o caráter socialista de nossa revolução; o símbolo, enfim, dos batalhões proletários que derrotaram os mercenários do imperialismo nos combates de Praia Girón.

E, no meio do povo, vemos trabalhadores usando o uniforme verde oliva, o uniforme das divisões, dos exércitos e das unidades permanentes de nossas Forças Armadas Revolucionárias, o uniforme cuja cor os soldados do Exército Rebelde encheram de prestigio.

E, no meio do povo, não vemos apenas milicianos, vemos também milicianas; e não vemos apenas os combatentes das distintas forças permanentes, vemos também os batalhões da defesa popular, integrados por operários, integrados pelos trabalhadores, cuja presença é indispensável nas indústrias e centros onde trabalham, mas que constituem a grande reserva da classe operária para preencher as baixas que em qualquer luta podem ocorrer nas fileiras das unidades regulares.

Vemos não apenas boinas e bonés militares, vemos também – em número extraordinário – os lenços que adornam as cabeças de nossas trabalhadoras, os chapéus de nossos camponeses, os bonés de nossos operários industriais e os capacetes de nossos mineiros. Enfim: esta multidão leva em sua cabeça sua própria história. É uma multidão – ou seja, é um povo – que tem história, é um povo que com o esforço e a coragem de seus filhos está escrevendo a história. História que escreve com suor de sua testa e sangue de seu coração, o sangue dos operários que já caíram lutando, o sangue dos mártires que deram suas vidas. É um povo que leva em sua roupa sua própria história. Que tem história e que tem também cicatrizes, as cicatrizes da luta.

E o que é esse povo trabalhador senão a mais extraordinária e bela união, a mais extraordinária e unida fraternidade? Rostos de brancos e rostos de negros que se unem e se confundem em uma verdadeira e profunda irmandade! Rostos de homens e mulheres, de jovens e adultos! Rostos de povo, de povo humilde, de povo trabalhador!

E isso é o que se reúne aqui hoje para comemorar seu dia internacional, para comemorar sua festa de 1º de maio. Isso é o que se reúne aqui hoje: o que há de mais puro, o que há de mais limpo e o que há de mais honesto na pátria; o que há de mais digno, o que há de mais abnegado e o que há de mais fecundo na nação: os que fazem a nação, os que criam todas as riquezas e todos os bens da nação. Os que constroem, sobre as ruínas do abolido sistema de exploração e privilégio, a sociedade nova, a pátria nova. Não se reúnem parasitas (exclamações: "Não!"), não se reúnem exploradores (exclamações: "Não!"), não se reúnem ladrões (exclamações: "Não!"). Não! Reúnem-se trabalhadores, reúnem-se forjadores, reúnem-se criadores, reúnem-se os que com seus braços e suas energias tornam possível a vida da nação. E por que se reúnem em tão grande número, e se reúnem com tão comovente entusiasmo em meio à luta e aos sacrifícios? Porque este é o seu regime, esta é a sua revolução, este é o seu sistema e este é o seu Estado proletário.

E Estado proletário significa trabalhadores à frente dos destinos do país, trabalhadores com as armas nas mãos. E quando se quiser uma definição compreensível, simples e clara do que é um Estado proletário, a resposta é bem simples: é aquele Estado em que a força é a força dos trabalhadores, aquele Estado em que as armas estão em mãos dos trabalhadores.

E, posto que o Estado dos capitalistas, o Estado dos exploradores se sustentava na força das armas, na violência e na repressão, em exércitos mercenários, o Estado proletário se sustenta na força das armas empunhadas pelos trabalhadores. E é este nosso Estado proletário, o primeiro Estado proletário da América Latina. Contra esse Estado proletário conspiram os imperialistas ianques; contra esse Estado proletário conspiram os reacionários de todo o continente; contra esse Estado proletário conspiram as classes que escravizam, expulsas do poder em nossa pátria, porque revolução significou desaparecimento total do poder dos monopólios ianques, do poder dos latifundiários, do poder dos burgueses exploradores, para serem substituídos pelo poder dos trabalhadores.

E isso é nossa revolução, o poder dos trabalhadores. E assim como os exploradores queriam o poder para escravizar os operários, os operários querem e necessitam do poder para livrar-se dos que escravizam, sejam eles estrangeiros ou nativos. Para isso querem e para isso necessitam do poder os trabalhadores; mas, também por isso, contra o poder dos trabalhadores conspiram os imperialistas, contra o poder dos trabalhadores lutam os imperialistas, para destruir o poder dos trabalhadores os imperialistas se empenham numa luta tenaz contra nossa revolução. Apoiados por quem? Pelos renegados da pátria! E quem são os renegados da pátria? Os exploradores de ontem, os que ontem escravizavam, os donos das terras de ontem, os donos das fábricas, os que exploravam a sangue e fogo o esforço de nosso povo, de nossos trabalhadores!

Contra o poder dos trabalhadores conspiram os reacionários, conspiram os que pensam com os interesses dos exploradores, com os interesses dos imperialistas. Contra o poder dos trabalhadores, ou seja, contra o direito dos trabalhadores de fazer para si um mundo melhor, de construir uma sociedade mais justa para si, ou seja, contra a liberdade, a esperança e o futuro dos trabalhadores; contra esse poder e para destruir esse poder conspiram os que querem recuperar suas terras, seus edifícios, suas casas, suas fábricas, seus bancos, seus grandes negócios; contra o poder dos trabalhadores conspiram os parasitas e os aspirantes a parasitas. Contra o poder dos trabalhadores conspiram os que sentem fobia pelo trabalho, os que querem que outros trabalhem para eles. Contra o poder dos trabalhadores conspiram os que escravizam, os que discriminam, os corruptos de ontem, os viciados de toda laia, os criminosos, os sanguinários, os vende-pátrias, os traidores.

Contra o poder dos trabalhadores, isto é, contra o poder do que há de mais digno e mais fecundo na nação, conspira o que havia no país, ou há ainda em torno dele, de mais corrupto, mais indigno, mais imoral, mais depravado. Isso é o que significa, trabalhadores de Cuba, a conspiração do imperialismo contra a pátria, a conspiração do imperialismo contra o poder dos trabalhadores: expropriar essas fábricas que hoje são do povo, que produzem para o povo e rendem para o povo; tirar do povo suas riquezas.

Contra o poder dos trabalhadores lança todos os seus recursos o poderoso império ianque. Mas, apesar de sua hostilidade em relação a nós, desenvolve-se o poder dos trabalhadores. Porque lá governam os monopólios, e querem que os monopólios governem toda a América. Lá governam os reacionários e os discriminadores, e os reacionários e os discriminadores querem governar toda a América. Por isso querem fulminar nossa revolução proletária, por isso querem destruir o poder de nossos trabalhadores.

Grande, grande e histórica é, pois, esta luta, transcendental é esta luta, porque a revolução proletária, a revolução socialista, o poder dos trabalhadores a 90 milhas do império ianque é um desafio ao poder e aos recursos do império. É um dos desafios mais valentes e mais gloriosos que um povo pode lançar a um inimigo poderoso.

Empregaram todos os seus recursos para destruir esta revolução. Os imperialistas ianques destituíram e derrubaram governos na América quantas vezes quiseram; os imperialistas ianques esmagaram movimentos revolucionários todas as vezes que a tanto se propuseram. No entanto, propuseram-

-se a derrubar o regime revolucionário e não conseguiram, propuseram-se a esmagar nossa revolução proletária, e nossa revolução proletária continua de pé, seguindo em frente!

Contra nossa revolução proletária, contra o poder de nossos trabalhadores, empregaram todas as armas, começando pelas armas econômicas, obstinando contra a economia subdesenvolvida de nosso país, inteiramente dependente do mercado ianque.

Assim suprimiram nossas cotas açucareiras, suprimiram todas as nossas exportações, lançaram contra nossa pátria um boicote em todos os países sobre os quais têm influência. E acharam que com isso bastaria, acharam que arrebatando-nos tão brutalmente nossos mercados nos destruiriam, nos poriam de joelhos e fariam com que nos rendêssemos. No entanto, este é o quarto "1º de Maio" que nossos trabalhadores celebram em nossa pátria.

Mas não bastou, não se sentiram satisfeitos nem seguros apenas com a agressão econômica, e começaram sua campanha de isolamento e de cerco internacional, começaram as manobras de embaixadas. Assim reuniram os chanceleres na Costa Rica, e depois mais duas vezes em Punta del Este, para isolar e estrangular política e economicamente nosso país. Mas não se satisfizeram com o emprego das armas econômicas, com o cerco e o isolamento político: mobilizaram seu aparato de espionagem, mobilizaram fabulosas somas de milhões, e se puseram a organizar bandos de criminosos, assassinando nossos professores, nossos brigadistas, nossos camponeses, nossos trabalhadores; lançaram seus planos de sabotagem para destruir nossas fábricas, para destruir nossos centros de trabalho, para destruir nossas riquezas. Mas ainda não foi suficiente e, por fim, organizaram exércitos de mercenários, lançando-os contra a pátria; mas nossos batalhões de trabalhadores saíram para combatê-los, derrotando-os também.

Apelaram, portanto, a todas as armas: a agressão econômica, o bloqueio, o isolamento político, a sabotagem e as agressões militares. No entanto, não puderam destruir o poder dos trabalhadores. Contra o poder dos trabalhadores estatelaram-se. Impuseram-nos sacrifícios, sim, como poderia ser de outra maneira? Nossa economia era pobre, nosso país era um país subdesenvolvido; agrediram-no brutalmente, proibindo a exportação de peças de reposição de fábricas que tinham origem naquele país, de matérias-primas. Como não iriam impor-nos sacrifícios, se nosso país fora uma colônia ianque, onde tudo dependia do ianque e onde tudo ia parar nas mãos do ianque?

Impuseram-nos sacrifícios, sim, e é possível que nos imponham mais sacrifícios ainda. Eles, que fizeram o impossível para nos destruir, lançam ao mundo suas campanhas dizendo que em Cuba há escassez, que em Cuba há racionamento; eles, que são a causa de nossas dificuldades presentes, eles que são os que puseram tantos obstáculos em nosso caminho, apregoam ao mundo que nossos sacrifícios não são fruto, não, das agressões ianques, do bloqueio ianque, da guerra não declarada ianque contra nós, que nos obriga, inclusive, a fazer grandes gastos e grandes sacrifícios com defesa militar. Apregoam ao mundo que nossos sacrifícios são consequência do fracasso da revolução, que nossos sacrifícios são consequência das deficiências do socialismo.

Isso é o que apregoam pela América para enganar os povos da América, para confundir, para enganar o mundo. Nossos sacrifícios são, em primeiro lugar, consequência de uma distribuição muito mais equitativa, e que centenas de milhares de cubanos, que antes não tinham o que comer, hoje têm o que comer, hoje têm um pão para seus filhos, ou um copo de leite. Hoje têm um salário para levar para casa.

Mas apenas em parte são consequência disso; em parte são também fruto de nossas deficiências, em parte são também fruto de nossa inexperiência; mas em parte fundamental, em parte principal, são fruto das agressões econômicas e militares ianques, são fruto dos bloqueios ianques, são fruto das medidas brutais tomadas contra nós.

Por isso podemos proclamar ao mundo que nossos sacrifícios de hoje não são consequência de deficiências da revolução, não são consequências da revolução em si mesma, e sim consequência das agressões imperialistas. Mas, ao mesmo tempo, podemos dizer também, e apregoar com orgulho ao mundo, que por nossos sacrifícios de hoje, porque soubemos fazê-los e porque estamos dispostos a fazê-los, o imperialismo não pôde destruir a revolução. E que esses sacrifícios não são provocados pelas leis e pela transformação revolucionária e sim, significam a vitória de nosso povo sobre o imperialismo. Sacrifício não é, portanto, fracasso. Sacrifício é triunfo, sacrifício é vitória.

Sim, não queremos voltar a ser escravos, e não voltaremos a sê-lo jamais. Os que tenham pescoço para carregar jugo que o carreguem, que sirvam aos que subjugam e exploram; que os que não temos tornozelo para carregar grilhões de escravos, nem anca para carregar canga, jamais voltaremos a ser escravos; pagaremos o preço que tivermos que pagar pela liberdade.

Para homens livres e por homens livres são feitas as revoluções; as revoluções são feitas por homens que não quiseram continuar explorados e para homens que jamais serão explorados de novo.

E assim, nós, por nossa parte, que temos em nossas mãos os recursos, que temos em nossas mãos todas as riquezas da nação, devemos fazer o que for necessário para empregá-las da melhor maneira e na melhor medida. Devemos fazer nosso grande esforço para melhorar nosso trabalho em todas as frentes e em todos os níveis.

Por um lado, devemos fazer isso; por um lado, devemos trabalhar melhor; mas, por outro lado, devemos temperar o espírito, devemos temperar os corações nesta luta, que será longa e dura. O caminho é longo, o caminho é duro, mas não importa. Nem a luta longa nem o caminho duro nos assustam, porque sabemos que no fim está o prêmio, que no fim está a vitória.

Vamos deixá-los, com suas repúblicas de burgueses, de capitalistas e de exploradores, com suas repúblicas de corrupção e de vício, de roubo e de jogo! Vamos deixá-los, com suas repúblicas de privilégios, de filhinhos de papai, de discriminadores, de senhores e de escravos! Vamos deixá-los, pois os próprios povos se encarregarão de liquidar esse sistema! Quanto a nós, seguiremos adiante com nossa república de proletários, com nossa república de trabalhadores, com nossa república de homens abnegados, de homens dignos, de homens e mulheres heroicos, homens e mulheres limpos, homens e mulheres trabalhadores!

Seguiremos adiante, sem que possam voltar jamais a instaurar seu regime de exploração, de crime, de injustiças, de abusos e de saques! Jamais voltarão a instaurar no solo de nossa pátria seu criminoso e odioso regime de exploração! Jamais voltarão a explorar nossos camponeses e nossos operários!

Seguiremos adiante, com este povo que já tem história e que continua escrevendo a história! Seguiremos adiante, seguiremos adiante com este povo, com este poder dos trabalhadores, que no quarto "1º de Maio" pode proclamar que já erradicou, não apenas o roubo, o vício, o jogo, a corrupção, a exploração e tantas coisas; erradicou o analfabetismo e dezenas de milhares de operários estudam nos centros de acompanhamento e de superação!

Seguiremos adiante, com a revolução proletária, em que os filhos dos operários já estão estudando nas universidades, nas escolas técnicas, nos institutos e nos centros de instrução!

Seguiremos adiante, com nossa revolução proletária, que no quarto aniversário pode dizer que já tem 200 mil crianças a mais no primeiro grau do que havia antes do triunfo de nossa revolução! Com nossa revolução proletária, que tem 512 mil crianças no primeiro grau! E enfatizamos isso mais que tudo, porque significa o futuro, o grandioso futuro da pátria, essa passagem para a superação, para a preparação do povo, com essa passagem para a forja de um povo novo de centenas e centenas de milhares de técnicos que aumentarão a produtividade do trabalho, aumentando com isso as riquezas da nação e o nível de vida de todo o povo, porque já não há exploradores que encham os bolsos e, ainda menos, haverá amanhã, que encham os bolsos com o fruto do trabalho do povo. E o fruto do trabalho do povo – e isso é claro para o povo, e isso ninguém poderá arrancar da mente nem do coração do povo –, o fruto do trabalho do povo é do povo e para o povo!

Vamos deixá-los, com suas repúblicas corroídas e corrompidas, pois seguiremos adiante com nossa revolução proletária; esta revolução que num dia como hoje pode proclamar que um grupo de jovens, que trabalhavam há apenas uns meses no serviço doméstico, hoje estão registrando taquigraficamente este discurso desta tribuna!

Seguiremos adiante, seguiremos adiante com esta revolução proletária que põe na tribuna os operários premiados como operários exemplares, por sua conduta admirável no local de trabalho!

Seguiremos adiante com nossa revolução proletária, que coloca o melhor operário do ano na primeira fila da tribuna!

Seguiremos adiante com nossa revolução, seguiremos adiante com nossa revolução proletária que dignifica o trabalho, que suprime privilégios, que suprime desigualdades, e que transforma o trabalhador no centro da nação, que transforma o trabalho na dedicação mais honrosa e mais digna do homem; que transforma o trabalhador em herói da sociedade; que dignifica, eleva e elevará cada vez mais o trabalhador!

Seguiremos adiante com nossa revolução proletária, porque jamais voltarão repúblicas burguesas, sistemas burgueses, sistemas de exploradores; porque jamais – jamais! –, jamais as mães proletárias voltarão a parir filhas para serem criadas dos filhinhos de papai e dos exploradores, jamais! Jamais as mães proletárias voltarão a parir filhas para os prostíbulos de uma sociedade corrompida e miserável! Jamais as mães proletárias, jamais as mães proletárias voltarão a parir filhas ou filhos para a humilhação, para a discriminação, para a escravidão, para a exploração, porque de agora em diante, e sempre em nossa pátria, nascerão homens e mulheres para a justiça, homens e mulheres para a liberdade, homens e mulheres para a igualdade!

Viva a Revolução proletária!

Viva o poder dos trabalhadores! Por isso dizemos, afirmamos e juramos:

Pátria ou Morte!

Venceremos!

III. Vigília solene em memória do comandante Ernesto Che Guevara, na Praça da Revolução. 18 de outubro de 1967

Companheiras e companheiros revolucionários:

Foi em um dia do mês de julho ou agosto de 1955 que conhecemos o Che. E em uma noite – como ele conta em suas narrativas – transformou-se em um futuro expedicionário do "Granma". Mas, naquela época, aquela expedição não tinha nem barco, nem armas, nem tropas. E foi assim que, junto com Raúl, o Che fez parte do grupo dos dois primeiros da lista do "Granma".

Passaram-se desde então 12 anos; foram 12 anos carregados de luta e de história. Ao longo desses anos, a morte ceifou muitas vidas valiosas e irreparáveis; mas, ao mesmo tempo, ao longo desses anos de nossa revolução, surgiram pessoas extraordinárias e se forjaram entre os homens da revolução, e entre os homens e o povo, laços de afeto e laços de amizade que vão além de toda expressão possível.

Esta noite nos reunimos, vocês e nós, para tentar expressar de algum modo esses sentimentos em relação àquele que foi um dos mais próximos, um dos mais admirados, um dos mais queridos e, sem dúvida alguma, o mais extraordinário de nossos companheiros de revolução; para tentar expressar esses sentimentos a ele e aos heróis que com ele combateram e aos heróis que com ele caíram, desse seu exército internacionalista, que esteve escrevendo uma página gloriosa e indelével da história.

O Che era uma dessas pessoas a quem todos se afeiçoam imediatamente, por sua simplicidade, por seu caráter, por sua naturalidade, por seu companheirismo, por sua personalidade, por sua originalidade, ainda que, todavia não se conhecessem as demais singulares virtudes que o caracterizaram.

Naqueles primeiros momentos era o médico de nossa tropa. E assim foram surgindo os laços e assim foram surgindo os sentimentos.

Via-se que estava impregnado de um profundo espírito de ódio e desprezo ao imperialismo, não apenas porque sua formação política já adquirira um considerável desenvolvimento, mas também porque fazia muito pouco tempo que tivera a oportunidade de presenciar na Guatemala a criminosa intervenção imperialista dos soldados mercenários que acabaram com a revolução daquele país.

Para um homem como ele não eram necessários muitos argumentos. Bastava-lhe saber que Cuba vivia uma situação similar, bastava-lhe saber que havia homens decididos a combater com as armas na mão essa situação, bastava-lhe saber que aqueles homens estavam inspirados em sentimentos genuinamente revolucionários e patrióticos. Era mais que suficiente.

Desse modo, um dia, no fim de novembro de 1956, empreendeu conosco a marcha para Cuba. Lembro-me de que aquela travessia foi muito dura para ele, visto que, dadas as circunstâncias em que foi necessário organizar a partida, não foi possível sequer providenciar os remédios de que precisava; passou toda a travessia com um forte ataque de asma, sem um único alívio, mas também sem uma única queixa.

Chegamos, empreendemos as primeiras marchas, sofremos a primeira derrota, e ao fim de algumas semanas tornamos a nos reunir – como vocês sabem – um grupo dos que sobraram da expedição do "Granma". Che continuava sendo o médico de nossa tropa.

Aconteceu o primeiro combate vitorioso e Che foi soldado de nossa tropa; ao mesmo tempo, era ainda o médico; aconteceu o segundo combate vitorioso e o Che já não foi apenas soldado, foi o mais destacado dos soldados naquele combate, realizando pela primeira vez uma daquelas proezas singulares que o caracterizavam em todas as ações; nossa força continuou se desenvolvendo e aconteceu um combate de extraordinária importância naquele momento.

A situação era difícil. As informações eram, em muitos sentidos, errôneas. Íamos atacar em pleno dia, ao amanhecer, uma posição fortemente defendida, à beira mar, bem armada e com tropas inimigas à nossa retaguarda, não muito longe; e, em meio àquela situação confusa, foi necessário pedir aos homens um esforço supremo; o companheiro Juan Almeida assumiu uma das missões mais difíceis, mas um dos flancos permanecia completamente desguarnecido de forças, um dos flancos permanecia sem uma força atacante, o que podia pôr em perigo a operação. E, naquele instante Che, que ainda era médico, pediu três ou quatro homens, entre eles um homem com um fuzil-metralhadora, e em questão de segundos empreendeu a marcha para assumir a missão de atacar daquela direção.

E, naquela ocasião, não apenas foi combatente destacado, como também foi médico destacado, prestando assistência aos companheiros feridos, assistindo ao mesmo tempo aos soldados inimigos feridos. E quando foi necessário abandonar aquela posição, uma vez tomadas todas as armas, e empreender uma longa marcha, acossados por distintas forças inimigas, foi necessário que alguém permanecesse junto aos feridos, e junto aos feridos permaneceu o Che. Ajudado por um pequeno grupo de nossos soldados, atendeu-os, salvou-lhes a vida e depois se juntou com eles à coluna guerrilheira.

A partir daquele instante já se destacava como um chefe capaz e corajoso, desse tipo de homem que quando há uma missão difícil não espera que lhe peçam para levar a cabo a missão.

Assim fez no combate de El Uvero, mas assim fizera também em uma ocasião não mencionada, quando, nos primeiros tempos, em consequência de uma traição, nossa pequena tropa foi atacada de surpresa por numerosos aviões e, quando nos retirávamos sob o bombardeio e já tínhamos caminhado um trecho, lembramo-nos de alguns fuzis, de alguns soldados camponeses que tinham estado conosco nas primeiras ações e depois tinham pedido permissão para visitar seus familiares – quando ainda não havia em nosso incipiente exército muita disciplina. E, naquele momento, considerou-se a possibilidade de que aqueles fuzis se perdessem.

Lembramo-nos de como, apenas exposto o problema, e sob o bombardeio, o Che se ofereceu e, tendo se oferecido, saiu rapidamente, para recuperar aqueles fuzis.

Essa era uma de suas características essenciais: a disposição imediata, instantânea, para se oferecer para realizar a missão mais perigosa. E aquilo, naturalmente, suscitava a admiração, a dupla admiração daquele companheiro que lutava junto a nós, que não nascera nesta terra, que era um homem de ideias profundas, que era um homem em cuja mente havia sonhos de luta em outras partes do continente e, no entanto, aquele altruísmo, aquele desinteresse, aquela disposição de fazer sempre o mais difícil, de arriscar sua vida constantemente.

Foi assim que ganhou sua patente de Comandante e de chefe da segunda coluna que se organizou em Sierra Maestra; foi assim que começou a cresceu seu prestígio, que começou a adquirir sua fama de magnífico combatente, que levou aos mais altos níveis no decorrer da guerra.

Che era um soldado insuperável; Che era um chefe insuperável; Che era, do ponto de vista militar, um homem extraordinariamente capaz, extraordinariamente corajoso, extraordinariamente agressivo. Se como guerrilheiro tinha um calcanhar de Aquiles, esse calcanhar de Aquiles era sua excessiva agressividade, era seu absoluto desprezo ao perigo.

Os inimigos pretendem tirar conclusões de sua morte. Che era um mestre da guerra, Che era um artista da luta guerrilheira! Demonstrou-o em uma infinidade de vezes, mas demonstrou-o sobretudo em duas extraordinárias proezas, uma delas a invasão, à frente de uma coluna perseguida por milhares de soldados em terreno absolutamente plano e desconhecido, realizando – junto com Camilo – uma formidável façanha militar. Mas, também, demonstrou-o em sua fulminante campanha em Las Villas; e o demonstrou, sobretudo, em seu audaz ataque à cidade de Santa Clara, penetrando com uma coluna de apenas 300 homens em uma cidade defendida por tanques, artilharia e vários milhares de soldados de infantaria.

Essas duas façanhas consagram-no como um chefe extraordinariamente capaz, como um mestre, como um artista da guerra revolucionária.

No entanto, com sua morte heroica e gloriosa pretendem negar a veracidade ou o valor de suas concepções e de suas ideias guerrilheiras.

Poderá morrer o artista, sobretudo quando se é artista de uma arte tão perigosa como é a luta revolucionária, mas o que não morrerá de nenhuma forma é a arte à qual consagrou sua vida e à qual consagrou sua inteligência.

Que há de estranho em que esse artista morra em um combate? É ainda muito mais extraordinário o fato de que nas inumeráveis ocasiões em que arriscou essa vida durante nossa luta revolucionária não tivesse morrido em algum combate. E muitas foram as vezes em que foi necessário agir para impedir que perdesse a vida em ações de menor importância.

E assim, em um combate, – em um dos tantos combates que travou! – perdeu a vida. Não dispomos de suficientes elementos para poder fazer deduções quanto a todas as circunstâncias que precederam esse combate, para ver até que ponto pode ter agido de maneira excessivamente agressiva, mas – repetimos – se como guerrilheiro tinha um calcanhar de Aquiles, esse calcanhar de Aquiles era sua excessiva agressividade, seu absoluto desprezo pelo perigo.

Nisso é difícil concordar com ele, visto que para nós sua vida, sua experiência, sua capacidade de chefe aguerrido, seu prestígio e tudo o que ele significava em vida, era muito mais, incomparavelmente mais, do que a avaliação que talvez ele tenha feito de si mesmo.

Pode ter influído profundamente em sua conduta a ideia de que os homens têm um valor relativo na história, a ideia de que as causas não são derrotadas quando os homens caem e a marcha da história que não pode ser detida, não se detém nem se deterá com a queda dos chefes.

E isso é certo, disso não se pode duvidar. O que demonstra sua fé nos homens, sua fé nas ideias, sua fé no exemplo. No entanto – como dissemos há uns dias – desejaríamos de todo coração vê-lo forjador das vitórias, forjando sob sua chefia, forjando sob sua direção as vitórias, posto que os homens de sua experiência, de seu calibre, de sua capacidade realmente singular, são homens pouco comuns.

Somos capazes de apreciar todo o valor de seu exemplo e temos a mais absoluta convicção de que esse exemplo servirá de estímulo e servirá para que do seio dos povos surjam homens parecidos com ele.

Não é fácil reunir em uma só pessoa todas as qualidades que se reuniam nele. Não é fácil uma pessoa, de maneira espontânea, ser capaz de desenvolver uma personalidade como a sua. Diria que é desses tipos de homens difíceis de igualar e praticamente impossíveis de superar. Mas diremos também que homens como ele são capazes, com seu exemplo, de ajudar para que surjam homens como ele.

É que no Che não admiramos apenas o guerreiro, o homem capaz de grandes proezas. O que ele fez, e o que ele estava fazendo, esse fato em si mesmo de enfrentar, com apenas um punhado de homens, todo um exército oligárquico, instruído pelos assessores ianques fornecidos pelo imperialismo, apoiado pelas oligarquias de todos os países vizinhos, esse fato em si mesmo constitui uma proeza extraordinária.

E se procurarmos nas páginas da história, possivelmente não encontraremos nenhum caso em que alguém com um número tão reduzido de homens tenha empreendido uma tarefa de maior envergadura, em que alguém com um número tão reduzido de homens tenha empreendido a luta contra forças tão consideráveis. Poderemos buscar nas páginas da história e, no entanto, não poderemos encontrar nada semelhante a essa prova de confiança em si mesmo, a essa prova de confiança nos povos, a essa prova de fé na capacidade dos homens para o combate.

E caiu.

Os inimigos pensam ter derrotado suas ideias, ter derrotado sua concepção guerrilheira, ter derrotado seus pontos de vista sobre a luta revolucionária armada. E o que conseguiram foi, com um golpe de sorte, eliminar sua vida física; o que puderam foi conseguir as vantagens acidentais que na guerra um inimigo pode alcançar. E esse golpe de sorte, esse golpe de acaso não sabemos até que ponto ajudado por essa característica a que nos referíamos antes de agressividade excessiva, de desprezo absoluto ao perigo, em um combate como tantos combates.

Como ocorreu também em nossa Guerra de Independência. Em um combate em Dos Ríos mataram o apóstolo de nossa independência. Em um combate em Punta Brava mataram Antonio Maceo, veterano de centenas de combates. Em combates semelhantes morreu uma infinidade de chefes, uma infinidade de patriotas de nossa guerra independentista. E, no entanto, isso não significou a derrota da causa cubana.

A morte do Che – como dizíamos há alguns dias – é um golpe duro, é um golpe tremendo para o movimento revolucionário, na medida em que o priva sem sombra de dúvida de seu chefe mais experimentado e capaz.

Mas se equivocam os que cantam vitória. Enganam-se os que acreditam que sua morte representa a derrota de suas ideias, a derrota de suas táticas, a derrota de suas concepções guerrilheiras, a derrota de suas teses. Porque aquele homem que caiu como homem mortal, como homem que se expunha muitas vezes às balas, como militar, como chefe, é mil vezes mais capaz que aqueles que com um golpe de sorte o mataram.

No entanto, como devem os revolucionários enfrentar esse golpe adverso? Como devem enfrentar essa perda? Qual seria a opinião do Che se tivesse que emitir uma opinião sobre esse assunto? Deu essa opinião, explicitou essa opinião com toda a clareza, quando escreveu em sua mensagem à Conferência de Solidariedade dos Povos da Ásia, África e América Latina que, se em qualquer lugar a morte o surpreendesse, bem vinda fosse, desde que esse seu grito de guerra chegasse a um ouvido receptivo, e outra mão se estendesse para empunhar sua arma.

E esse seu grito de guerra chegará, não a um ouvido receptivo, chegará a milhões de ouvidos receptivos! E não uma só mão, mas milhões de mãos, inspiradas em seu exemplo, estender-se-ão para empunhar as armas!

Novos chefes surgirão. E os homens, os ouvidos receptivos e as mãos que se estendam, necessitarão de chefes que surgirão das fileiras do povo, como surgiram os chefes, em todas as revoluções.

Não contarão essas mãos com um chefe com a experiência extraordinária, com a enorme capacidade do Che. Esses chefes formar-se-ão no processo da luta, esses chefes surgirão do seio dos milhões de ouvidos receptivos, das milhões de mãos que, mais cedo ou mais tarde, vão se estender para empunhar as armas.

Não é que consideremos que na ordem prática da luta revolucionária sua morte deva ter uma imediata repercussão, que na ordem prática do desenvolvimento da luta sua morte possa ter uma repercussão imediata. Mas é que o Che, quando empunhou de novo as armas, não estava pensando em uma vitória imediata, não estava pensando em um triunfo rápido frente às forças das oligarquias e do imperialismo. Sua mente de combatente experimentado estava preparada para uma luta prolongada de 5, de 10, de 15, de 20 anos, se fosse necessário. Ele estava disposto a lutar 5, 10, 15, 20 anos, toda a vida, se fosse necessário!

E é com essa perspectiva no tempo que sua morte, que seu exemplo – que é o que devemos dizer –, terá uma repercussão tremenda, terá uma força invencível.

Em vão tentam negar sua capacidade como chefe e sua experiência aqueles que se agarram ao golpe de sorte. Che era um chefe militar extraordinariamente capaz. Mas quando recordamos o Che, quando pensamos no Che, não estamos pensando fundamentalmente em suas virtudes militares. Não! A guerra é um meio e não um fim, a guerra é um instrumento dos revolucionários. Importante é a revolução, importante é a causa revolucionária, as ideias revolucionárias, os objetivos revolucionários, os sentimentos revolucionários, as virtudes revolucionárias!

E é nesse campo, no campo das ideias, no campo dos sentimentos, no campo das virtudes revolucionárias, no campo da inteligência, além de suas qualidades militares, que sentimos a tremenda perda que significou sua morte para o movimento revolucionário.

Porque Che reunia, em sua extraordinária personalidade, qualidades que raras vezes aparecem juntas. Desenvolveu-se como homem de ação insuperável, mas não era apenas um homem de ação insuperável: Che era um homem de pensamento profundo, de inteligência visionária, um homem de profunda cultura. Ou seja, reunia em sua pessoa o homem de ideias e o homem de ação.

Mas não é que reunisse essa dupla característica de ser homem de ideias, e de ideias profundas, e homem de ação, e sim que Che reunia como revolucionário as qualidades que podem ser definidas como a mais cabal expressão das virtudes de um revolucionário: homem totalmente íntegro, homem de honradez suprema, de sinceridade absoluta, homem de vida estoica e espartana, homem em cuja conduta praticamente não se pode encontrar uma única mancha. Constituiu por suas virtudes o que se pode chamar de um verdadeiro modelo de revolucionário.

Costuma-se, na hora da morte dos homens, fazer discursos, costuma-se destacar virtudes, mas poucas vezes como nesta ocasião pode se dizer de um homem, com mais justiça, com mais exatidão, o que dizemos do Che: constituiu um verdadeiro exemplo de virtudes revolucionárias!

Mas tinha também outra qualidade, que não é uma qualidade do intelecto, que não é uma qualidade da vontade, que não é uma qualidade derivada da experiência, da luta, e sim uma qualidade do coração, porque era um homem extraordinariamente humano, extraordinariamente sensível!

Por isso dizemos, quando pensamos em sua vida, quando pensamos em sua conduta, que constituiu o caso singular de um homem raríssimo, na medida que foi capaz de conjugar em sua personalidade não apenas as características de homem de ação, mas também de homem de pensamento, de homem de imaculadas virtudes revolucionárias e de extraordinária sensibilidade humana, unidas a um caráter de ferro, a uma vontade de aço, a uma tenacidade indomável.

E por isso legou às gerações futuras não apenas sua experiência, seus conhecimentos como destacado soldado, mas também, ao mesmo tempo, as obras de sua inteligência. Escrevia com a virtuosidade de um clássico da língua. Suas narrativas da guerra são insuperáveis. A profundidade de seu pensamento é impressionante. Nunca escreveu sobre nada absolutamente que não fosse com extraordinária seriedade, com extraordinária profundidade; e não duvidamos de que alguns de seus escritos passarão à posteridade como documentos clássicos do pensamento revolucionário.

E assim, como fruto dessa inteligência vigorosa e profunda, deixou-nos uma infinidade de lembranças, uma infinidade de relatos que, sem seu trabalho, sem seu esforço, poderiam talvez ficar esquecidos para sempre.

Trabalhador infatigável, nos anos em que esteve a serviço de nossa pátria, não conheceu um só dia de descanso. Foram muitas as incumbências que recebeu: como presidente do Banco Nacional, como diretor da Junta de Planejamento, como ministro das Indústrias, como Comandante de regiões militares, como chefe de delegações políticas, ou econômicas, ou de tipo fraternal.

Sua inteligência multifacetada era capaz de empreender com o máximo de segurança qualquer tarefa, de qualquer tipo, em qualquer sentido. E assim, representou nossa pátria de maneira brilhante em numerosas conferências internacionais, da mesma maneira como dirigiu brilhantemente os soldados em combate, da mesma maneira como foi um modelo de trabalhador à frente de qualquer das instituições postas sob sua responsabilidade; para ele, não houve dias de descanso, para ele não houve horas de descanso! E se olhássemos as janelas de seus escritórios, veríamos que as luzes permaneciam acesas até altas horas da noite, estudando, ou, melhor dizendo, trabalhando ou estudando. Porque era um estudioso de todos os problemas, era um leitor infatigável. Sua sede de abarcar conhecimentos humanos era praticamente insaciável, e as horas que roubava ao sono dedicava ao estudo; e dedicava ao trabalho voluntário os dias regulamentares de descanso.

Foi o inspirador e o maior incentivador desse trabalho, que é hoje atividade de centenas de milhares de pessoas em todo o país, o incentivador dessa atividade que, a cada dia, ganha mais força nas massas de nosso povo.

E como revolucionário, como revolucionário comunista, verdadeiramente comunista, tinha uma infinita fé nos valores morais, tinha uma infinita fé na consciência dos homens. E devemos dizer que em sua concepção viu nos aspectos morais, com absoluta clareza, a alavanca fundamental da construção do comunismo na sociedade humana.

Muitas coisas pensou, desenvolveu e escreveu. E se há algo que se deve dizer em um dia como hoje é que os escritos do Che, o pensamento político e revolucionário do Che terão um valor permanente no processo revolucionário cubano e no processo revolucionário na América Latina. E não duvidamos que o valor de suas ideias, de suas ideias tanto como homem de ação, quanto como homem de pensamento, como homem de tantas virtudes morais, como homem de insuperável sensibilidade humana, como homem de conduta inatacável, tem e terão um valor universal.

Os imperialistas cantam vitória diante do guerrilheiro morto em combate; os imperialistas cantam vitória frente ao golpe de sorte que os levou a eliminar tão formidável homem de ação. Mas os imperialistas talvez ignorem, ou pretendam ignorar que o caráter de homem de ação era uma das tantas facetas da personalidade desse combatente. E que, se de dor se trata, a nós dói não apenas tê-lo perdido como homem de ação, dói em nós tê-lo perdido como homem de virtudes, tê-lo perdido como homem de extraordinária sensibilidade humana; e nos dói a inteligência que se perdeu. Dói pensar que tinha apenas 39 anos no momento de sua morte, dói pensar quantos frutos dessa inteligência e dessa experiência que se desenvolvia cada vez mais perdemos a oportunidade de captar.

Temos ideia da dimensão da perda para o movimento revolucionário. Mas, aí está o lado fraco do inimigo imperialista: crer que com o homem físico liquidou seu pensamento, crer que com o homem físico liquidou suas ideias, crer que com o homem físico liquidou suas virtudes, crer que com o homem físico liquidou seu exemplo. E creem nisso de maneira tão indecorosa, que não hesitam em publicar, como a coisa mais natural do mundo, as circunstâncias, já quase universalmente aceitas, em que o mataram, depois de feri-lo gravemente em combate. Não repararam sequer no aspecto repugnante do procedimento, não repararam sequer no descaramento de reconhecê-lo. E divulgaram, como direito dos esbirros, divulgaram como direito dos oligarcas e dos mercenários, disparar contra um combatente revolucionário gravemente ferido.

E o pior é que explicam, além disso, porque o fizeram, alegando que teria sido tremendo o processo para julgar o Che, alegando que teria sido impossível sentar semelhante revolucionário no banco de um tribunal.

E não apenas isso, tampouco vacilaram em fazer desaparecer seus restos. E seja verdade ou mentira, o fato é que anunciam ter incinerado seu cadáver, com o que começam a demonstrar seu medo, com o que começam a demonstrar que não estão tão convencidos de que, liquidando a vida física do combatente, liquidam suas ideias e liquidam seu exemplo.

Che não caiu defendendo outro interesse, defendendo outra causa senão a causa dos explorados e dos oprimidos neste continente; Che não caiu defendendo outra causa senão a causa dos pobres e dos humildes desta Terra. E seus mais encarniçados inimigos não ousam sequer discutir a forma exemplar e o desinteresse com que defendeu essa causa.

Diante da história, os homens que agem como ele, os homens que fazem tudo e dão tudo pela causa dos humildes agigantam-se a cada dia que passa, a cada dia que passa penetram mais profundamente no coração dos povos.

O que já começam a perceber os inimigos imperialistas, que não tardarão a comprovar que sua morte será, em longo prazo, como uma semente, de onde surgirão muitos homens decididos a segui-lo, muitos homens decididos a seguir seu exemplo.

E estamos absolutamente convencidos de que a causa revolucionária neste continente vai se recuperar do golpe, que a causa revolucionária neste continente não será derrotada por esse golpe.

Do ponto de vista revolucionário, do ponto de vista de nosso povo, como devemos nós ver o exemplo do Che? Acaso pensamos que o perdemos? É certo que já não veremos novos escritos, é certo que não mais ouviremos sua voz. Mas o Che deixou para o mundo um patrimônio, um grande patrimônio, e desse patrimônio nós – que o conhecemos tão de perto – podemos ser em grau considerável seus herdeiros.

Deixou-nos seu pensamento revolucionário, deixou-nos suas virtudes revolucionárias, deixou-nos seu caráter, sua vontade, sua tenacidade, seu espírito de trabalho. Em uma palavra, deixou-nos seu exemplo! E o exemplo do Che deve ser um modelo para nosso povo, o exemplo do Che deve ser o modelo ideal para nosso povo!

Se quisermos expressar como desejamos que sejam nossos combatentes revolucionários, nossos militantes, nossos homens, devemos dizer sem vacilação alguma: que sejam como o Che! Se quisermos expressar como queremos que sejam os homens das futuras gerações, devemos dizer: que sejam como o Che! Se quisermos dizer como desejamos que se eduquem nossas crianças, devemos dizer sem vacilação: queremos que se eduquem no espírito do Che! Se quisermos um modelo de homem, um modelo de homem que não pertence a este tempo, um modelo de homem que pertence ao futuro, de coração, digo que esse modelo, sem uma única mancha em sua conduta, sem uma única mancha em sua atitude, sem uma única mancha em sua atuação, esse modelo é o Che! Se quisermos expressar como desejamos que sejam nossos filhos, devemos dizer com todo o coração de veementes revolucionários: queremos que sejam como o Che!

Che transformou-se em um modelo de homem, não apenas para nosso povo, mas para qualquer povo da América Latina. Che levou à sua mais alta expressão o estoicismo revolucionário, o espírito de sacrifício revolucionário, a combatividade do revolucionário, o espírito de trabalho do revolucionário; Che levou as ideias do marxismo-leninismo à sua expressão mais fresca, mais pura, mais revolucionária.

Nenhum homem como ele, nestes tempos, elevou a um nível mais alto o espírito internacionalista proletário!

E quando se falar de internacionalista proletário, e quando se buscar um exemplo de internacionalista proletário, esse exemplo, acima de qualquer outro exemplo, é o exemplo do Che! Em sua mente e em seu coração tinham desaparecido as bandeiras, os preconceitos, os chauvinismos, os egoísmos; estava disposto a dar seu sangue generoso pela sorte de qualquer povo, pela causa de qualquer povo, disposto a dar seu sangue espontaneamente, disposto a dar seu sangue instantaneamente!

E assim, seu sangue foi derramado nesta terra quando o feriram em diversos combates; seu sangue pela redenção dos explorados e dos oprimidos, dos humildes e dos pobres, foi derramado na Bolívia. Esse sangue foi derramado por todos os explorados, por todos os oprimidos; esse sangue foi derramado por todos os povos da América, foi derramado pelo Vietnã, porque lá, combatendo contra as oligarquias, combatendo contra o imperialismo, sabia que dava ao Vietnã a mais alta expressão de sua solidariedade!

É por isso, companheiros e companheiras da revolução, que devemos olhar o futuro com firmeza e com decisão; é por isso que devemos olhar o futuro com otimismo. E buscaremos sempre no exemplo do Che a inspiração, a inspiração na luta, a inspiração na tenacidade, a inspiração na intransigência diante do inimigo e a inspiração no sentimento internacionalista!

É por isso que nós, na noite de hoje, depois deste impressionante ato, depois desta inacreditável – por sua grandeza, por sua disciplina e por sua devoção – demonstração multitudinária de reconhecimento, que demonstra como este povo é sensível, que demonstra como é um povo agradecido, que demonstra como é um povo que sabe honrar a memória dos valentes que caem em combate, que demonstra como este povo sabe reconhecer os que o servem, que demonstra como este povo se solidariza com a luta revolucionária, como este povo levanta e manterá sempre no alto e cada vez mais no alto as bandeiras revolucionárias e os princípios revolucionários; hoje, neste momento de recordação, elevemos nosso pensamento e, com otimismo no futuro, com otimismo absoluto na vitória definitiva dos povos, digamos ao

Che, e com ele aos heróis que combateram e caíram junto com ele: até a vitória, sempre!

Pátria ou Morte!

Venceremos!

O LEGADO DE CARLOS FONSECA

Carlos Fonseca Amador nasceu em 23 de junho de 1934, em Matagalpa, na Nicarágua, ano do assassinato de Augusto César Sandino. Ainda muito jovem, como estudante, se propôs a resgatar os seus ensinamentos.

Filho de Fausto Amador, contador de uma empresa de mineração estadunidense, e de Justina Fonseca, cozinheira.

Em 1942, quando iniciou os estudos primários em Matagalpa, já demonstrava apurada inteligência e foi assim até o final do ensino médio, sempre como um dos melhores alunos da sala. Para ajudar a sua mãe, trabalhou como mensageiro de telégrafo e nos finais de semana vendia o jornal local, *Rumores*.

Iniciou a sua militância política na Unap – União Nacional de Ação Popular – envolvendo-se em 1953, na campanha pelo voto das mulheres.

Em 1957, como membro do Partido Socialista, foi enviado a participar do Congresso Mundial da Juventude na União Soviética. Quando retornou, preocupou-se em organizar uma célula marxista com estudantes e juntos criaram uma editora para publicar livros históricos. Mas a perseguição do ditador Anastácio Somoza obrigou-o a fugir do país seguindo para Costa Rica, depois Venezuela, Guatemala e Cuba.

Animado por Che Guevara e com seu apoio seguiu para o México onde, em 1961, organizou a primeira coluna guerrilheira "Roberto Lopez Perez", em homenagem ao estudante assassinado em 1956. Mas a coluna foi atacada e destruída na fronteira com Honduras, em El Chaparral, pelas forças armadas dos dois países, antes de entrar na Nicarágua.

Carlos Fonseca caiu gravemente ferido, mas conseguiu refugiar-se e permanecer em Honduras, onde, em 1962, em Tegucigalpa, juntamente com Tomás Borges e Carlos Mayorga, fundaram a Frente Sandinista de Libertação Nacional (FSLN). Com o apoio do coronel Santos Lopez que havia combatido junto com Sandino, o esforço se concentrou em criar uma segunda coluna guerrilheira para entrar na Nicarágua.

O nome dado à Frente Sandinista fora em homenagem a Augusto César Sandino, filho de um grande proprietário de terra da Nicarágua e de uma empregada doméstica. Desde jovem adquiriu um elevado senso de justiça. Foi perseguido na década de 1920 e obrigado a viver em vários países da região, até que em 1927 liderou um movimento guerrilheiro contra o governo local e, em 1933, foi convidado por Anastácio Somoza a fechar um acordo de não perseguição. Enganado, foi assassinado logo após a assinatura do acordo a mando do governo.

Ao estudar as questões táticas e estratégicas, Carlos Fonseca destacou a importância de não criar um grupo militar isolado como se fosse apenas um foco da revolução, mas que essa organização guerrilheira organizada na montanha tivesse aceitação e integração com a sociedade urbana. Para tanto, deveria se desenvolver, juntamente com a luta militar, a luta política por meio dos sindicatos e células sandinistas. No campo, o trabalho educativo pela alfabetização de adultos seria o caminho mais eficaz, por meio da criação de escolas para esse fim.

Os primeiros anos de luta na Nicarágua foram muito difíceis. Em 1965, após uma intensa repressão, Carlos Fonseca foi preso novamente e expulso do país. Seguiu para a Guatemala, onde conheceu Luís Turcio Lima, comandante das Forças Armadas Rebeldes (FAR). Em 1967, com a morte de Che Guevara na Bolívia, a luta guerrilheira sofreu também um certo desencanto na Nicarágua. A estratégia foi repensada e modificada, agora pelo caminho da "acumulação de forças", por meio da intensificação do trabalho político nas cidades e no campo.

De retorno à Nicarágua, Carlos Fonseca foi preso e expulso do país, mas dessa vez ficaria preso em Arajuela na Costa Rica. Logo em seguida foi libertado por um grupo sandinista.

Em 1969, em uma reunião em Havana, Cuba, com a junção das três tendências, foi reorganizado o comando da Frente Sandinista, e Carlos Fonseca tornou-se o secretário-geral. Ali o programa e os estatutos foram reformulados e a concepção estratégica afirmou-se como "revolução necessária", cujos objetivos se fixaram sobre a "libertação nacional" e a "reconstrução nacional".

A unificação das três forças principais de esquerda que integraram a Frente Sandinista eram: a) a tendência proletária; b) a tendência da guerra popular prolongada; c) a tendência insurrecional ou "terceiristas". Carlos Fonseca, membro da tendência proletária, permaneceu como secretário-geral da Frente até 1976, quando, em um combate contra uma milícia do governo, foi assassinado.

Em 1972 a Nicarágua foi sacudida por um enorme terremoto, que provocou a destruição, a morte de 6 mil pessoas e feriu mais de 300 mil. Anastácio Somoza, continuador da dinastia familiar no poder desde 1930, e possuidor de 40% de todos os bens do país, aproveitou-se da desgraça para vender a preços elevados terrenos da família ao redor da capital, Manágua. Além do mais apoderou-se de toda a ajuda internacional, desviando os recursos, criando divergências com a burguesia nicaraguense, que ficou indignada por não poder participar na divisão dos recursos. Em 1978 o jornalista Pedro Chamorro foi executado publicamente pela polícia da ditadura, revoltando todas as pessoas.

A partir daí o processo revolucionário avançou rapidamente e, em 19 de julho de 1979, a insurreição levou ao poder a Frente Sandinista de Libertação Nacional.

Embora sendo de esquerda e tendo participado ativamente da revolução, as diferentes matizes ideológicas se mantiveram na composição do governo. Cada qual com suas influências e elaborações. No intuito de se diferenciarem das revoluções anteriores, pelo mundo a fora, preferiram colocar o "sandinismo", supostamente as ideias de Sandino como referência, as quais não tinham elaboração e nem identificação com o marxismo.

Os sandinistas, baseados em suas proposições de justiça, após tomarem o poder, atacaram os bens da família Somoza, mas toleraram a existência dos bens da burguesia nacional, que estava farta dos Somozas, dando a eles o direito de funcionarem com seus negócios.

A contrarrevolução, com o apoio dos Estados Unidos, se estruturou logo em seguida à tomada do poder, e insurgiu-se por todo o país, dando força à burguesia local.

Em 1990, pressionadas pelas contradições internas e externas, a Frente Sandinista decidiu convocar eleições para presidente da república. A maior parte do eleitorado, frustrado com o andamento da revolução, votou contra, elegendo Violeta Chamorro que desconstruiu os avanços da revolução e levou à derrota moral a Frente Sandinista.

Em 2006, completamente modificado e com objetivos diametralmente opostos aos da revolução de 1979, Daniel Ortega foi eleito presidente da república.

★★★

As ideias de Carlos Fonseca foram escritas, quase na sua maioria, na prisão ou na clandestinidade. Separamos aqui três textos que nos permitem compreender o seu pensamento e sua visão estratégica. O primeiro é uma acusação elaborada na prisão em 1964: "Da cadeia eu acuso a ditadura".

A tática utilizada por ele foi acusar a família de Somoza de todos os assassinatos de revolucionários, desde Augusto César Sandino em 1934, e propôs ao Centro Universitário e às organizações políticas da Nicarágua instalar um julgamento contra todos os culpados para puni-los e fazê-los devolver todos os bens roubados.

Mas foi sobre a acusação de ter assaltado o Banco da América que Carlos Fonseca intensificou os ataques e denúncias de acumulação de riquezas num verdadeiro assalto aos cofres públicos. Sendo assim, "um governo de assaltantes" não tinha direito de acusá-lo do assalto ao banco, pois sua ação não tinha prejudicado nenhum camponês, nenhum desempregado, nenhum operário e também nenhuma criança tinha deixado de ir a escola e ninguém fora à falência na indústria ou no comércio. Ao contrário do que ocorria com os assaltos da família Somoza.

Feita a defesa política, Fonseca procurou fazer a defesa ideológica no sentido de mostrar que a ideologia da revolução nicaraguense era revolucionária, mas não dogmática a ponto de se fechar em si própria. Então declarou: "Em meu pensamento acolho a medula popular das distintas ideologias: do marxismo, do liberalismo, da social-democracia cristã". Essa visão se devia à estratégia de unificar todas as forças contra Somoza e impedir que a contrarrevolução se utilizasse delas.

A experiência no movimento estudantil o tinha convencido de que deveriam elaborar uma "ideologia revolucionária nacional". Tinha que ser uma obra de todos, coordenada por uma organização. "Sem organização não pode haver ação". Por isso convocou a juventude a formar o partido daquela geração. Para Carlos Fonseca esse partido era a Frente Sandinista criada em 1962 ao qual os estudantes deveriam se integrar.

A estratégia consistia, em sua visão, de atrair e mobilizar as grandes massas e chegar também aos setores da burguesia.

O segundo texto trata-se de uma "Mensagem ao povo da Nicarágua", escrita em 1970, logo após ter sido libertado na Costa Rica por uma coluna armada internacionalista, junto com Humberto Ortega, Rufo Marin e Plutarco Hernandez.

Além de reafirmar a importância da continuidade da luta guerrilheira, aproveitou para reafirmar quem eram os inimigos. Primeiramente a ditadura de Somoza e, ligado a ela, o imperialismo estadunidense que, desde 1848, dominava a Nicarágua. E por isso incentivou que se cobrasse dos Estados Unidos uma indenização por todos os danos materiais causados.

Como tática propôs alastrar a guerrilha. Convocou a formação, em todos os lugares do país, de Comitês Sandinistas Clandestinos, capazes de organizar a luta guerrilheira. "Em cada bairro, fábrica, centro de estudo, escritório, igreja, deve ser formado um Comitê Sandinista Clandestino. Em cada comarca rural, fazenda, centro mineiro, deve ser formado um Comitê Sandinista Clandestino".

Por fim, um texto emblemático escrito em 1975, no qual Carlos Fonseca, preocupado com o perfil do militante revolucionário procurou descrever "O que é um Sandinista?"

Em 17 parágrafos, destacou questões de comportamento, valores e postura diante da sociedade.

A estratégia da unificação das forças foi correta. O combate ao sectarismo e a edificação de verdadeiros revolucionários também. As lições da derrota da revolução, depois de uma década no poder, deve servir de referência para todos os processos revolucionários em construção. A burguesia sabe que só pode ser classe dominante se, além do capital, também controlar o Estado em toda a sua amplitude. Somoza havia constituído um poder autoritário que não satisfazia os interesses da burguesia local. A única forma de derrotar Somoza era aliar-se com os sandinistas e aguardar o momento certo para derrotá-los. Levou uma década, mas conseguiram.

Carlos Fonseca é lembrado na Nicarágua como o grande comandante da unidade, que soube, mesmo nas diferenças, aplainar as divergências e mostrar o caminho do triunfo daquela revolução.

I. DA CADEIA EU ACUSO A DITADURA[58]

CARLOS FONSECA

No interrogatório a que me submeteram, os membros dos órgãos de segurança acusaram-me, entre outras coisas, de: 1. um plano para atentar contra a vida do Chefe da Guarda Nacional, Anástasio Somoza D.; 2. do assalto ao Banco da América.

Com relação à primeira acusação, nego totalmente qualquer culpa, mas, em troca, posso acusar Anástasio Somoza D., Luis Somoza D. e demais membros da família que encabeça a opressão, assim como os políticos e militares que lhes servem de cúmplices, posso acusá-los, digo, não de simples planos para atentar contra a vida de cidadãos ilibados, mas sim de executar de forma sistemática assassinatos contra patriotas e pessoas dignas.

Minha condição de prisioneiro e a pressa que exige a clandestinidade em que estou escrevendo impedem-me de elabo-

[58] Texto extraído de *Bajo la Bandera del Sandinismo. Textos políticos.* Editorial Nueva Nicaragua, Coleção Pensamiento Vivo, 1981. Tradução de Ana Corbisier.

rar uma lista mais ou menos completa desses assassinatos; no entanto, vou citar pelo menos alguns exemplos.

Os assassinatos de camponeses e de outras pessoas de Chinandega, em 1963. O assassinato, em 1963, no rio Bocay, de meus queridos companheiros, os estudantes Jorge Navarro, Francisco Buitrago e Modesto Duarte e dos jovens Mauricio Cordoba e Ivan Sanchez Arguello. O assassinato, no rio Coco, dos também queridos companheiros meus, Faustino Ruiz e Boanerges Santamaria.

O assassinato, na cidade de Leon, em 1962, do jovem Carlos Najar. O assassinato, em 1961, de vários operários revolucionários, no rio San Juan.

O assassinato, em 1961, na cidade hondurenha de Choluteca, do veterano sandinista Heriberto Reyes.

O assassinato, em fevereiro de 1961, dos patriotas Julio Alonso, Enrique Montoya e Octavio Vilchez, do estudante Jesus Lopez e de vários outros patriotas.

O assassinato em El Dorado, em fevereiro de 1960, dos estudantes Eduardo Medina, Victor Arbizu, Tomas Palacios e do salvadorenho Fabricio Paz, além de vários outros patriotas.

O assassinato, em 1960, dos jovens Ajax Delgado e Julio Oscar Romero.

O assassinato de Carlos Hasslam, em 1959; o assassinato dos expedicionários de Olama e Los Mollejones, os patriotas Antonio Gutierrez, Victor Rivas Gomez, Napoleon Ubilla Baca e os costa-riquenho Segura e Sony Boy, em julho de 1959; o assassinato de Manuel Diaz y Sotelo e de vários outros companheiros.

O assassinato dos prisioneiros Luis Armando Morales Palacios, Jorge Rivas Montes, Ramon Orozco e Bonifacio Miranda, em setembro de 1956.

O assassinato de Adolfo e Luis Baez Bone, Opstaciano Morazan, Pablo Leal, Augustin Alfaro e muitos patriotas mais, em abril de 1954.

O assassinato do estudante Uriel Sotomayor, na cidade de Leon.

O assassinato do camponês Aquileo Castillo, junto com muitos camponeses e cidadãos na Cuesta del Coyol, em 1948.

O assassinato do veterano sandinista Juan Gregorio Colindres, aproximadamente no ano de 1948.

O assassinato dos patriotas Rito Jimenez Prado e Luis Scot.

E, por fim, para trás, nos primeiros dias da tirania, em fevereiro de 1934, o tenebroso assassinato de Augusto Cesar Sandino, Juan Pablo Umanzor, Francisco Estrada e centenas de sandinistas, de Wiwili para dentro. Sendo o autor destas linhas acusado de planos imaginários, e sendo meus acusadores culpados desse rosário de crimes, creio que são esses acusadores e não eu que merecem ser severamente castigados.

Proponho ao Centro Universitário e às organizações patrióticas da Nicarágua mover um processo contra A. Somoza D., Luis Somoza D. e demais membros da família opressora e seus cúmplices militares e políticos a fim de que não permaneçam impunes, mas que sejam castigados por tantos crimes perpetrados. Aceleremos a chegada da ansiada hora em que as vítimas sejam os acusadores e os que vitimam, os acusados.

Assim, respondo a uma das acusações que me fazem. Disse que outra das acusações contra mim é o assalto ao Banco da América. Assim como, frente à acusação anterior que me faz o governo somozista, aqui também nego qualquer culpa. Mas minha resposta não termina aqui. Acuso Anastasio Somoza D., Luis Somoza D. e demais membros da família opressora, acuso seus cúmplices militares e políticos, não de realizar um mero assalto a um banco milionário. Minha acusação é muito mais séria. Acuso os cabeças do governo somozista de assaltar ao longo de 30 anos o sofrido povo da Nicarágua para acumular, não a ridícula soma de 50 mil córdobas, mas quantias fabulosas, que somam vários bilhões de córdobas; e, para dizê-lo de forma a que o entendam as pessoas humildes, somas que se escrevem com sete algarismos.

De onde saíram os barcos da Mamenic? Do assalto ao povo.

De onde saíram os aviões de "La Nica"? Do assalto da família Somoza ao povo.

De onde saíram os trezentos latifúndios? Do assalto ao povo.

De onde saíram "Montelimar" e "La Fundadora"? Do assalto ao povo.

De onde saíram as dez mil casas? Do assalto ao povo.

De onde saíram os milhões de dólares depositados nos bancos ianques e suíços? Do assalto da família Somoza ao povo da Nicarágua.

De onde saíram os latifúndios de Camilo Gonzalez? Do assalto ao povo dos cúmplices somozistas.

De onde tirou sua fazenda o coautor do assassinato de Sandino, o trapaceiro Federico Davison Blanco? Do assalto ao povo dos cúmplices somozistas.

Ainda que eu fosse culpado do assalto ao Banco da América, não creio que seja o governo somozista, um governo de assaltantes, o indicado para acusar-me.

Outro assalto contra o povo que é simples denunciar é o que praticam as Gold Mining, companhias de mineração de ouro e outros minerais de nosso solo. No último ano, ou seja, em 1963, houve uma queda na exploração ianque de nossos minerais, quando comparada à exploração de épocas passadas. Pois bem, mesmo com essa queda, a exploração alcançou um valor de cerca de cem milhões de córdobas; já podemos calcular a quantos bilhões de córdobas chega o valor do assalto ianque a nossos minerais, perpetrado sem interrupção, por mais de 50 anos.

Como consequência do assalto ao Banco da América, nenhum camponês perdeu sua terra, nenhum operário ficou desempregado, nenhuma criança deixou de ir para a escola, nenhum comerciante ou industrial ficou arruinado.

Em troca, o assalto da família Somoza e de seus cúmplices teve pavorosas consequências para a Nicarágua. O mesmo posso dizer do assalto ianque. Tais assaltos, em duas palavras, estabeleceram a base de um regime de opróbrio, que transformou em um inferno a vida do povo nicaraguense.

Proponho ao Centro Universitário e às demais organizações patrióticas e populares da Nicarágua mover um processo contra Anástasio Somoza D., Luis Somoza D. e demais membros da família opressora, contra seus cúmplices militares e políticos; esse processo, por assalto ao povo nicaraguense, deve culminar com a devolução ao povo dos bens saqueados e com o castigo apropriado às pessoas dos vorazes assaltantes.

Sendo quem escreve estas linhas acusado de um assalto de ínfima importância e sendo meus acusadores culpados de assaltar toda a nação e suas riquezas, fruto do trabalho do povo, creio que são meus acusadores e não eu que merecem ser severamente castigados.

Defendo uma ampla ideologia revolucionária

Não me parece estranho que os órgãos de propaganda somozista, tal como o jornal *Novedades*, desqualifiquem o modo de pensar das pessoas que, como eu, formamos parte da oposição.

No entanto, para mim, dolorosa é a formação inserida nas opiniões dos elementos opositores, quando parte precisamente de um órgão antissomozista, como o jornal *La Prensa*. É um reflexo da divisão, da lamentável divisão existente nas fileiras oposicionistas. Tive a amarga experiência de contemplar o prazer com que vários membros do órgão de segurança, o órgão de espionagem somozista, comentavam as disputas entre marxistas e socialcristãos.

Faz tempo que o jornal *La Prensa* aderiu à propaganda que me descreve como militante comunista e adepto do marxismo-leninismo; e isso é falso. Porque não sou marxista-leninista, e isso não é de agora. A clandestinidade e a perseguição impediram-me de responder a uma série de mentiras. Neste momento também estou impedido de fazê-lo. Mas decidi desafiar qualquer ameaça para dizer a verdade. A morte não anda distante de mim e, se chegar até meus ossos, não quero que encubra tanta mentira. Por isso falo agora.

Por meio de um amigo, em 1961, de Tegucigalpa, fiz chegar ao Dr. Pedro J. Chamorro uma carta motivada por uma polêmica que este último manteve com o liberal opositor Dr. Enrique Espinoza Sotomayor. Essa carta foi lida pelo Dr. Pedro J. Chamorro. Nela, eu expressava meu pensamento revolucionário, anti-imperialista e popular. Um pretexto utilizado para atribuir-me um pensamento marxista dogmático é meu folheto Um nicaraguense em Moscou, escrito em função da viagem que fiz ao mundo socialista, em 1957. O pretexto é absurdo. Reconhecer determinados acertos do regime soviético não é argumento sério para considerar uma pessoa comunista. Mas, há mais. No mencionado folheto digo com todas as letras que a propriedade privada deve desempenhar um papel importante no progresso da Nicarágua.

Ao deixar claro que existe uma distância entre o comunismo e meu modo de pensar não quero dizer que me encerrei em outro dogma. Acredito que o revolucionário nicaraguense deve abraçar uma doutrina que conduza de forma vitoriosa o povo da Nicarágua à sua libertação. Em meu pensamento acolho a medula popular das diferentes ideologias: do marxismo, do liberalismo, do socialcristianismo.

A interpretação marxista dos problemas sociais, sua severidade para com os ricos, é utilizável, ainda que parcialmente. Alguma verdade deve ter o marxismo para que tenha sido capaz de ganhar a confiança de grandes massas, de milhões de seres humanos em determinada parte do mundo. Alguma verdade deve ter o marxismo quando tantos homens deram sua vida defendendo seus princípios.

A interpretação liberal dos fenômenos políticos, sua defesa do indivíduo, pode ser utilizada para estimular a militância dos ricos contra o governo somozista e em favor de uma mudança revolucionária. Uma característica da composição das forças descontentes com o regime inoperante na Nicarágua é que inclui um setor importante das classes ricas. Mas é um setor que assume na oposição uma atitude contemplativa, pior que vacilante. Essa atitude dominou por demasiado tempo a oposição e isso teve consequências desastrosas. A interpretação liberal dos fenômenos foi o resultado de um processo histórico que no caso da Nicarágua ainda tem certa vigência.

Também considero que devemos extrair a medula popular da doutrina socialcristã. Se conseguirmos levantar um movimento popular que aglutine o que é compatível das distintas ideologias, poderemos impedir que se apossem da doutrina socialcristã aqueles que veem uma mudança social com rugas na testa; se levarmos em conta a doutrina socialcristã, no mesmo plano que o marxismo e que o liberalismo e que qualquer outra ideologia, estaremos impedindo que ressuscitem as moribundas forças contrarrevolucionárias.

Quando recordo as jornadas que empreendemos juntos, no movimento estudantil, um companheiro liberal como Denis Martinez, um companheiro socialcristão como Manolo Morales e um radical como eu, é que ganha vida em mim a possibilidade de formular uma ideologia revolucionária nacional. Essa formulação tem que ser obra de todos. Mas não devemos sentar-nos de braços cruzados para divagar, enquanto o povo da Nicarágua caminha sem rumo, exposto às perseguições dos inimigos de todos os lados. Creio que o dever é agir. Mas, sem organização, não pode haver ação.

Não quero falar no deserto. Quero falar para aqueles que me conhecem, para aqueles que podem me ouvir. Essas pessoas não são outras senão os jovens de minha geração. Para eles falo. Falo para os jovens de minha abatida, mas não vencida, geração. A geração de Jorge Navarro, Francisco Buitrago e Modesto Duarte. A geração de Eduardo Medina, Victor Arbizu, Tomas Palacios e Hector Zelaya. É a geração do 23 de julho. Os heroicos veteranos sandinistas Raudales e Heriberto esperaram que nossa geração crescesse e se tornasse jovem para mesclar seu sangue ao nosso.

Não vamos nos deter no meio do caminho. Se permanecermos separados, corremos o perigo de nos dispersar. Juntemo-nos.

Formemos o partido de nossa geração, o Partido Sandinista. Esse partido não deve ser formado para se entreter com disputas dentro da oposição.

O Fórum Político causou em mim um instante de tristeza, em mim que só conheço a alegria de combater. O fórum mostrou que a velha geração, com seus erros, pretende arrastar nossa geração. Digo que o Partido Sandinista não deve se entreter em disputas com outros setores, incluindo os representantes da velha geração. Não digo que devamos esquecer tudo. Creio que devemos criticar, sem ódio e com espírito construtivo, os erros cometidos pelos conservadores, liberais, comunistas e demais integrantes da oposição. Essa discussão fraterna deve, necessariamente, culminar em um vitorioso movimento popular unido.

Naturalmente que o Partido Sandinista, o partido da nova geração, não demonstrará que tem razão com simples palavras. Nossa razão será nossa força dentro do povo, dentro das massas juvenis do povo. E não conseguiremos isso desperdiçando o tempo em conversas vazias, aos sábados e domingos. Trata-se de trabalhar minuto a minuto, dia a dia, sem descanso nem trégua, em defesa do povo. Poderemos obter algumas conquistas logo, ou ainda antes do triunfo. Isso é vital. Nas lutas pelos interesses diários, as massas adquirem consciência.

Façamos esforços para atrair para a luta as mais extensas camadas da população, começando, claro, com os operários, camponeses e estudantes, mas chegando também a certo setor dos ricos. A posição do movimento revolucionário frente aos ricos depende mais destes do que do próprio movimento. O que coincide com um provérbio salomônico, que diz: "aquele que fecha seu ouvido ao clamor do pobre também clamará e não será ouvido". Ou seja, que, se os ricos não ouvirem o clamor dos pobres que sofrem na Nicarágua, quando clamarem, os pobres tampouco ouvirão e vice-versa: se os ricos ouvirem o clamor dos pobres da Nicarágua, quando clamarem, os pobres ouvirão.

Creio que devemos aprofundar o estudo da experiência sandinista e dos documentos do grande herói, o que servirá para nos guiar mais corretamente na luta patriótica. Não quero terminar esta mensagem sem expressar meu reconhecimento à firmeza do companheiro sandinista, o ex-mexicano Victor Manuel Tirado, que está preso junto comigo. Se o imperialismo ianque tem junto ao governo uma missão militar chefiada pelo Coronel Murray, também os povos da América Latina têm uma missão revolucionária chefiada pelo companheiro Tirado.

Minha saudação fraterna aos militantes da Frente Sandinista de Libertação Nacional (FSLN), gloriosa força precursora do renascimento patriótico do povo da Nicarágua. Formemos com entusiasmo o Partido Sandinista, o partido da bandeira vermelha e negra. Um partido com um hino que diga, como Sandino: "Marchamos para o sol da liberdade ou para a morte; e se morrermos, nossa causa continuará viva; outros nos seguirão".

Pátria Livre ou Morrer!
Prisão "La Aviación", Manágua 8 de julho de 1964.

Frente a uma sórdida calúnia lançada pelo governo, direi apenas uma coisa. Que o que constitui verdadeiramente para este governo decrépito uma doença juvenil, é minha inabalável vontade de lutar pela libertação da Nicarágua, até vencer ou morrer. C. F.

II. Mensagem ao povo da Nicarágua[59]

Irmãos nicaraguenses,

Junto com meus companheiros Humberto Ortega e Rufo Marin, nicaraguenses ambos, e o costa-riquenho Plutarco Hernandez, todos membros da Frente Sandinista, fomos resgatados da prisão pela ação armada de uma unidade internacionalista de combate. Da ação, que, como se sabe, foi encabeçada pelo estudante nicaraguense Carlos Agüero, entre os combatentes de diversas nacionalidades, participaram vários revolucionários de nacionalidade costa-riquenha. A todos, é dirigida esta mensagem.

Ao se romperem as grades da prisão, encontramo-nos em condições de retornar à trincheira guerrilheira a fim de combater a vergonhosa tirania de que padece o povo da Nicarágua. Ao destacar o êxito da ação de resgate, devemos destacar o relevante papel da campanha internacional de solidariedade que se desenvolveu em diversos países durante o tempo em que se prolongou a prisão, exigindo nossa liberdade.

Devemos mencionar as mensagens enviadas pelo filósofo Jean Paul Sartre e outros intelectuais franceses, assim como o escritor peruano Esteban Pavletich e diversas organizações populares do Peru. Também desenvolveu uma intensa atividade o movimento estudantil e popular da Nicarágua. A todos, nossa gratidão. Não podemos deixar de expressar nosso reconhecimento aos amplos setores do povo da Costa Rica que, mostrando-nos generosa compreensão, negaram-se firmemente a apoiar os planos da extrema direita, tendentes a provocar uma

[59] Escrito e divulgado em panfleto, nos últimos dias de outubro de 1970, depois de ter sido libertado da prisão, na Costa Rica; tirado do jornal *Barricada*, Manágua, 12 de novembro de 1980. Texto comparado com transmissão radiofônica do mesmo, lido por Carlos Fonseca. Tradução de Ana Corbisier.

hostilidade que impedisse o trânsito do veículo que nos levou do recinto da prisão ao aeroporto.

Aproveitamos os dias que permanecemos no exterior para conhecer as experiências revolucionárias de outros povos, o que há de contribuir para que cumpramos melhor as tarefas da Frente Sandinista. Nestes dias também promovemos a solidariedade dos demais povos para com o combate guerrilheiro nicaraguense. Estamos conscientes de que ficou definitivamente para trás aquela época em que os patriotas nicaraguenses do século passado e das primeiras décadas do século 20 tiveram que se rebelar na solidão e no isolamento. Dolorosos, muito dolorosos são os sacrifícios que os sandinistas fazem nas novas ações guerrilheiras que se realizam em solo nicaraguense, mas é visível que tais sacrifícios não são em vão; as primeiras espigas já balançam. Inspirados no heroísmo dos sandinistas, são cada vez maiores os setores populares que, desafiando o terror da Guarda Nacional, rebelam-se, reivindicando os direitos pisoteados; prova disso é a enérgica reivindicação de todos os professores do país, exigindo melhores condições de trabalho, assim como a solução do problema da educação no país.

A Frente Sandinista, à frente das massas populares da Nicarágua, sacrifica-se não para alcançar uma mísera migalha para o povo, e sim para conseguir uma radical transformação social e nacional; não apenas estamos contra os 40 anos de tirania liberal-conservadora somozista; nossa aspiração é mais profunda, estamos contra quatro séculos e meio de agressões estrangeiras, das quais mais de um século correspondem a agressões ianques. Recordemos que em 1848 registra-se o primeiro tratado entre os governos da Nicarágua e dos Estados Unidos lesivo aos interesses da Nicarágua, e em 1854 e 1855 registram-se as primeiras agressões armadas dos Estados Unidos contra a Nicarágua. Desde então, até hoje, repete-se sem interrupção uma longa série de atos agressivos de todo tipo.

Com toda razão, a Frente Sandinista inclui em seu programa a exigência aos Estados Unidos de indenização por todos os danos materiais causados à Nicarágua ao longo de mais de um século. Contra as classes exploradoras, contra as incessantes agressões ianques, o povo da Nicarágua rebelou-se muitas vezes; paralelamente, ao longo do passado histórico, repetiram-se as frustrações e as traições.

Frente ao desenvolvimento da nova ação guerrilheira, os traidores de sempre, os inimigos de sempre do povo preparam mais uma traição, mais uma frustração; mas, nesta hora de rebeldia luminosa que vive a Nicarágua, os traidores serão definitivamente vencidos; nesta hora as massas populares da Nicarágua têm seu próprio instrumento político-guerrilheiro, a Frente Sandinista. Essa é a resposta à imposição dos partidos liberal e conservador, instrumentos da oligarquia vende-pátria da Nicarágua.

Sejam quais forem as diferenças entre os nicaraguenses, todos têm lugar nas fileiras da Frente Sandinista; tal característica é compatível com a posição de vanguarda do setor que se identifica com a classe operária e com os camponeses e que se orienta na ação pela filosofia do socialismo científico. É fundamental na Frente Sandinista a unidade entre os verdadeiros revolucionários e os verdadeiros cristãos, é a unidade que forjaram com o fuzil na mão da América oprimida, o Comandante Ernesto Che Guevara e o sacerdote Camilo Torres. Tudo isso justifica nosso chamado para formar, no campo, na montanha e na cidade nicaraguenses, diferentes Comitês Sandinistas Clandestinos, capazes de pôr-se à frente da luta social político-guerrilheira. Em cada bairro, fábrica, centro de estudo, oficina, templo, deve se formar um Comitê Sandinista Clandestino. Em cada comarca rural, fazenda, centro mineiro, deve se formar um Comitê Sandinista Clandestino.

A nova ação guerrilheira que floresce na Nicarágua desde 1958 é inspirada pelo heroico combate que travaram nas serras e planícies de Cuba os guerrilheiros encabeçados por Fidel Castro e Ernesto Che Guevara; por conseguinte, podemos proclamar com orgulho que foi a Nicarágua a terra que primeiro seguiu o generoso exemplo da heroica Cuba. Em outubro de 1958, pois, combate na Nicarágua a guerrilha encabeçada por um veterano sandinista, o patriarca Ramon Raudales, que ofereceu sua vida combatendo valentemente. Ano após ano, desde 1958, vieram se repetindo ações guerrilheiras na cidade e na montanha até chegar hoje a mais de uma centena. Eis aqui os nomes de alguns dos lugares em que ocorreram essas ações: Boer, El Rosario, El Redentor, La Hermita, Posoltega, Waslala, Zinica, Las Delicias, Centroamerica, Yaosca, Buenos Aires, Santo Domingo, Rota, Yucul, Pancasan, Kirraguas, Bluff, Ayaspal, Bocaycito, Rio Coco, Raiti, San Esquipulas, Bijao Sur, Rio San Juan, Poteca, El Dorado, Yamale, Chachagon, Pueblo Nuevo, El Chaparral, Yaule, Quilali, Las Bayas.

Forjar um instrumento revolucionário, consolidar bases guerrilheiras, tinha que ser um processo particularmente duro na Nicarágua; entre 1934, ano do suplício de Augusto Cesar Sandino, e meados de 1958, a luta popular da Nicarágua sofreu uma atrofia da qual seria necessariamente difícil sair. Essa atrofia foi provocada pela imposição ianque, pela articulação entre os partidos da oligarquia liberal e conservadora, pelo obscurantismo ideológico, pela ferocidade da Guarda Nacional. É necessário recordar os mais recentes casos da bestialidade da Guarda Nacional. Descoberta a casa em que se ocultava o sandinista Julio

Buitrago na cidade de Manágua, a Guarda Nacional lançou mais de 200 homens armados apoiados por tanques e aviões; Julio Buitrago negou-se a render-se, resistindo durante duas horas, até disparar o último cartucho, e a casa atacada foi reduzida a escombros. Isso sucedeu em 15 de julho de 1969. No mesmo dia houve um ataque parecido contra três companheiros descobertos em uma casa localizada no bairro Santo Domingo, de Manágua. Um ataque de proporções semelhantes foi lançado contra a casa em que se ocultava o jovem poeta Leonel Rugama e mais dois companheiros, em 15 de janeiro de 1970, no bairro El Redentor, de Manágua; e, em 3 de abril de 1970, só faltaram os tanques para que houvesse um ataque idêntico contra a guerrilheira Luisa Amanda Espinoza e o operário Enrique Lorente, em La Ermita, na cidade de Leon. Recordemos o assassinato do sandinista David Tejada, massacrado a coronhadas até que lhe saltaram os olhos, pelo major Oscar Morales, ajudante do chefe de governo Anastasio Somoza filho, sendo seu cadáver lançado na cratera do vulcão Santiago. Recordemos as dezenas de camponeses assassinados nas montanhas do Norte da Nicarágua, inclusive sendo jogados pelos ares de helicópteros. Recordemos as torturas a que são submetidos os camponeses nos campos de concentração da montanha, assim como os prisioneiros nas masmorras da cidade, sem excluir os estupros das jovens universitárias militantes.

A Guarda Nacional foi criada à sua imagem e semelhança pelos agressores ianques. Essa é a Guarda Nacional, sem as sublimes virtudes que lhe pretendem atribuir os aristocráticos príncipes herdeiros liberal-conservadores que encabeçam a pseudo-oposição, perversos demagogos a quem algum dia o povo da Nicarágua pedirá contas.

Esta mensagem é dirigida a todos os nicaraguenses, tanto aos que padecem dentro do território nicaraguense, quanto aos que integram a Nicarágua errante, que peregrinam pelos caminhos da América e até do mundo. A amargura de deixar a terra natal, tornada inóspita pela opressão, é uma característica essencial do drama nicaraguense. Dirijo-me aos trabalhadores nicaraguenses que trabalham nas plantações da América Central da United Fruit Company, aos que trabalham nas explorações de petróleo dos países do Caribe. Dirijo-me aos nicaraguenses que trabalham nas fábricas das cidades de guarida ianque, aos que estudam nas universidades de distintos países; onde quer que esteja, o nicaraguense pode cumprir o dever de forjar um destino livre para a pátria. Se é motivo de tristeza saber que durante séculos nossa terra nicaraguense sofre opressão inóspita, deve ser motivo de alegria continuar o perseverante combate das sucessivas gerações populares que nos precederam. Nicaraguenses errantes, caminhemos para o combate.

Falamos antes da agressão ianque de 1855, encabeçada pelo pirata William Walker. A Nicarágua, com o apoio da América Central, pensou ter vencido Walker; o fato é que posteriormente houve novas agressões ianques e, embora o povo da Nicarágua tenha resistido de novo, como na colossal rebelião guerrilheira encabeçada por Augusto Cesar Sandino, permaneceu vigente o decreto implantando a escravidão, emitido pelo ianque William Walker por ocasião da agressão de 1855.

É escravo o camponês de Jinotega, que por seu trabalho diário recebe muitas vezes apenas milho com sal; a criança do campo de Matagalpa que tem o rosto inchado devido à fome; o que colhe algodão em Chinandega com sua saúde e sua vida expostas pelo uso irracional que o latifundiário faz de inseticidas; é escravo o camponês despojado em Pueblo Nuevo Sur; o habitante do quente Acahualinca, que toma água com excrementos; o mineiro da Costa Atlântica, cujos pulmões são roubados pela

Gold Mining Company; é escrava a prostituta explorada pelo comandante militar mais próximo do bordel; é escravo o camponês das comarcas de Ciudad Dario que não pode contemplar as estrelas devido à cegueira noturna provocada pela deficiência de proteínas; o estudante que não pode continuar preparando-se porque carece de recursos econômicos; o operário despedido da fábrica porque ousou dizer uma palavra em tom de queixa pelo péssimo salário; o sacerdote justo ameaçado pelo bispo; o gatuno que sofre prisão enquanto os milionários malversadores controlam o aparato governamental. E ao imperialismo e a seus lacaios não basta transformar a fecunda terra nicaraguense em inferno do povo, transformam-na em base de agressão contra Cuba, o povo irmão que rompeu o jugo para sempre.

Somente com o fogo guerrilheiro poderemos romper os grilhões de escravos, somente com o fogo guerrilheiro faremos da Nicarágua o leito de um povo livre, irmão leal dos demais povos.

Pátria Livre ou Morrer!

III. Que é um sandinista?[60]

1. O revolucionário sandinista deve evitar a simples "frase revolucionária"; devemos acompanhá-la com uma profunda identificação com os princípios revolucionários.

2. O sandinista sabe vincular a teoria revolucionária à prática concreta em que atua, à estreita vinculação com as massas populares, assimilando a experiência que se desprende da prática de nossa força combativa.

60 Barricada, sábado, 8 de novembro de 1980. Texto publicado originalmente em um panfleto clandestino, em 1975; seleção de Carlos Gallo. Tradução de Ana Corbisier.

3. O sandinista deve ter um autêntico espírito crítico, já que tal espírito de crítica construtiva dá maior consistência à unidade e contribui para seu fortalecimento e continuidade, entendendo-se que uma crítica mal entendida que expõe a unidade, perde seu sentido revolucionário e adquire um caráter reacionário.

4. Um sandinista possui, antes de mais nada, modéstia revolucionária. Essa é uma qualidade que tem mais importância do que à primeira vista pode parecer. A modéstia facilita, talvez em muitos casos decisivamente, a vida coletiva, a atividade de um conjunto de pessoas.

5. A consciência coletiva, a consciência de que é a energia de um conjunto de homens que integra a vanguarda, é imprescindível no espírito militante. Esse espírito coletivista, que é sustentado pela modéstia, deve se converter em uma paixão para o militante revolucionário.

6. O revolucionário nunca esquece o título que ostentam os combatentes sandinistas: irmão. Isso não se opõe ao emprego da energia e do rigor, tão necessários na dura vida clandestina e guerrilheira. Trata-se de ser enérgico e rigoroso sem esquecer o respeito, a sinceridade, a fraternidade.

7. O militante sandinista, em qualquer lugar que esteja, deve estar relacionado em alguma medida com a vida do povo trabalhador.

8. O sandinista sabe que a correção ideológica não vale nada sem uma consequente conduta prática, mas uma conduta prática positiva é insuficiente se não estiver acompanhada de uma definição ideológica revolucionária.

9. O sandinista sabe que só um estreito vínculo com os trabalhadores contribui para sua verdadeira educação política.

10. O sandinista pratica uma política de paciência e serenidade, evitando que esta se transforme em uma política de

indulgência. Ser paciente sem ser indulgente, sem deixar passar em branco as distintas violações dos princípios.

11. O revolucionário sandinista não pode se propor apenas a ensinar às massas populares, mas sim ao mesmo tempo deve aprender e saber ser discípulo das massas populares. Que todos os seus passos levem a marca do caráter de nosso povo.

12. Há questões que incomodam no plano pessoal, mas nossa obrigação é subordinar tudo aos interesses da causa sandinista, aos interesses do povo nicaraguense subjugado, aos interesses dos explorados e oprimidos da Nicarágua.

13. O sandinista sabe ajudar seus companheiros a reconhecer suas falhas, suas debilidades. Mas deve entender que um sandinista não deve ser compreensivo por tática, por simples conveniência, e sim porque assim o exigem os princípios revolucionários.

14. O sandinista sabe vincular as opiniões das pessoas a suas práticas, como conciliar o que dizem com o que fazem. Demonstrar perfeccionismo no papel é fácil, demonstrá-lo na prática é difícil.

15. Um revolucionário sabe que, esteja onde estiver, sempre que lute pela humanidade estará cumprindo seu dever.

16. Um sandinista não é desmedido nem no pessimismo nem no otimismo.

17. O sandinista sabe que, se alguma vez for necessário qualificar, deve-se empregar os termos mais objetivos e imparciais. Sem cair em epítetos. Qualificar, mas não para responder ao insulto com outro insulto, e sim para demonstrar nossa serenidade.

O LEGADO DE FLORESTAN FERNANDES

Florestan Fernandes[61] é o único autor a ser repetido em nossa coleção até aqui. Isso se deve a sua capacidade de recolocação do pensamento político estratégico, em um momento de reinício da luta popular, sindical e política em 1978 com o tema "Movimento socialista e partidos políticos".[62]

Viveu o processo repressivo e sanguinário da ditadura militar instalada no Brasil em 1964, sendo perseguido e proibido de ensinar na Universidade de São Paulo – USP. Exilado em 1969, retornou em 1972 para embrenhar-se no combate à ditadura.

A tentativa de resistência da luta armada, comandada por Carlos Marighella, Carlos Lamarca, João Amazonas e outros revolucionários brasileiros, deu seu último suspiro em 1974, quando a guerrilha do Araguaia sofreu seu golpe fatal. Havia

[61] Ver dados biográficos de Florestan Fernandes no volume 2 desta coleção.

[62] Conferência proferida no Grupo Educacional Equipe (25/10/1978), promovido pela Associação Brasileira de Imprensa.

que se buscar outras formas para enfrentar os desafios colocados e reorganizar o ascenso das lutas sociais e políticas.

De todas as obras que Florestan produziu, sem dúvida nenhuma, a maior delas foi a construção de si próprio, como bem disse: "Eu, infelizmente, não cumpri o caminho comum entre imigrantes, de aspirar à ascensão social e adotar as técnicas das classes dominantes. Fiquei fiel à minha origem social".[63] Essa fidelidade se deu também no campo das ideias em que adotou como referência o marxismo, do qual também foi o seu continuador no campo da sociologia e da política em nosso país.

O sofrimento desde a infância deu a ele o vigor para torná-lo coerente com os princípios políticos e revolucionários. Crítico do capitalismo e defensor intransigente do socialismo, acreditava que não podia haver causas perdidas definitivamente, mesmo que as circunstâncias apontassem para isso.

> Ao ser perguntado sobre a esquerda brasileira após o desmonte dos países socialistas disse: ... Para que a esquerda ligada ao socialismo revolucionário e ao marxismo tivesse sucumbido (e assim estivesse condenada ao silêncio), seria necessário que o capitalismo da fase atual conseguisse uma equação definitiva para a chamada questão social. Não é o que ocorre. Os países centrais, ao atingirem a plenitude do capitalismo oligopolista automatizado, engendraram condições nas quais tende a aumentar a porcentagem da população desempregada e marginalizada.[64]

Essa convicção e clareza nas ideias vinham de seu profundo conhecimento da sociedade brasileira. Havia se dedicado na década de 1960 a escrever sobre *A revolução burguesa no Brasil*.

---

63 *Folha de S. Paulo*, 22/1/1995, p. 5.

64 *Folha de S. Paulo*, 20 /8/1995.

Procurou ali desvendar a origem e o desenvolvimento da burguesia em nosso país. Disse ele depois de explicar o processo de formação da burguesia, que aqui,

> (...) contamos com os dois tipos tidos como clássicos de burguês: o que combina poupança e avidez de lucro à propensão de converter a acumulação de riqueza em fonte de independência e de poder; e o que encarna a capacidade de inovação, o gênio empresarial e o talento organizador, requeridos pelos grandes investimentos modernos (...)[65]

Isto o levou a indagar: "Existe ou não uma 'revolução burguesa' no Brasil?"[66]

Sabiamente concluiu que, aqui, a burguesia não teve condições de manter a revolução. "Por ser muito conservadora, reacionária e opressiva, a burguesia não se interessou pela revolução urbana nacional".[67] Por essa razão, foi uma revolução interrompida, diferentemente da revolução burguesa da Europa.

Mas a revolução burguesa interrompida, segundo a sua visão, não livrou o nosso país de termos aqui a organização de uma sociedade antidemocrática, vítima da dependência externa. Essa visão consistente das causas e consequências do capitalismo no Brasil, o levou a atuar politicamente em dois sentidos: atacar os problemas imediatos e impulsionar a revolução para a transformação radical de nossa sociedade. Para ele, a tarefa fundamental do proletariado era tomar o poder.

A sua identidade com o povo pobre brasileiro o tornou esse grande revolucionário respeitado e, em todos os momentos, seja contra a ditadura, seja na vida acadêmica ou na política parlamentar, nunca deixou de se posicionar a favor das causas

---

65 FERNANDES, Florestan. *A revolução burguesa no Brasil: ensaio de interpretação sociológica*. Rio de Janeiro, Editora Guanabara, 3ª edição, 1987, pp. 19-20.

66 *Idem*, pp. 20-21.

67 *Folha de S. Paulo*, 20/8/1995.

libertárias e socialistas, mas, acima de tudo, colocou o conhecimento a serviço dessas causas.

Para quem luta, Florestan é uma referência fundamental, seja pelas características de sua personalidade, seja pelo seu compromisso firmado sobre os princípios socialistas.

Florestan não viveu para ver o triunfo da revolução brasileira que tanto defendeu; mas, com ele, certamente, nós e as gerações revolucionárias do futuro, que lutaremos por ela, erraremos menos.

★★★

Ainda no auge da ditadura militar, Florestan continuava um crítico ferrenho dela e procurava alertar para não se acreditar no seu enfraquecimento. Foi o que fez, na conferência promovida em 1978 e publicada com o nome: "Movimento Socialista e Partidos Políticos".

Após apresentar o roteiro de sua exposição, dedicou-se, na introdução, a dar alguns alertas. Primeiro sobre o desgaste e a reciclagem da contrarrevolução. Algumas contradições no seio da ditadura poderiam supor sua agonia. "Nenhum regime ditatorial está em agonia enquanto ele não é derrotado, e a ideia de que ele está esgotado é uma ideia que só é vantajosa para o próprio regime". Se acreditassem na sua exaustão, ninguém mais lutaria para derrotar a ditadura.

Em segundo lugar, aprofundou os efeitos da contrarrevolução. Que, de certa forma, trazia algumas vantagens, pois ela, ao reprimir, condensava as forças adversárias, ou seja, obrigava os seus opositores a se unirem.

Ela própria gerava naturalmente o seu contrário. E exemplificou, tomando como referência que quem mais tinha sido prejudicada era a classe operária e era ela que estava se levantando.

Um terceiro aspecto era o próprio tema da conferência. Chamou a atenção de que deveriam discutir o assunto do movimento socialista e os partidos políticos. Isso se devia a que o regime havia impedido que as ideias socialistas fluíssem livremente. Embora a ditadura houvesse se apossado do conceito de revolução e pervertido seu conteúdo o estigma e a perseguição aos comunistas era ainda muito forte.

A partir disso, buscou, por meio de definições simples, caracterizar o que era o movimento socialista, e assim foi revelando o que seria uma estratégia revolucionária. Para ele, o movimento era a confluência das forças anticapitalistas, tanto para impulsionar as reformas quanto para alimentar a revolução contra a ordem e organizar a sociedade em novas bases.

Os partidos, também socialistas, seriam a forma de organização institucional dessas forças. Claramente deixou transparecer a diferença da força social e do partido. O segundo aglutina a primeira. Apresentou duas visões partidárias, uma que possuía potencial desagregador do regime e outra que maximizava esse potencial. As duas eram importantes.

Então afirmou o que possivelmente hoje vivemos: quando o movimento socialista é fraco, corresponde ter partidos socialistas também fracos. Ou seja, pensamento parecido encontramos no volume dois desta coleção, exposto por Carlos Marighella, e neste, defendido por Carlos Fonseca. "A ação faz a organização". Sem movimento não há ação. Tendo a ação, o movimento e o partido ou se fortalecem ou perecem juntos, como vimos nas últimas décadas no Brasil.

Mas Florestan, ciente ou não, resgatou uma parte da herança de Rosa Luxemburgo, que acreditava ser a revolução "um movimento para a frente". "Os processos se abrem para frente", disse ele. Se os partidos são fracos, não possuem capacidade de agregar ninguém. Para isso, os conflitos de classe são determinantes para avançar.

Segundo ele, havia uma relação profunda entre o movimento socialista, o partido e a classe, que sempre é o elemento central que condiciona e regula o vigor do movimento e do partido.

Propôs estabelecer um ponto de partida para a análise global, na sua visão estratégica. Esse ponto não deveria ser o capitalismo, mas o socialismo, pois este já não era "uma hipótese científica, nem uma probabilidade histórica", ele é a alternativa para o padrão de civilização. Já atingia na época um terço da humanidade. A hipótese do socialismo é concreta.

Os países capitalistas, sabendo disso, endureciam a perseguição ao inimigo interno e externo para evitar que o movimento socialista avançasse. Isso se dava tanto em países como Brasil quanto na República Federativa Alemã, onde os regimes oscilavam entre democracia forte, regimes autoritários, e oscilação fascista, numa clara vinculação entre burguesia nacional e imperialismo.

Com a certeza de quem acreditava no movimento para frente e que a história futura estava reservada ao socialismo, Florestan expôs de maneira simples o significado das mudanças. "O capitalismo, com tantos séculos de sobrevivência, não conseguiu eliminar suas contradições fundamentais. Por quê? Porque se eliminasse essas contradições, desapareceria. O socialismo nasce da eliminação dessas contradições..." Aí está a elaboração mais direta do que significa o socialismo. Para chegar a ele existem múltiplas vias em que o ponto de partida determina os meios e os fins.

Dentre todos os autores, Florestan é o único que expõe francamente a necessidade de uma utopia como estratégia: "Para haver uma revolução, é preciso obter uma utopia central forte".

A superação da autocracia burguesa era uma necessidade e, por isso, a seu ver, ela tinha a sua importância histórica que se colocava diante da possibilidade visível de sua destruição. O papel desenvolvido pela autocracia burguesa ajudava a acabar com duas ilusões: a primeira, que a burguesia pudesse realizar revoluções dentro da ordem. Isso já não era mais possível. O que a burguesia seria capaz de fazer era organizar a contrarrevolução para garantir a defesa final da ordem capitalista. A segunda ilusão era acabar com o mito da democracia burguesa. A burguesia estava empenhada na "defesa final da ordem capitalista", para tanto, não só no Brasil, mas também na América Latina, a contrarrevolução era hedionda e feroz e visava sufocar as revoluções democráticas e nacionais.

Em seguida, Florestan ocupou-se em descrever as táticas que impulsionariam o processo para a frente, que se resume em mobilizar os diferentes setores explorados e pensar na luta de classes com pressões radicais de baixo para cima. Já havia reações, no movimento estudantil e na Igreja católica, mas o conflito principal, para ele, seria aquele que punha o operariado contra o regime, e que estava se levantando, trazendo consigo a superação do sindicalismo e do obreirismo. Ia além da categoria. Visava a transformação mais profunda da sociedade. Isso não havia ocorrido antes por falta de condições de formação da classe. Era um avanço, porque o operariado estava exigindo as mudanças, ninguém as exigia em seu nome.

A segunda parte da exposição, para ele, mais importante, trataria das prioridades relacionadas com o movimento socialista e os partidos socialistas.

Repetiu que ambos eram interdependentes: "sem os partidos nunca haverá educação socialista das massas, e portanto, nunca haverá movimento socialista". Na realidade brasileira, a prioridade era o movimento socialista, pois o movimento espontâneo das massas havia tomado a dianteira e corria na frente do movimento político organizado.

A sua ideia, na tática organizativa, diferenciava o momento do movimento socialista e o momento do partido. Após o movimento das forças deslancharem ainda com o nível de consciência em si, o movimento socialista ocuparia o centro do palco. Após as massas terem dado esse salto, é que o partido se fazia necessário.

Consciente de que o movimento socialista estava na frente, pois de fato os partidos políticos pouco representavam, situou o problema: "Se o movimento socialista está na frente, por enquanto, ele exige algo de nós, uma tática política, qualquer que seja a nossa posição". A unificação das forças tinha sido prejudicada pelo dogmatismo, pelo sectarismo e por outros desvios. Não era hora ainda das disputas internas para saber quem tinha as palavras de ordem mais corretas.

Sentia certamente o vazio partidário e a enorme fragilização da esquerda em grupos que seriam incapazes de perceber as mudanças que estavam ocorrendo no ascenso do movimento de massas, que não eram vistas como prioridade. O partido ou o grupo era a prioridade para muitos e, enquanto ficassem disputando quem era o melhor, o movimento seguia em frente, como de fato seguiu; dois anos depois da conferência, surgiu o Partido dos Trabalhadores para tomar o centro do palco, como havia previsto Florestan, o movimento socialista já exigia essa criação. Aos poucos os partidos e grupos foram ficando para trás.

Com o decorrer do tempo, as palavras de ordem do PT unificaram as forças partidárias, fora do movimento socialista, não para o que queria Florestan, mas para disputar o governo central via processo eleitoral, cumpririam as tarefas da democracia dentro da ordem e não as tarefas do movimento socialista revolucionário. É bem verdade que, no momento dessa junção, o movimento socialista tinha decaído e estava praticamente paralisado. Os partidos estruturados, em vez de recuarem em busca do movimento, procuraram sobreviver sem o oxigênio da luta de classes e se aliaram aos partidos da ordem.

Para Florestan os partidos socialistas são fundamentais, na legalidade e na ilegalidade. Não podiam naquele momento, só porque eram proibidos pela ditadura, "se contentar em ser rabo de foguete do PMDB", para onde vários partidos tinham ido.

A tática era, primeiramente, criar "um espaço democrático para as classes trabalhadoras por meio dos conflitos contra a burguesia e contra o capitalismo, por reformas anticapitalistas, por revolução dentro da ordem e mais tarde por revolução contra a ordem..."

Era preciso seguir o processo sem fantasias, lentamente, sem queimar etapas até o dia da avalanche, que seria o resultado da acumulação de forças. O terreno tinha que ser conquistado de forma paciente, sólida e organizada. O inimigo sabia o que perdia, por isso, ao ser apertado, recorria ao imperialismo.

Chamou a atenção para o cuidado com as alianças. E afirmou sem receio aquilo que deveria ser o centro da tática: "estamos dando prioridade à luta de classes, não à aliança de classes".

Concluiu, reafirmando a luta de classes como referência. Para ele os dois objetivos centrais, estratégicos e táticos eram: atacar o inimigo comum de classe e direcionar as mobilizações espontâneas contra a ordem. O movimento socialista teria que serem os nervos do processo.

MOVIMENTO SOCIALISTA E PARTIDOS POLÍTICOS[68]

Gostaria de estar em outro lugar, neste instante,[69] para prestar uma homenagem a um homem que foi assassinado pela ditadura. De modo que peço a todos que se levantem para prestarmos uma homenagem a Vladimir Herzog. (Pausa)

É comum dizer-se: rei morto, rei posto. Ninguém pode substituir uma pessoa que é assassinada pela violência. Vlado morreu em um momento no qual estava no auge de sua capacidade criadora. Era um homem exemplar e ele nos ensina o que nós podemos esperar desse regime que está aí: se nós não tivermos coragem de lutar contra ele de maneira denodada,

---

[68] Texto gentilmente cedido pela família do autor. *Movimento socialista e partidos políticos*, Ed. Hucitec, São Paulo, 1980.

[69] Realizava-se então uma homenagem a Vladmir Herzog, promovida pelo Sindicato dos Jornalistas. Essa conferência foi proferida no Grupo Educacional Equipe (25/10/1978) dentro do I Ciclo de Debates sobre Partidos Políticos e Democratização (promovido pela Associação Brasileira de Imprensa, SP, e por *Em Tempo* e ABI SP). O roteiro da exposição (de utilidade para os que preferirem um texto mais denso e técnico) consta de *Brasil: em compasso de espera*, Editora Hucitec.

clara, definitiva, outros Vlados irão surgir e nós continuaremos a fazer minutos de silêncio. Até hoje o maior episódio, a maior manifestação de massa que ocorreu contra a ditadura foi a missa organizada ecumenicamente na Catedral da Sé. Eu chorei dentro da igreja pela fraqueza daquela homenagem. Nós estávamos pranteando o homem e não lutando para vingar a sua morte.

Se é preciso uma transição democrática limpa e pacífica, como se propala, para ser limpa e pacífica tal transição exige que tais atos de brutalidade selvagem sejam eliminados. Que nós tenhamos a coragem de dizer o que pensamos e o que nós faríamos, em suma, qual é o nosso dever diante da brutalidade que não se impõe nem obedece a quaisquer limitações "civilizadas".

Acredito que não fui o único que chorou dentro da igreja. Não foi de vergonha, foi de raiva pela impotência de não fazer algo diferente. Ainda não chegamos ao momento decisivo. Mas é preciso que se fale que os assassinatos não serão esquecidos e que aqueles que mataram terão de responder por seus crimes.

Com isso vou passar à exposição: o tema que me foi dado pelo professor Caio Navarro de Toledo. Eu entendo que o tema, "Movimento Socialista e Partidos Políticos", é claro. É desnecessária a referência "no Brasil". Estamos no Brasil e essa qualificação articularizadora é desnecessária.

O roteiro desta exposição é simples. Além de uma introdução geral, dedicada ao debate de certas questões prementes, pretendo explorar livremente três tópicos centrais. Em primeiro lugar, o que é movimento socialista? Segundo, tendo em vista as peculiaridades da situação histórica brasileira, o que merece prioridade: o movimento socialista ou os partidos socialistas? Por fim, como os partidos socialistas devem enfrentar tal situação, ou seja, como combinar o tático com o estratégico em condições a um tempo tão precárias e tão difíceis?

Preparei um roteiro de exposição relativamente longo. Não sei qual é a paciência dos senhores, se realmente estão dispostos a enfrentar esse roteiro ou se preferem algo abreviado. Naturalmente, eu gosto do debate, o debate é a parte mais importante e é claro que, provavelmente, irei decepcionar vocês. Se alguém veio aqui com a ideia de que existem cabeças que têm todas as soluções, esse alguém vai ficar decepcionado. Não possuo as soluções, ninguém tem as soluções na algibeira. A solução tem que ser procurada coletivamente. Entretanto, podemos conversar, discutir e, quem sabe, assim, chegar a uma solução.

Na parte introdutória da exposição gostaria de situar três pequenos temas. Um diz respeito ao desgaste e à reciclagem da contrarrevolução. Esse regime que está aí, e que se chama, ele próprio, de revolução, é um regime contrarrevolucionário. E constitui uma contrarrevolução prolongada. Nós vamos voltar a essa noção de contrarrevolução prolongada. É uma contrarrevolução que procura se perpetuar indefinidamente e continuar por todos os meios, pela violência direta e organizada e, se puder, depois, pelo Parlamento e por outros mecanismos. A questão é que o regime sofreu alguns abalos, surgiram conflitos dentro dos grupos que o apoiam. Então, surgiu a ideia de que o regime já está em agonia. É uma ideia perigosa. Nenhum regime ditatorial está em agonia enquanto ele não é derrotado e a ideia de que ele está esgotado é uma ideia que só é vantajosa para o próprio regime. Mesmo que ele caia depois de amanhã, nós devemos ter a ideia de que estamos lutando contra ele e que ele precisa ser derrotado. E não se iria querer derrotar algo que já está destruído.

Eu diria que, apesar de todas as contradições da situação brasileira, do enfraquecimento das bases econômicas e sociais do regime contrarrevolucionário, ele ainda tem capacidade de automanutenção. A tal ponto que o candidato à presidência foi feito, sancionado, consagrado e há hipóteses de que ele poderá ficar no poder um, dois ou três anos, todo o "mandato". Mesmo que ele ficasse cinco dias já seria muito! O problema para nós, na discussão crítica, é o do desmoronamento da ditadura, quando chega esse desmoronamento. Porque a reciclagem é controlada pelo governo. Enquanto o governo tiver capacidade de manipular a sede da instituição que está sob seu comando, ele tem um poder muito grande. E, de outro lado, ele tem uma "legitimidade" garantida pela sociedade civil e pela sociedade política, pois uma é o retrato da outra, o que torna a situação muito complicada. Portanto, quando eu falar dessa contrarrevolução, não pensem que eu dei essa contrarrevolução e o regime que ela criou por enterrados. Eles estão aguardando a destruição e a destruição não chegou à etapa final. Talvez nós estejamos assistindo ao início do desgaste e a um aprofundamento do desgaste; mas o desmoronamento ainda não pode ser previsto. Esses regimes não têm data marcada para desaparecer. Quando se esteve sob o Estado Novo, de 1937 a 1945, nunca se imaginava que ele iria soçobrar como soçobrou. Naquele ano de 1945 todas as coisas se precipitaram. Nos anos anteriores realizou-se uma oposição organizada que foi muito forte, muito mais forte que a oposição que está enfrentando este regime atualmente. Entretanto, a acumulação de forças durante a luta contra aquela ditadura fez isso, fez com que o colapso fosse rápido. Ele surgiu como se desabasse um edifício sem estrutura, sem alicerce. A mesma coisa aconteceu com o Salazarismo. A mesma coisa aconteceu com a ditadura grega. Esses regimes surgem através de conspirações, às vezes palacianas; enfrentam uma oposição, que vai engrossando, veem sua base de sustentação desgastada e, finalmente, ruem. Nós ainda não chegamos a esse período de implosão, e é preciso que todos tenham em mente isso. A luta contra esse regime só agora está entrando em sua fase decisiva.

Em segundo lugar, queria chamar a atenção de vocês para alguns efeitos de uma contrarrevolução prolongada. Quase sempre se pensa numa contrarrevolução para enfatizar a capacidade que esses regimes têm de se revitalizarem, de reconstruírem sua base de poder. Entretanto, todo regime autocrático que oprime e que reprime, ao oprimir e reprimir, condensa a força dos adversários.

É preciso que vocês pensem nisso desde já. Nós vamos insistir muito nesse aspecto depois. Mas é preciso pensar nisso desde já e até em termos dialéticos: como é que uma coisa pode gerar o seu contrário, como é que a repressão pode gerar o impulso à liberação. Vejam bem, qual foi a área da sociedade brasileira que sofreu mais com esse regime? Foi naturalmente o setor operário da população, o setor pobre e trabalhador. E onde surgiu a oposição mais significativa? Exatamente aí. Por quê? Porque foi exatamente aí que o calcanhar-de-aquiles do regime se revelou. Portanto, há o que eu chamaria de efeito corrosivo de um regime ditatorial muito despótico. Ele acaba fortalecendo as pressões de baixo para cima. Ao tentar impedir que essas tensões apareçam, eles criam as condições para que elas surjam; e surgem, às vezes, de forma incontrolável.

Vamos debater muito essa questão aqui. Parece que eu vou insistir demais sobre alguns pontos. E não é apenas por técnica expositiva; não é para que vocês adiram ao meu pensamento. É que nós precisamos marcar uma posição, formar certas convicções e, por isso, é essencial insistir sobre alguns aspectos da realidade. Da realidade inclusive que nós podemos criar no futuro.

Por fim, há uma implicação política do nosso tema que não pode ser negligenciada. Não vou fazer digressões teóricas nem acho que isso seja importante. Tampouco sou professor de teoria política nem estou aqui em nome de qualquer posição acadêmica. Mas nós temos que falar sobre movimento socialista e sobre partidos políticos. E eu entendi partidos políticos, naturalmente, socialistas. Com isso, fica um problema. O que é importante: o movimento, ou os partidos? Nós vamos discutir essa questão daqui a pouco.

Em primeiro lugar, nós precisamos saber o que é movimento: quando estou falando em movimento socialista, a que me refiro? Encaro o movimento de uma perspectiva mais ampla, uma confluência de forças anticapitalistas. Dentro de uma sociedade capitalista surgem forças antagônicas ao capitalismo, que buscam acabar com o modo de produção capitalista, o regime de classes, o Estado nacional, o sistema de poder da burguesia. E esse movimento tanto pode assumir uma forma gradualista quanto uma forma revolucionária. Então, o movimento é uma confluência das forças, de todas as forças que se voltam contra a ordem existente. Ou para introduzir reformas antiburguesas dentro dessa ordem; ou para alimentar uma revolução contra a ordem e organizar a sociedade, a economia, o sistema de poder em novas bases.

Já os partidos são a forma de organização institucional dessas forças. Essas forças sociais se organizam institucionalmente e é através dos partidos que se realiza a aglutinação de forças; e se realiza, também, a sua aplicação em fins mais ou menos visados consciente, deliberada e organizadamente. É claro que os conflitos de classe delimitam a área dentro da qual se realiza essa utilização concentrada das forças sociais antagônicas à ordem capitalista. Por meio do conflito de classe se tem o sistema de referência que ordena a concentração institucional das forças sociais que são contra a ordem (o "poder revolucionário" ou o "antipoder").

Naturalmente, dependendo do grau de receptividade da sociedade para com o movimento socialista, os partidos poderão ter uma função de desagregação da ordem mais ou menos intensa. Naturalmente, há partidos socialistas que contêm a sua potencialidade desagregadora e há outros que procuram maximizar essa potencialidade. O nosso interesse vai no sentido dos dois tipos de partidos. Nós não podemos refletir sobre um determinado tipo de partido. Temos de refletir sobre os dois. Inclusive porque, no processo político real, eles estão entrelaçados.

É claro que quando o movimento socialista é fraco – é preciso usar essa noção ou grifada ou entre aspas – quando ele é fraco ou não tem muita densidade, a esse movimento socialista fraco correspondem partidos sociais débeis (débeis também grifada). Basta que vocês pensem sobre o Brasil: nós não temos um movimento socialista vigoroso. Qual é a consequência? Nós não temos também partidos socialistas fortes, que possam exercer funções agregadoras ou aglutinadoras; capazes de criar uma efervescência política e coordenar movimentos de reforma social ou de revolução. Agora, é preciso que vocês não situem nem o movimento socialista nem os partidos socialistas no vácuo. Eles são realidades históricas, existem dentro de uma sociedade capitalista. Acaba sendo necessário pensar sobre qual é o grau de amadurecimento e de diferenciação do regime de classes. Quanto mais diferenciado for o regime de classes, de uma forma estrutural-funcional e histórica, mais forte é o movimento socialista e, em consequência, também mais forte é o padrão de partido socialista que corresponde, na situação histórica, a esse movimento. Quer dizer que há uma interdependência entre movimento e partido, mediada, naturalmente, pela realidade histórica condicionante, que é o regime de classes, o qual é dinamizado por meio de conflitos de classes. Os conflitos de classes alimentam tanto o movimento, quanto os partidos. Se o regime de classe não é diferenciado, não é forte e desenvolvido, o que é que acontece? O espaço político para a existência de um movimento socialista é reduzido e, em consequência, os partidos socialistas são mais ou menos incongruentes. Eles representam mais fins psicológicos do que políticos e, às vezes, respondem mais à alienação moral de grupos privilegiados, que à impulsão coletiva das pressões proletárias.

Agora, quando o regime de classes é bastante forte e os conflitos de classes eclodem de maneira socialmente construtiva, o sistema capitalista secreta o seu contrário (é preciso pensar que os conflitos de classes são construtivos; a representação corrente desse conflito como uma entidade paralisadora, destrutiva, que aniquila a sociedade, é uma representação conservadora, é parte de uma sociologia da ordem; é claro que, se vocês pensam em termos de movimento socialista, se localizam no polo da sociologia da revolução ou da reforma social. Portanto, não podem aceitar essa fraseologia mistificadora. Têm de refletir criticamente e repudiá-la). De qualquer maneira, se se coloca o movimento socialista e o partido socialista dentro de um contexto histórico no qual há uma ebulição por causa da maneira pela qual eclodem os conflitos de classes, o que se tem é uma relação muito instável entre movimento e partido. Movimento e partido interagem entre si, determinam-se reciprocamente, se fortalecem e crescem juntos. Ou então perecem juntos. Mas de qualquer maneira estão sempre em influência recíproca, pela mediação das classes, consciência de classes etc. Então, se vocês pensam em termos de proletariado, a capacidade de comportamento coletivo e organizado, de consciência de classe, de solidariedade de classe, de capacidade de luta de classe etc., vocês coligem os elementos necessários para que nós possamos compreender como as classes trabalhadoras, como os setores antagônicos à ordem imperante em uma sociedade capitalista dinamizam e fazem eclodir as contradições do regime de classes. Inclusive como nos setores intermediários e nos estamentos dominantes surgem grupos divergentes, que às vezes aderem a comportamentos anticapitalistas. É preciso botar todos esses elementos dentro do espectro. Tudo isso aí depende de dinamismos dos conflitos de classe. É preciso não pensar na classe como um pé-de-chumbo, como se a classe afundasse o movimento socialista, afundasse o partido. A classe não é um pé-de-chumbo; ela é o elemento central, que condiciona e regula o vigor do movimento e do partido. É por isso que as pessoas que partem da reflexão localizando-se no partido não possuem um ponto de referência correto. Porque elas perdem o elemento estrutural e histórico, que serve de baliza para que se entenda não só o presente, mas o fluir desse presente na direção do futuro. Os processos se abrem para a frente, não para trás. Para trás está alguma coisa que nós pretendemos morta, que nós queremos destruída.

Quando nós pensamos dentro desse esquema de referência, nós podemos dizer que, como regra, onde o suporte material e a base política das potencialidades da negação da ordem das classes trabalhadoras são incipientes, amorfas ou fracas, o movimento vem a ser prioritário, o movimento tem mais importância e o partido vem a ser um fator de reforço. Inversamente, quando as classes trabalhadoras possuem dinamismos bastante fortes e têm espaço político suficiente para organizar seu movimento operário, seus sindicatos etc., nesse caso os partidos são os elementos centrais, são os elementos de concentração e de centralização das forças sociais socialistas.

Essa breve introdução pode parecer dispensável. Mas ela era necessária pelo menos para localizar o meu pensamento em relação a alguns temas que são importantes.

O primeiro tópico da discussão diz respeito ao ponto de partida atual. Nós estamos no Brasil, mas não estamos isolados do mundo. E eu queria localizar esse ponto de partida tendo em vista vários elementos da situação global. Quando se é socialista, a tendência é para ver a situação global de maneira integrativa. Não abrindo um buraco no chão e se enfiando dentro dele.

Gostaria de fazer a exposição deixando algumas questões centrais para o debate. Com referência ao ponto de partida atual, em vez de começarmos pelo capitalismo, nós devemos começar pelo socialismo. Nós não vivemos em uma época em que a revolução socialista seja alguma coisa meramente hipotética. Não é uma hipótese científica, nem uma probabilidade histórica. A revolução socialista ocorreu em uma porção de nações. Nós podemos dizer que o socialismo, hoje, é a alternativa para o padrão de civilização moderna decorrente do capitalismo. Isso quer dizer que o socialismo oferece um padrão de integração da civilização moderna alternativo. Quer dizer que o socialismo define um padrão para essa civilização. Ou esse padrão tem vigência, ou essa civilização capota, está condenada. A alternativa da chamada "crise de civilização" não se define em termos das sociedades capitalistas, define-se em termos das sociedades socialistas. E essas sociedades socialistas hoje constituem, aproximadamente, um terço da humanidade. Portanto, não se trata de uma mera probabilidade de cientistas políticos engenhosos. Embora essas nações socialistas sejam mal conhecidas em todo o chamado "mundo da liberdade", os regimes socialistas ou semissocialistas são bastante fortes para sobreviverem e abrirem seu caminho na direção do futuro. Se existe um padrão de civilização que está se redefinindo em termos socialistas e se um terço da humanidade já vive em condições de transição para o socialismo, ou de socialismo relativamente avançado, nós temos de admitir que vivemos numa época em que há uma certa facilidade de difusão do socialismo. O socialismo está em processo de irradiação e difusão e o "mundo socialista" nos oferece pontos de apoio. Quer dizer, se uma nação qualquer, como acontece com Cuba e com a Argélia ou com outros países, tem uma probabilidade de transição socialista, ela pode encontrar um suporte dentro do mundo socialista. Esse elemento é central para o nosso quadro, não é um elemento aleatório. Há um avanço do socialismo, um avanço que se materializa em função do processo histórico. E o próprio mundo socialista cria condições para acelerar esse processo.

Qual é a contraparte desse avanço? A contraparte é que há um endurecimento, em escala mundial, do capitalismo. Os países capitalistas, que já se veem ameaçados pela ideia de que poderia haver uma crise, um desmoronamento a partir das contradições da forma de produção capitalista, do regime de classes, do Estado constitucional e representativo – que já viviam sob uma psicose – agora passam a ver-se diante de uma psicose maior. A hipótese de países socialistas não é ideal ou suposta, ela é concreta. A ameaça ao capitalismo não é ameaça teórica; é uma ameaça militar, política e de alternativa de civilização. Em suma, avançou-se muito.

O endurecimento dos países capitalistas é um endurecimento para dentro e para fora. Há uma perseguição do inimigo interno, especialmente se esse inimigo interno se organiza para fazer com que o movimento socialista prossiga e vença.

Então são eles os "inimigos da ordem": cadeia, destruição. O cerco do inimigo interno é um cerco sistemático e terrível. E há também um cerco contra o chamado inimigo externo. Os países socialistas enfrentam uma permanente conspiração organizada e planejada, de escala mundial, que visa abalar ou destruir a organização e a expansão do socialismo. O cerco precisa ser organizado em escala mundial, de uma forma não só militar, mas logística, prevendo contrainsurgência e uma porção de refinamentos de toda guerra moderna. Não vou me estender sobre isso, porque não é o objeto da nossa discussão. Mas vocês devem ter em mente que esse cerco interno e externo é um cerco impiedoso. Tanto o "inimigo interno", quanto o "inimigo externo" têm que ser perseguidos com todos os meios. E se uma revolução em um pequeno país, como Cuba, parece ameaçar não o gigante, mas o hemisfério, então é preciso segregar, é preciso impedir que esse experimento tenha êxito, é preciso obrigar esse pequeno país a dispersar investimentos produtivos na direção da guerra, do armamento e de outros fins de autodefesa que não são essenciais para um país socialista. Só são essenciais para que esse país tenha condições de se defender e de se preservar dentro de um caminho socialista.

Portanto, nós estamos diante de processos no plano internacional que são policial-militares, de contrainsurgência e políticos; possuem uma natureza antissocial, antiliberal e totalitária. Quando se fala de regimes totalitários se esquece de que, no contexto atual de conflito irreversível entre países capitalistas e países socialistas, o totalitarismo funciona dentro do Estado constitucional e representativo. Ele está acoplado dentro desse Estado "nacional-democrático", pelo menos em algumas funções que esse Estado tem de exercer (funções repressivas de alto porte, de alta envergadura).

Essa não é a parte essencial de nossa discussão. Mas, aí observamos uma oscilação que é muito conhecida, a qual produz a chamada democracia forte, que é a variante mais hábil, mais tênue, desse tipo de regime, que prepara o Estado para enfrentar o "monstro socialista". As democracias atuais já não são mais liberais, elas são "democracias fortes"; estão preparadas para o assalto final, essa luta de pesos-pesados na história do mundo. Neste último quartel do século 20, vivemos a fase decisiva dessa luta. E essa é, sem dúvida, a forma mais tênue, mais mitigada, que a democracia constitucional e representativa assume em termos de totalitarização.

Em seguida vêm os chamados regimes autoritários, que atestam uma maneira discreta e mistificadora de se secretar o totalitarismo, já severamente implantado dentro do Estado e por meio do Estado. Este adquire funções repressivas que entram em contradição com constituições democráticas e liberais (o paradoxo chega a ser grande: países como a República Federal Alemã, por exemplo, acabam fazendo a mesma coisa que o Brasil, em termos de "perseguição" do inimigo interno ou de "defesa" diante do inimigo externo). Nesse plano, todos se confundem, porque todos estão empenhados em "salvar" a civilização cristã... Não sei o que Cristo e os cristãos têm a ver com isso. De qualquer maneira, estão envolvidos na história.

Por fim, há a oscilação fascista, que já teve um apogeu e que provavelmente vai voltar a ter um clímax de novo, à medida que se impuser uma confrontação mais violenta nessa transição terrível, que estamos vivendo. É uma história rica e cheia de fatos dramáticos. Nao há história rica sem fatos dramáticos. Mas aqueles que têm de viver essa história acabam lamentando as consequências destrutivas que a humanidade paga pelo seu progresso.

Esses processos a que me referi não se desencadeiam só nas nações capitalistas centrais; eles surgem nas nações capitalistas centrais e na periferia. E, na periferia, de uma forma mais evidente e conturbada, porque na periferia o poder relativo da burguesia e de seu Estado nacional é menor e, portanto, todas as comoções podem ser visíveis a olho nu. Não há como esconder: o Legislativo não pode ocultar a exacerbação; o Executivo também não. E o pânico que se apodera dos setores dominantes é tão grande que não há como esconder nada: a conspiração fica evidente, vem à tona. De outro lado, as nações centrais são obrigadas a socorrer as suas irmãs da periferia. E, nesse processo, imperialismo e burguesia nacional são obrigados a se entrelaçarem de uma forma também evidente e tudo isso aumenta a dramaticidade do processo e sua visibilidade. Pode-se acompanhar a olho nu tudo que ocorre. Não é preciso fazer ciência muito profunda, como diria Guerreiro Ramos; os processos, à medida que a história transcorre, ficam evidentes, claros e são praticamente autoesclarecedores.

Seria difícil, nesta fase em que nós estamos, de internacionalização das formas de produção, de circulação e de distribuição da economia capitalista, que não ocorresse paralelamente uma internacionalização nas estruturas de poder. Os dois processos de internacionalização são simultâneos, de modo que a periferia se vê incorporada ao centro não só no nível econômico, mas também nos níveis cultural e político. Os dois processos caminham juntos. Trata-se de uma evolução já conhecida, que aumenta a capacidade de autodefesa e de contra-ataque do capitalismo. Entretanto, essa capacidade de autodefesa e de contra-ataque não pode ser exagerada. Por quê? Porque ela não elimina as contradições fundamentais do regime capitalista. Essas contradições são intrínsecas ao capitalismo, elas não podem ser eliminadas. Onde há a propriedade privada dos meios de produção existe também a transformação do trabalho em mercadoria e portanto existe uma relação entre trabalho e capital, que gera conflitos, tensões e toda a dinâmica da sociedade de classes. Portanto, essas contradições não são eliminadas por causa dessa unificação, dessa internacionalização do poder econômico, do poder cultural, do poder político. Elas continuam, o capitalismo ganha mais um período de sobrevivência, porém o embate continua numa escala mundial e, naturalmente, isso confere às nações socialistas um novo papel na história, pois o futuro da humanidade não passa só por meio do conflito de classes, passa também por meio da luta entre nações socialistas e nações capitalistas. Essa é uma questão que eu queria levantar.

Nós temos que indagar: qual é o significado do mundo socialista dentro desse amplo panorama? Essa é outra questão que devemos considerar. É claro que o mundo socialista funciona, virtual e realmente, como um foco de apoio eventual ou real das eclosões socialistas. Mas essa não é a função mais importante atualmente. Se levarmos em conta que a primeira revolução na direção do socialismo se realizou na segunda década do século 20, já temos mais de seis décadas de história do socialismo. Quando nós pensamos que a pluralidade de vias para o socialismo se define no pós-II Guerra Mundial, contamos com três décadas de história de pluralidade de vias na direção do socialismo. Portanto, o mais importante, em termos de função construtiva do mundo socialista, é delimitar o que vem a ser o socialismo, qual é o tipo de civilização que ele está gerando, o que essa civilização promete à humanidade, se realmente a utopia socialista do século 19 se concretiza ou não se concretiza; se a ideia de não só liberdade, mas igualdade, fraternidade, a ideia de amor e de eliminação do lucro, do poder como destruição, enfim, todos os elementos que foram criticados como parte das contradições das sociedades capitalistas, se esses elementos são ou não superados em largo prazo por meio dos experimentos que se realizam.

É claro que hoje não se precisa mais falar da qualidade em termos de ideais, em termos de utopia. Existem experiências e, quaisquer que sejam as limitações dessas experiências, elas contam de fato. Há limitações porque se trata de uma implantação recente e porque o socialismo possui as suas próprias contradições. O capitalismo, com tantos séculos de sobrevivência, não conseguiu eliminar suas contradições fundamentais. Por quê? Porque, se eliminasse essas contradições, desapareceria. O socialismo nasce da eliminação dessas contradições, mas, por sua vez, recebe todas as contradições do cerco capitalista; o caminho difícil que está ligado ao "socialismo de acumulação", o socialismo que apareceu nas chamadas cadeias débeis do mundo moderno, nos quais o capitalismo era mais fraco e por isso mesmo a revolução era mais fácil de se realizar, nos quais o Estado tinha menos poder de contenção e por isso o avanço na direção do socialismo podia se concretizar mais rapidamente.

De qualquer maneira, nós temos pontos de referência concretos para avaliar o que é o socialismo e o que será. E, principalmente, nós não temos só um modelo básico. A ideia do socialismo em um só país já é uma ideia do passado. Nós ainda somos perturbados por essa ideia, ela ainda tem alguma atração hegemônica, mas – sem qualquer crítica à União Soviética – na verdade já atingimos um momento em que o socialismo permite pensar na totalidade do quadro histórico. As várias experiências, os vários rumos e as várias perspectivas que se abrem para a construção socialista. Portanto, alcançamos verdadeiramente a era revolucionária do socialismo neste último quartel do século

20, a era em que o socialismo dá o seu arranque decisivo. A pluralidade de modelos e de vias traz consigo uma fraqueza relativa provisória. Nós não podemos negá-lo; ela vem menos da multiplicidade de escolhas. Há conflitos que são lamentáveis. Todo socialista tem que lamentar o conflito que existe entre a União Soviética e a China. É preciso enfrentar esse conflito, é preciso superá-lo. E existem conflitos menores, não menos lamentáveis, que não vem ao caso discutir aqui. Esses conflitos nascem de polarizações que são "nacionais" e "patrióticas". Parecia que só o socialismo reformista e gradualista gerava esse tipo de polarização. Mas parece claro que ela também surge em conexão com o socialismo-revolucionário. Portanto, temos que equacionar essas fraquezas, que são relativas e transitórias, porque contingentes.

O essencial é que a multiplicidade de escolhas, de vias, de caminhos, ao contrário de enfraquecer, enriquece, revitaliza tanto o socialismo reformista e gradualista quanto o socialismo revolucionário. Porque mostra que não existe só uma via para se chegar ao socialismo e que há campo para a atividade construtiva da revolução proletária nas diferentes nações, nos diferentes continentes. O ponto de partida vai delimitar meios e fins diferentes. Nós podemos imaginar qual seria o socialismo da Europa dos países capitalistas avançados se houvesse uma revolução socialista nessa área. Podemos imaginar o que ocorreria nos Estados Unidos: todo o período duro da acumulação socialista, que se realizou na União Soviética, que está se realizando na China, em Cuba e em outros países, seria evitado porque se poderia realmente expropriar os expropriadores, transferir para o processo de socialização toda uma riqueza acumulada pelo próprio capitalismo. Entretanto, até agora nós só tivemos revoluções socialistas em países que contaram com os pontos de partidas mais pobres, com os caminhos mais árduos, e que tiveram que realizar, inclusive, uma aceleração do desenvolvimento para criar condições materiais para o início da socialização, para gerar riqueza, diferenciar a produção e depois pensar em modos socialistas de circulação e de distribuição, que estão engatinhando, na melhor das hipóteses.

De qualquer maneira, o avanço que se realizou já é suficiente para definir a qualidade do socialismo a partir de experiências concretas. E se pode hoje discutir os planos. O que é melhor? Centralizar ou democratizar os planos? Introduzir controles operários ou aguentar centralização provisória? Qual é a melhor via? Pode-se discutir o humanismo socialista de uma maneira mais rica, sem falar em idealismo, sem falar em tanta coisa que não passava de ingênuos mecanismos de autodefesa, no século 19, quando era preciso exorcizar os diabos. Num período em que o fanatismo materialista cegava um pouco a visão socialista. Hoje o materialismo se casa com o socialismo sem cegar a perspectiva. Já há base material para isso. Acresce que toda a utopia central do socialismo é comum ao liberalismo em termos de origem histórica. Talvez por isso os socialistas tinham uma certa vergonha de falar de uma utopia central. Agora, é fácil lembrar que a burguesia mandou essa utopia central às favas. A ideia da liberdade, da igualdade e da fraternidade, para a burguesia, não passou de uma ideia. E em nome da liberdade, da igualdade e da fraternidade foram perseguidos todos aqueles que lutaram pelo igualitarismo, pela liberdade e pela fraternidade. Vocês têm os célebres estudos de Marx, os seus maiores estudos históricos, com a brilhante introdução de Engels a um deles, e sabem muito bem o que representou o terrorismo burguês no século 19 para massacrar a "grande constituição" e os ideais libertários que deram à burguesia uma certa grandeza histórica, durante o século passado. Grandeza histórica que ela perde irremediavelmente, à medida que se torna conservadora, depois reacionária e, por fim, contrarrevolucionária.

Nós podemos, hoje, voltar a essa utopia central, falar dela sem exorcizar o diabo. Para haver uma revolução é preciso que haja uma utopia central forte. O socialismo, desde Marx, daquele famoso escrito da Primeira Internacional, até hoje, o socialismo significa revolução permanente. Desde que se instaure um regime socialista, esse regime revolucionário em si e por si mesmo. Ele não é só revolucionário por causa do confronto com o capitalismo; ele é revolucionário em termos da sua própria realização. Ele tem que se destruir para criar a etapa comunista. E essa etapa maior exige uma exacerbação revolucionária que não se vincula ao passado e ao presente, vincula-se ao futuro. Portanto, as experiências que estão se realizando são importantes, porque elas liberam todas essas forças, toda essa riqueza de representação do mundo, da história, da posição do homem, da história da concepção do que é partido, do que é movimento, o que é o Estado e como ele definhará, por fim, como o socialismo se esgotará em uma etapa mais avançada de construção do comunismo.

Hoje não se discute mais a viabilidade do comunismo em termos de uma hipótese ideal. A viabilidade do comunismo se coloca em termos das experiências concretas que estão se realizando no campo socialista. Sabe-se que essa viabilidade ainda não é para amanhã, não é para este século. Nas melhores hipóteses, mesmo sob um desenvolvimento socialista acelerado, essa viabilidade é para o século 21. Em alguns países, para o começo do século 21; em outros, para os meados ou o fim do século 21. Portanto, não são prognósticos impacientes, são prognósticos de larga duração. Nós podemos, pois, pensar na viabilidade do comunismo como um processo histórico concreto. Esse contexto, porém, é fundamental para nós, porque nós temos que pensar nele, se nós não quisermos cair no que vocês chamam de "fossa". Eu não gosto dessa palavra, por causa de sua forma e conteúdo pequeno-burguês. Se nós quisermos pensar de uma maneira revolucionária, nós temos que ter esse quadro diante de nós. Não trocar em miúdos o que significa ser socialista hoje. Há um processo e um processo ao qual nós estamos ligados. Por pior que seja a nossa vida, por pior que seja o nosso viver imediato. Mesmo que nós estejamos na prisão, estejamos sendo torturados, mortos, massacrados, isso existe como realidade, uma realidade viva, presente, palpitante, que dá vida a todos nós também. Portanto, esse contexto é vital para nós. Nós temos que manter esse contexto diante de nós e pensar por meio dele. Ele é parte do nosso ser. Ainda que esse ser esteja tão destruído e nós tenhamos que nos superar mediante a imaginação socialista.

Naturalmente, tendo em vista todo esse processo, vocês poderão imaginar que o cerco capitalista também enfrenta as suas barreiras, enfrenta os seus dilemas e vai chegar um momento em que esse muro invisível, essa trincheira onde se trava essa batalha mundial, vai ter o polo capitalista como o polo mais fraco. Mas esse contexto precisa ser tomado em consideração. Nós temos também que pensar em termos brasileiros e latino-americanos. Não quero bancar o Caetano aqui, fazer a exaltação do tropicalismo... Temos um amplo contexto mundial e, de outro lado, na América-Latina, assistimos a uma coisa que pode quebrar um pouco esse otimismo. É o contrapeso da história. Nós vemos avanços dos controles imperialistas. Esta é a parte da periferia na qual as nações capitalistas penetram mais e em que não se rompeu de maneira completa com o espírito colonial, com as estruturas coloniais. Essas estruturas foram reconstruídas em termos do capitalismo dependente, em termos da sua mentalidade e falta de imaginação.

O que representam hoje esses avanços do imperialismo? Eles representam uma aliança terrível entre burguesias nacionais e burguesias das nações capitalistas centrais, os Estados daquelas burguesias "nacionais" e o sistema capitalista mundial de poder. Tudo isto está presente na América Latina de uma forma impiedosa. Temos que pensar nessa realidade, nessa penetração do poder capitalista, nesse florescimento que o capitalismo pode realizar na América Latina, porque alguns países estratégicos das Américas, como acontece no Canadá, são países que tiveram desenvolvimento capitalista bastante forte para serem diretamente incorporados ao capitalismo monopolista. Em consequência, países como o México, Brasil, Venezuela, fazem parte do centro, embora eles continuem dentro da América Latina e sejam os polos de uma dominação satelizada.

Quando se entende essa realidade nós pensamos logo no "regime autoritário". É claro que não é necessário que o regime seja autoritário. Vai depender da crise do poder burguês. No caso da Venezuela essa crise não foi tão profunda que exigisse um regime autoritário. No caso brasileiro, argentino, chileno etc., inclusive no peruano, essa evolução foi necessária. Chegou-se ao quê? A uma ditadura aberta das classes possuidoras e de seus estratos dominantes. Quando se fala em classes possuidoras e classes dominantes, não se pensa só na burguesia nacional. Pensa-se também na burguesia de fora, na burguesia dos países centrais e da superpotência, nos estratos dominantes de fora também. Estão todos casados, estão articulados. É uma realidade histórica única e total; não se pode separar uma coisa da outra. E ao mesmo tempo é preciso pensar na contrarrevolução prolongada. Uma contrarrevolução que se autoproclamou revolução: "A revolução, não veio para desaparecer, ela veio para ficar". Essa ideia é em si mesma uma ideia salvadora, redentora, quer dizer, "conquistamos tudo, temos todo o poder nas mãos, podemos esmagar as nações socialistas e criar a história da burguesia como se ela fosse uma espécie de satélite no espaço sideral"...

É claro que na história isso é impossível. Mas, de fato, enquanto esse excedente do poder nacional e internacional estiver nas mãos da burguesia nacional e da burguesia internacional, o que vai acontecer é que esses regimes vão ter condições de se autoperpetuar. Porque eles não precisam desaparecer, eles podem se reciclar. A contrarrevolução pode se reciclar, não é necessário que ela desapareça. Por isso existe o paliativo da "democracia forte", que no nosso caso assumiu a ideia das salvaguardas do Estado. Salvaguardar o Estado de quê? Que Estado é esse? É o Estado de uma burguesia que precisa se impor à nação e, por isso, precisa de um sobredireito, de um sobrepoder, de um excedente de poder político, que pode, naturalmente, se autolegitimar por meio do Parlamento; por meio de uma constituição etc. No entanto, essa "legitimidade da ordem" é uma ilegitimidade em termos das classes que contestam essa ordem. Nunca se deve pensar a legitimidade em termos abstratos, kantianos, metafísicos. A legitimidade é um processo legal e quem determina a legalidade desse processo são as forças que controlam o Estado. Mas de qualquer maneira, enquanto essa ditadura aberta de classes se perpetuar, enquanto essa contrarrevolução prolongada se reciclar, nós temos uma autocracia burguesa, não temos uma democracia burguesa. É uma autocracia burguesa que diz com todas as palavras "vim para ficar", não é o cavalo de Troia, é uma nova Troia.

A que vem essa autocracia burguesa? De um lado, ela visa garantir a incorporação, permitir a transição rápida e violenta da periferia na economia, na cultura e no sistema de poder dos países centrais e sua superpotência. De outro lado, ela visa impedir a luta pelo socialismo. Para garantir uma coisa e impedir a outra. Quer dizer que a essas transformações está ligada a negação da alternativa socialista. Se ela não existisse, se essa alternativa não constituísse uma ameaça, tudo isso seria desnecessário. Portanto, nós temos aí o porquê da necessidade histórica desse tipo de regime. Porque substituir a autocracia burguesa não é alguma coisa que nós vamos substituir pela democracia burguesa, como no passado seria possível substituir um pó-de-arroz por outro. Não é uma questão de pós. É uma questão de necessidade histórica. Quem é que precisa dessa autocracia e por quê? São burguesias nacionais débeis, são nações capitalistas hegemônicas, é a superpotência que precisam impedir que a revolução socialista se irradie por toda a periferia. Isso é preciso estar bem claro na mente de todos, se quiserem entender a situação histórica atual.

Quer dizer que essa autocracia acaba com duas coisas. Com aquelas ilusões de que poderia haver dentro das sociedades capitalistas espaço político para que os setores da burguesia realizem revoluções dentro da ordem. Nesta etapa em que nós estamos, os setores burgueses não realizam mais revoluções dentro da ordem. Já foi o momento em que algumas burguesias fortes na Europa e nos Estados Unidos podiam abrir espaço político para as classes contestadoras, que se insurgiam no plano histórico por liberdade, por diminuição da desigualdade e por outras coisas. Esse momento já foi! Nós estamos vivendo o momento oposto, o momento em que os setores mais privilegiados e mais fortes da burguesia precisam fechar o espaço a qualquer alargamento que possa ser utilizado para contestações que não possam ser controladas e contidas de uma maneira eficaz pela própria ordem. Em consequência nós vemos a inanição do radicalismo burguês. O que aconteceu com o radicalismo burguês? Onde está o radicalismo burguês? Pensem nos Estados Unidos. Onde está o radicalismo burguês nos Estados Unidos hoje? Com os problemas mundiais, de estagnação econômica e de inflação etc.; com os problemas internos dos Estados Unidos. Onde está o radicalismo burguês nas nações industriais avançadas da Europa ou no Japão? Esse radicalismo burguês soçobrou, não existe mais. Ele cedeu espaço a uma forma corrompida de liberalismo e a uma forma deteriorada de socialismo. Seria preciso lembrar que a social-democracia, na sua versão atual, ocupou o lugar do radicalismo burguês e tende a ser o seu equivalente político?

Nós observamos, portanto, o desaparecimento virtual e real do radicalismo burguês. O deslocamento da social-democracia para saturar o espaço histórico do radicalismo burguês. Ocorre, ainda, outro deslocamento, que é de preocupar ainda mais: o socialismo revolucionário, por sua vez, tende a saturar o vazio deixado pelo socialismo gradualista e reformista. É curioso, mas o eurocomunismo parece preencher exatamente essa função. Pode-se dizer que isso é inteligente, que é "necessário", que é "construtivo" etc. Inclusive há pessoas que apresentam isso na Europa com muita sagacidade. No entanto, essa evolução significa algo – e esse algo é que, no campo socialista, o cerco capitalista conseguiu vergar, pelo menos vergou um pouco as nossas forças. Elas tiveram que ceder para não soçobrar, para retomar fôlego e reaparecer adiante. Porque ninguém pode impedir que o socialismo revolucionário tenha sua doutrina e que, conquistada uma posição, ele retome todo o seu corpo, todo seu espírito e se apresente na história com todas as suas exigências. Não obstante, temos de pensar nesse amplo quadro, no qual a realidade tem matizes dolorosos para todos nós. Há um enfraquecimento relativo da capacidade de luta dos movimentos socialistas nos países onde essas transições pareciam "tão arraigadas", "tão fortes" e "tão promissoras"!

Agora, o que importa é que se pense nisso quando se criam mitos a respeito da burguesia. Burguesia que cria democracia burguesa! Nós estamos pensando numa burguesia que não existe mais historicamente. As burguesias hoje estão empenhadas no que eu chamo de defesa final da ordem capitalista, estão travando a sua batalha de sobrevivência na defesa da propriedade, da empresa privada e do lucro. Se perderem essa batalha, adeus! Portanto, travam a batalha final. E dentro dessa batalha têm que empenhar tudo. São as cuecas do papai e as calcinhas da vovó, tudo entra na batalha, tudo entra no processo histórico, nada escapa. É preciso esmagar por todos os meios as pressões radicais de baixo para cima e tirar delas todo o impacto que essas pressões possam ter, no sentido de diminuir a distância que existe entre o presente e o futuro.

Na América Latina, isso significa uma repressão feroz, uma contrarrevolução hedionda, que não tem naturalmente limite. Ela nasce e renasce. É um monstro, uma hidra que tem várias cabeças e se recompõe. Na América Latina essa defesa final passa pela sufocação da revolução nacional, tanto quanto passa pela luta contra a revolução democrática. Essas duas revoluções constituíram o apanágio da "burguesia clássica" na Europa e nos Estados Unidos. Fixaram o padrão democrático-burguês da revolução burguesa. Largadas a si próprias (isto é, conduzidas pelo impulso histórico das classes trabalhadoras e das massas populares), essas duas revoluções criariam processos incontroláveis, perigosos, que poderiam levantar a maioria miserável, a maioria da pobreza absoluta (a qual, segundo os técnicos do Bird, abrange mais que um terço da nossa população). Pobreza absoluta, vejam bem, que afeta a quantos milhões? Coloque-se a pobreza relativa nesse quadro e ficará claro que, dentro dessa situação histórica, não há burguesia capaz de fazer face aos papéis e tarefas políticas decorrentes da revolução nacional e da revolução democrática. Elas abalariam toda a sociedade, criariam condições que permitiriam uma passagem imediata do capitalismo para o socialismo. Aí estão dois aspectos centrais e não podemos ignorá-los, mesmo que eles suscitem reações de medo.

Nós teríamos que chamar a atenção para uma outra questão, que é a da destruição da autocracia burguesa. Já falei o suficiente da autocracia burguesa para que seja necessário enfatizar que, desde que ela se configurou na América Latina, a democracia burguesa foi posta de lado como entidade histórica, como realidade política. Nós estamos na era do clímax; do cerco duro e planejado à expansão do socialismo. Então a democracia forte, pelo menos, acaba sendo a última fronteira dentro da qual as forças capitalistas permitem alguma acomodação, alguma articulação com as demais forças sociais. A democracia forte é a única que detém um mínimo de reservas de poder, de autodefesas, de autossegurança, de autoprivilegiamento dos interesses capitalistas e de fortalecimento das estruturas de poder capitalistas. Agora, só nos resta pensar em crise da autocracia burguesa, no seu desgaste e desmoronamento; porque nós não podemos pensar que a utopia burguesa seja, nos dias que correm, compatível com a realidade histórica. Naturalmente, para certos empresários nacionais e estrangeiros, para o pensamento ultraconservador, para certos meios militares "esclarecidos" etc., a autocracia burguesa "veio para ficar". A lepra também veio para ficar. O que nos cabe é refletir como lutar contra isso. Essa realidade, em termos de análise socialista, exige que pensemos e atuemos no sentido de criar as condições para que se passe do desgaste (que nós estamos presenciando), para o desmoronamento (que nós desejamos) da autocracia burguesa. E do desmoronamento devemos passar, finalmente, para a destruição, que é a necessidade histórica fundamental.

Para realizar esse processo de três momentos – desgaste, desmoronamento e destruição – são necessárias duas condições. Esse processo de três etapas depende de duas condições. Uma diz respeito às condições internas da luta de classes e a outra diz respeito às condições latino-americanas de luta contra as iniquidades do capitalismo monopolista. É claro que é preciso um avanço das classes subalternas, das classes despossuídas, das classes trabalhadoras, dos trabalhadores semilivres e, inclusive, de certos setores da sociedade civil que participam, ainda que como minorias instáveis e ambíguas, de comportamentos anticapitalistas (em suma, os conhecidos elementos das classes médias e das classes altas que cederam à crise de consciência e gravitam para o outro lado). Não são muitos, naturalmente, pois crise de consciência é um fenômeno subjetivo. Qualquer que seja a base material dessa crise, ela só cresce quando o processo se aprofunda. O que significa que as pessoas que têm crise de consciência com antecipação são "pioneiras"...

Agora nós temos que pensar na luta de classes em termos das pressões radicais de baixo para cima no Brasil de hoje. Nós temos que pôr um pouco de lado o Brasil de 1964. Parece que entre 1964 e 1978 só há uma distância de 14 anos. Mas não há uma distância de 14 anos, simbolicamente há uma distância de quase cinco séculos. O Brasil começou em 1500 e um pouquinho, nós temos um passado colonial, um passado neocolonial, um passado de capitalismo dependente. Todos esses planos históricos estão superpostos. Na história de um povo não conta só a força mais recente. Há uma acumulação de forças. Às vezes, não vemos o imbricamento, vemos as dissociações. Mas a ligação também existe e um proletariado, que não conseguiu continuidade, pode conservar forças que não são suspeitáveis, pode estabelecer conexões que não são representáveis. Em suma, os selos das várias gerações de "condenados da Terra" podem se fundir em dada época histórica, o que faz com que os "ajustamentos de contas", na história, em certas ocasiões, ganhem um significado transcendente (o que confere um poder tão criador às "grandes revoluções" e as localiza nas fases de agonia e de refluxo das "contrarrevoluções irreparáveis"). O Brasil do último quartel do século 20, ao que parece, não é o ponto final da história passada. Contudo, ele possui alguns dos atributos dessas épocas históricas decisivas, como ponto de partida da história futura, de uma história que não vai ser feita somente pela burguesia nem pela grande burguesia nacional nem pela grande burguesia estrangeira. Essa história vai ser feita na América Latina, por meio das pressões que vêm de baixo para cima. E temos de pensar este último quartel do século 20 dentro do Brasil, não fora do Brasil. Nós temos várias formas de contestação e atrito, dentro da sociedade brasileira. A que chama mais atenção quase sempre é a estudantil, porque alcança uma dramatização muito grande. Outra, que chama atenção, é a que diz respeito à Igreja católica, porque a Igreja católica sempre foi tão reacionária que, quando um setor da Igreja avança, cria-se um problema, parece que penetramos na era do próprio fim do mundo. Existem, pois, várias formas de contestações, de conflito, de atrito etc. Todas elas são importantes, todas elas mostram a dificuldade de sobrevivência do capitalismo. Não se deve minimizar os conflitos que se dão nos diferentes estratos das classes possuidoras, porém, o conflito que deve atrair a nossa atenção é o conflito fundamental: é o conflito que põe o operário contra esse regime, é o conflito que aparece com grande explosividade de uma forma muito recente. Ele toma um significado dramático, porque o movimento operário, que parecia domesticado e pulverizado, de repente mostra que não estava. Parecia à reação uma serpente sem veneno. De repente, verifica-se que não é uma serpente, o problema é outro; é uma força, é uma força que não pode ser paralisada nem domesticada pelos "donos do poder". E é um movimento que está transcendendo ao sindicalismo e ao obreirismo. Nós vamos voltar a isso. Transcende ao sindicalismo, porque ele não luta apenas por medidas sindicais, embora o sindicato seja, por enquanto, o elemento mediador e não o partido. Não toma como ponto final de chegada o operário, porque ele transcende o operário à medida que luta pela transformação da sociedade e do Estado, de toda a sociedade e de todo o Estado. Nós vamos voltar a isso daqui a pouco.

Portanto, nós estamos diante de um processo que é um processo tardio – ele deveria ter aparecido antes (se não na década de 1910, pelo menos nas décadas que vão de 1940 a 1960). Ele não apareceu antes por quê? Porque a classe trabalhadora chegou a reunir condições materiais de classe, de uma maneira relativamente rápida, mas para parodiar Marx, em termos da situação brasileira do proletariado urbano, não reuniu todas as condições de uma classe. Por isso fracassou sucessivamente várias vezes, falhou várias vezes. Mas cada falha foi um momento de recomposição, de amadurecimento coletivo e de acumulação de forças. E é por isso que nós temos que pensar, no presente, em termos de um passado que não se desatou. Se a burguesia acumulou forças, a ponto de conquistar um Estado que pode ser utilizado inclusive para uma aliança autodefensiva com o imperialismo, o proletariado também cresceu, e as classes trabalhadoras, em geral, também cresceram, não importam os hiatos – esses hiatos existem e não devem ser ignorados – mas eles não são os fatores da história. O fator da história é a acumulação de forças sobre a qual se tem refletido muito pouco. Em geral, a história dos dominados não conta; um hábito cultivado pelos intelectuais e pelos "donos do poder". Não obstante, a presença das classes trabalhadoras na sociedade civil não parou de crescer e a participação numérica está se convertendo em fonte incontrolável de poder real e de dinamismos político-democráticos. Esse é o fenômeno marcante, um fenômeno morfológico, dinâmico e histórico. Não há burguesia que possa impedir que as classes trabalhadoras tenham uma presença morfológica maciça, porque o capital não pode se realizar sem o trabalho. Nessas condições, se o capitalismo alcança maiores proporções, a classe trabalhadora também alcança maiores proporções e a partir daí a história muda de qualidade. Não é possível, neste caso, comer a maçã e ficar sem o pecado. Agora essas classes trabalhadoras, que haviam sido mantidas sem participação, que haviam sido excluídas da história, que não tiveram voz política, de repente cobram tudo. É por isso que se transcende à situação da classe trabalhadora. Elas cobram e é preciso analisar esse fenômeno mais a fundo para ver o que elas estão cobrando (o que pretendo discutir na última parte da exposição).

Elas estão exigindo um novo acoplamento da sociedade civil à sociedade política, o que quer dizer que estão exigindo uma nova sociedade política. Não é nenhum setor avançado da burguesia, nenhum estrato burguês radical que está exigindo isso. É o setor operário que está exigindo – e não em seu nome, em nome de toda a nação. Portanto, esse avanço da história não está se dando por meio de um radicalismo burguês, ele está se dando por meio de uma pressão radical que vem de baixo para cima. E sobre isso nós temos que refletir maduramente, devidamente, se nós quisermos saber o que poderá acontecer com o socialismo no Brasil. E o que essa pressão radical de baixo para cima está exigindo é evidente. De um lado está exigindo o fim da democracia restrita, a democracia dos privilegiados, a democracia dos esclarecidos e dos iluminados, dos ultrapoderosos, que se constituiu ao longo do Império e graças ao escravismo. A democracia restrita que é a democracia da África do Sul ou da Rodésia. E que nós vivemos de forma dissimulada e mistificada. Essa democracia é que a referida pressão radical exige que acabe de uma vez, que aquela pressão busca exterminar. De outro lado, ela não é uma pressão "negativa", apenas destrutiva. Ela também é construtiva e na sua eclosão ela já envolve a exigência de uma democracia de participação ampliada. Não a democracia dos estratos radicais da classe média ou das classes dominantes, que podem traficar com o poder burguês consolidado. É a democracia para uma massa maior de cidadãos, ainda que esses cidadãos não sejam todos os cidadãos. Mas essa democracia já é a realidade que se configura como *in flux*. Isso vem de longe. Na queda do Estado Novo, especialmente em 1945 e 1946, parecia que essa transição seria consagrada. Não se consagrou. Parecia que a década de 1960 nos levaria lá. Não nos levou. Agora a mesma evolução reaparece. E reaparece por meio do quê? Por meio da pressão radical de baixo para cima, que toma um grande impulso apesar de toda a contenção, de toda a repressão, do fogo cruzado de uma ditadura em defensiva. Então a burguesia débil, que recusa, que vacila, que não quer ter uma democracia de participação ampliada, que enterra essa democracia em 1945-1946, em 1964 (para não se falar na década de 1920, em 1930 ou em 1937), "abre-se" apesar de sua cegueira política? A questão é outra! A pressão radical de baixo para cima se torna uma força histórica violenta, virulenta, e que irá crescer daqui pra frente. Ou se restabelecem todos os elementos desse regime ou haverá a passagem na outra direção. É por isso que a luta de classes está no centro desse processo. Se se quiser refletir em termos socialistas sobre a história do presente e do futuro, é preciso colocar a luta de classes no centro da história.

O segundo elemento para o qual pretendia chamar a atenção diz respeito às condições latino-americanas de luta contra as iniquidades do capitalismo monopolista, que exclui o povo da história em benefício de privilégios que são uns arcaicos e outros ultramodernos. É algo que liga passado colonial, passado neocolonial, toda a eclosão do capitalismo dependente, com o presente que nós estamos vivendo. Há privilégios que vêm do período medieval, que foram transferidos para a América Latina pela dominação portuguesa e espanhola. Eles não desapareceram, pois a estrutura "nacional" de poder surge preservando condições de produção herdadas do período colonial. Ainda temos formas de trabalho que são coloniais, apesar de tudo (apesar do desaparecimento da escravidão; apesar da implantação do capitalismo em muitas áreas do campo; apesar da irradiação de um capitalismo rural com grande massa tecnológica avançada etc.). Essa realidade vocês podem ver, em várias formas conhecidas e combatidas de produção existentes no meio rural. O próprio arrendamento origina formas de trabalho semilivres, de impregnação colonial e o salariato rural gravita dentro dessa categoria de relação entre o capital e o trabalho. O boia-fria, por sua vez, representa um momento de crise na transição do trabalho semilivre para o trabalho livre no campo. É por isso que o problema da expulsão do homem da terra, a marginalização do trabalhador agrícola e todo o dilema da criação de um mercado de trabalho nas áreas rurais dominam os conflitos no campo. Há privilégios arcaicos que sobrevivem por meio dessas formas de trabalho, absorvidas tanto pelos setores modernos quanto pelos ditos setores "oligárquicos" da nossa burguesia, do nosso capitalismo e das nações que satelizam e controlam o desenvolvimento econômico da América Latina (e do Brasil, em particular). Ao mesmo tempo, contamos com formas ultramodernas de exploração, ligadas à irradiação recente do capitalismo monopolista e de sua tecnologia. Ele exige a implantação de uma forma de rateio da exploração da mais-valia relativa, que não impõe apenas o salário baixo, requer uma tecnologia de exploração ultra-avançada do trabalho produtivo. É preciso refletir sobre isso. Quando se importa uma tecnologia adaptada às sociedades centrais, importam-se novas relações e conflitos de classes. Na América Latina, ou no Brasil em particular, essa tecnologia não só poupa a mão-de-obra, ela intensifica a exploração capitalista. Então, a taxa da mais-valia relativa se aprofunda e entra em cena um processo terrível de concentração e centralização do capital. Por suas características espoliativas, ele exigiu a implantação de um sistema repressivo especial; o medo de que a classe operária recorresse à greve de uma maneira selvagem ou que as populações pobres se insurgissem fomentaram a insegurança (que não é estritamente, uma insegurança nacional), que levou diretamente à imposição da ditadura. Portanto, há uma ligação entre iniquidades que se vinculam a privilégios muito arcaicos, muito velhos, e a outros privilégios muito recentes, muito modernos. Eles estão imbricados entre si. No contexto latino-americano, a revolução burguesa em atraso tira vitalidade dessa articulação entre formas de espoliação e de exploração. Umas são pré-capitalistas, subcapitalistas, outras são capitalistas e ultracapitalistas, todas, porém, puderam ser mantidas no circuito histórico graças a várias combinações do poder despótico ou oligárquico das classes capitalistas.

É claro que nós devemos excluir Cuba desse circuito. Ela representa a revolução em avanço. A revolução em avanço, na América Latina, é a revolução de Cuba, é a revolução socialista. A revolução burguesa é a revolução em atraso. Mas, graças a isso, a burguesia logrou evoluir na direção da industrialização maciça utilizando sua base material e social de poder para promover e fomentar a incorporação das economias latino-americanas nas economias centrais. Não é minha função discutir tudo isso aqui. Mas é preciso lembrar porque essa burguesia, que faz uma revolução em atraso, não tem força histórica para desatar a revolução nacional ou para chegar à revolução democrática por sua conta e por meio de iniciativas próprias. Ela está paralisada. De um lado, ela está paralisada pelos controles imperialistas; de outro lado, ela está paralisada pelo medo ao povo – especialmente, medo das classes trabalhadoras. Em consequência, ela só pode realizar papéis que aceleram o desenvolvimento econômico em benefício próprio e em benefício das burguesias centrais. Ela tem forças para manter sua dominação de classe e seu poder político-estatal. Mas ela não tem forças para enfrentar os problemas sociais ou os dilemas humanos da América Latina – porque, para isso, seria preciso desatar a revolução nacional e a revolução democrática, algo que as burguesias dependentes não podem fazer sem suscitar os riscos de uma evolução catastrófica.

Tudo isso cria uma realidade histórica nova para a América Latina. No passado, o chamado "nacionalismo" ou o chamado "patriotismo", isolavam as nações da América Latina umas das outras. Mesmo aquelas que nasceram em espaços que eram unificados foram pulverizadas pelos colonizadores do *indirect rule* do século 19. Até essas nações se isolaram umas das outras. Hoje a força emergente na América Latina vai no sentido de unir. As pressões operárias, na América Latina, tendem para uma linguagem comum. Na verdade, a realidade política é comum; as mesmas iniquidades devem ser combatidas em todas as partes, porque em todas as partes essas iniquidades têm o mesmo caráter – e quando há uma variação é sempre para pior (avaliem a gradação passando do Brasil para o Paraguai, do Paraguai para o Haiti ou do Haiti para o Chile). Portanto, nós não carecemos de duas teorias para avaliar a reviravolta socialista e não precisamos recorrer a uma linguagem muito forte. O confronto com a ditadura, no contexto histórico da América Latina (e do Brasil, em particular), significa um confronto entre classes possuidoras, que se tornaram reacionárias e contrarrevolucionárias, com classes trabalhadoras, que têm de ser fatalmente revolucionárias, ou dentro da ordem ou contra a ordem. De modo que as forças que criam a história nova são forças que lutam por uma democracia popular de natureza proletária e socialista. Não importa a distância que vai entre um momento e outro dessa evolução.

Dei tempo demais à primeira parte da exposição. Todavia, é a segunda parte que é mais importante para nós. Ela diz respeito às prioridades centrais a serem estabelecidas: o movimento socialista ou os partidos socialistas? Os dois são interdependentes. Sem os partidos nunca haverá educação socialista das massas e, portanto, nunca haverá movimento socialista. Isso porque o movimento socialista não se dá em abstrato; ele se dá concretamente, historicamente, de modo que não podemos ter o movimento socialista sem os partidos socialistas. Mas isso não quer dizer que a prioridade caiba linearmente aos partidos socialistas. Na situação em que nos encontramos, a prioridade é do movimento socialista. Ele traduz uma realidade comum, uma realidade que precisa ser criada historicamente, que precisa ter grande força, uma grande vitalidade. Estamos numa fase de germinação, de combustão inicial. As pressões das massas das classes trabalhadoras tomaram a dianteira sobre o movimento socialista. É curioso: quando se leem as análises de Lenin sobre 1905, na Rússia; de Trotsky, de Kautsky e de outros socialistas sobre o mesmo fenômeno, constata-se isso. Como o movimento espontâneo das massas às vezes corre na frente do movimento político organizado. Isso já ocorreu na América Latina e torna a ocorrer atualmente. O que quer dizer que há algo que precisa ser feito, até que pode ser feito rapidamente, pode ser feito em cinco, oito ou dez anos, dependendo dos ritmos da história e do poder relativo do proletariado. Também pode ser feito lentamente. Não se deve prefixar em quanto tempo isso será feito. Mas, de qualquer maneira, quanto à pressão radical de baixo para cima: ou ela é espontânea e se põe na frente; ou ela ainda é um reservatório que ainda não explodiu, mas que poderá explodir a qualquer momento. Tivemos o caso da revolução mexicana, que é para os sociólogos um caso ideal. Pode-se falar: olha, não havia regime de classes consolidado e desenvolvido lá, nenhuma condição objetiva de classe e muito menos de classe revolucionária. Contudo, houve uma oportunidade para aquela enorme massa de população em estado de pobreza absoluta; e aquela população aproveitou a fagulha, correu em direção da revolução. Se foi esmagada, isso aconteceu porque a revolução foi esmagada. Fala-se numa revolução contida, numa revolução traída, numa revolução prolongada. Pode-se usar as várias imagens; isso não muda o fato central: esse reservatório explosivo está espalhado por toda a América Latina – no Brasil, na Bolívia, no Peru, na Argentina, no Haiti, no México, como no passado, na Venezuela, no Chile, na Colômbia etc. Onde surgir a "oportunidade histórica", as massas estarão presentes, em qualquer momento. O centro, que vê a coisa com mais clareza, com mais espírito crítico, fica muito apreensivo diante do "imprevisível" na reação popular aos regimes despóticos. Apesar de recorrer a eles, quando "se torna inevitável", teme, mais que a burguesia da periferia, que o tiro saia pela culatra e o carro salte dos trilhos. Esse reservatório é um reservatório de grande potencialidade, e já não estamos mais em um momento histórico no qual tal potencialidade era algo indefinido.

Em vários países da América Latina já se pode falar na emergência das classes trabalhadoras em termos de condições que se aproximam da formulação clássica – a classe trabalhadora em si e para si. Ainda nos encontramos na passagem para esse "para si", ainda estamos evoluindo nessa direção, praticamente dando o passo decisivo. O que não impede que algo novo já esteja acontecendo. Não vai acontecer; está acontecendo! E só depois que isso acontecer é que o partido poderá ganhar o centro do palco. Enquanto as classes trabalhadoras não derem esse salto, o movimento socialista ficará no centro do palco; depois caberá ao partido a centralização do poder e dele dependerá a própria dinâmica do movimento. É que por ele terá de passar, também, o uso concentrado e institucionalizado do poder, em termos de opções de massas e do sentido da luta política do proletariado.

Podemos passar, agora, para uma segunda questão. Vocês poderiam indagar se este é um desafio histórico e um desafio histórico difícil. É claro que é ambas as coisas. Não estou querendo simplificar realidades, pintar um quadro róseo. Mas é típico dos socialistas lançar-se para a frente, na direção do futuro e do modo de conquistá-lo. Temos, não obstante, de nos engajar. Se o movimento socialista está na frente, por enquanto, ele exige algo de todos nós, uma tática política, qualquer que seja a nossa posição. Podemos ser gradualistas, reformistas; podemos ser revolucionários, até ultrarrevolucionários; pacientes ou impacientes. Podemos até pensar que as nossas ideias criam a história, podemos pensar o que quisermos. Mas qualquer que seja o nosso grau de paciência ou de impaciência, o movimento está na frente e ele exige de todos que a definição intransigente do inimigo seja uma definição correta. O inimigo comum tem que ser o inimigo de classe, não o inimigo "ideológico", os que estão no e dentro do mesmo movimento! Não se devem hostilizar os que estão nas mesmas fileiras. Devemos aprender a conviver uns com os outros, por mais difícil que isso seja como aprendizado, por mais difícil que isso seja em termos de conciliação de visões de mundo. Achamo-nos em uma fase, em que é necessário definir o inimigo de classe corretamente e lutar contra ele e não favorecer o inimigo de classe em nome de uma defesa dita "democrática" do socialismo, que é uma defesa não democrática, da dominação burguesa, do imperialismo e da autocracia. Por isso, é necessário pôr o dogmatismo e o sectarismo sob quarentena, refletir sobre essas coisas, de maneira crítica. Se nós não fizermos a luta certa, as forças do capitalismo usarão a dos socialistas dissidentes contra a revolução, para enfraquecer as classes trabalhadoras, destruir os partidos operários e impedir a revolução política do proletariado! A tática de desunião e de conflito interno só tem dividido o movimento socialista e lançado uns contra outros, enfraquecendo o movimento socialista e condenando os partidos socialistas à gravitação burguesa. Ainda não chegou a hora em que a luta intestina, dentro do campo socialista, possa fortalecer os socialistas, dar a dianteira aos que possuem as palavras de ordem seguidas pelas massas. Essa hora vai chegar. Afinal de contas, não seria eu que iria dizer, aqui, que é preciso se dar prioridade ao movimento e não ao partido se essa hora não se delineasse no horizonte. É preciso pensar no que é comum e, depois, paralelamente ao fortalecimento prévio, pensar no que é específico de cada um. Agora, por que devemos pensar tão prioritariamente sobre isso? Porque até hoje os movimentos socialistas foram utilizados pela burguesia como instrumento seu, o socialismo foi uma alternativa do radicalismo burguês no passado (mesmo no passado mais recente), graças à manipulação dos movimentos de massa e inclusive da esquerda ultrarradical em termos da defesa da ordem capitalista (ao se pretender dissociar "burguesia nacional" e "imperialismo", fortalece-se a ambos, pois eles não são separáveis sob o capitalismo dependente). Uma vez, em Toronto, queriam saber o que era a esquerda na América Latina. Disse-lhes: embora seja dramático, para mim, a esquerda na América Latina é uma congérie de grupos políticos empenhados em se destruírem reciprocamente e em manter o sistema de poder das burguesias nacionais e do imperialismo. Essa é uma definição dolorosa, mas clara e sem subterfúgios. Isso precisa acabar e para que isso acabe é necessário que a prioridade passe ao movimento e com isso se unam as forças sociais que exprimem os interesses das massas populares, das classes trabalhadoras, dos trabalhadores semilivres do campo e das cidades, e mesmo dos setores dissidentes da pequena, da média e da alta burguesia. É preciso que essas forças sociais sejam capazes de se unificar, de se articular, de adquirirem unidade de direção. Ora, nenhuma unidade poderá ser lograda sem que o movimento tenha prioridade. É claro, a força da burguesia nas crises das décadas de 1960 e 1970 resultou de sua capacidade de unificação: os setores mais reacionários impuseram a contrarrevolução à massa da burguesia e conquistaram uma vitória cruel. Os socialistas precisam palmilhar o mesmo caminho, primeiro, para alargarem por dentro a ordem burguesa; em seguida, para lutar pela conquista do poder e pela revolução política. Não há alternativa: ditadura (burguesa) ou revolução (proletária e, por isso, socialista).

Se nós quisermos evitar o que aconteceu no Chile, em ponto grande, o que aconteceu na Argentina e no Brasil, em ponto pequeno, nós temos de superar a presente fragmentação, ambiguidade e ambivalência. Temos de fazer isso sem concessões – sem concessões à contrarrevolução e sem concessões a uma pseudodemocracia burguesa, que nunca existiu nem irá existir na América Latina. Nós temos de fazer isso compreendendo objetivamente quais são os alvos comuns do socialismo reformista e gradualista e do socialismo revolucionário. Eles possuem elementos comuns, que são intrínsecos ao próprio socialismo. Os elementos comuns justificam algum sacrifício. Se não se pode rezar uma missa solene, paciência! Em nome do que é comum ao socialismo se pode, pelo menos, travar uma batalha séria e sem quartel. Depois que se fizer isso e à medida que se tiver êxito, as condições se modificarão, as próprias decisões da maioria tenderão a alcançar uma influência maior sobre o conjunto do movimento socialista, irão determinar as tomadas de diretrizes, o que deverão ser os partidos, qual a importância relativa dos respectivos partidos em termos da influência nas massas e o que cada partido terá que fazer para saturar posições de liderança nos processos reformistas ou revolucionários. Primeiro essa unificação. Depois, uma importância maior das massas, uma influência diferenciadora maior das massas sobre o movimento socialista. Só então haverá um campo propício para se pensar na importância relativa dos partidos em termos de opções ideológicas e políticas que variem de uns para os outros, que entrem em conflito mais ou menos irremediável. Porque aí a luta dentro do socialismo será construtiva e necessária (como nos sugere o que ocorreu no seio da social-democracia russa no início do século). Ela não enfraquecerá, porque será uma luta para definir meios e fins, pela qual o socialismo reformista e o socialismo revolucionário responderão às suas tarefas históricas. Aí, realmente, o socialismo estará destruindo o capitalismo e se construindo.

É dessa perspectiva que temos de avaliar a falsa discussão da via democrática do socialismo. Não existe uma via democrática antes que nós atinjamos uma grande massa da população. Deixando de lado as questões da "democracia interna" e do "centralismo democrático", se o movimento socialista tiver que decidir por uma opção democrática, isso terá de ser feito depois e não antes da tomada do poder. Fala-se muito em "socialismo democrático" em termos de uma grandeza histórica, de alguma coisa absoluta, metafísica. Ora, está se falando pura e simplesmente em manter a burguesia no poder. Qual é a burguesia que abre o seu Estado, que abre a democracia constitucional e representativa para a conquista do poder pelas classes trabalhadoras? Onde está ela? Nos Estados Unidos? Na França, Itália, Inglaterra, na Alemanha? Não existe essa burguesia! Portanto, precisamos acabar com essa ideia falsa e mistificadora de que há um caminho democrático, absoluto e sem o qual a gente enterraria todo o socialismo. O caminho democrático se delineia depois da tomada do poder e só se luta por socialismo democrático quando se defendem condições democráticas de realização do socialismo. Essa luta se realiza depois e impregna a revolução socialista.

Essa tática, que mencionei aqui, minimiza as funções dos partidos? Ao contrário! Os partidos socialistas têm de existir, pois sem eles não vai haver nenhum movimento socialista. E eles têm de existir, na legalidade ou na ilegalidade. Se a legalidade nega espaço político para os partidos socialistas, esses, mesmo que sejam reformistas, precisam optar pela existência na ilegalidade. Eles não podem se contentar em ser o rabo do foguete do PMDB. Eles não podem se metamorfosear em um carro de enredo dos "autênticos". Não há imaginação que admita isso! Na verdade, os partidos têm funções e essas funções só podem ser saturadas pelos partidos. O que está em discussão é uma tática gradual de saturação dessas funções. Se o movimento socialista é fraco – e ele é fraco, para não dizer inexistente – nós não podemos pensar em tirar o partido socialista do nada. Os partidos socialistas têm que partir do ponto zero, pela criação de um espaço democrático dentro da sociedade capitalista. Um espaço democrático verdadeiro, um espaço democrático para as classes trabalhadoras, no qual, por meio dos conflitos da classe contra a burguesia e contra o capitalismo, por reformas anticapitalistas, por revolução dentro da ordem e mais tarde por revolução contra a ordem, o movimento socialista e partidos socialistas se consolidem mutuamente. Achamo-nos de novo em uma etapa inicial. Querer partir desde já para a "luta final" poderá facilitar a vitória de quem tem o poder nas mãos e pode, inclusive, recorrer à "democracia relativa" para paralisar tanto a luta de classes, quanto o movimento político do proletariado. Portanto, não se deve pôr o carro adiante dos bois. Por idealismo, voluntarismo, impaciência, seja lá pelo que for, muitas vezes pensa-se em "acelerar a história" e em "queimar etapas". Se nós pensamos em luta de classes e em revolução política do proletariado, nós temos de pensar em poder relativo das classes, poder real das classes, no confronto concreto de umas contra as outras, na luta pela conquista do poder do

Estado, na luta pela determinação do caráter do Estado. Um Estado capitalista, um Estado popular, proletário, um Estado realmente democrático pela e para a maioria etc. Tudo isso se determina em termos reais; de poder real, não poder fictício, poder abstrato. Se se reflete sobre isso, a luta política contra a ordem imperante na sociedade capitalista é conquistada palmo a palmo. Não há conquista abrupta, de um único salto. Não se trata de aventureirismo: "Meto os peitos e avanço". Quem "mete os peitos" arrisca-se a receber o tiro pela culatra. Essa é a realidade. Não pretendo ceder à fantasia. Virá o dia da avalanche, mas a avalanche não vem como um prêmio, não é presente de papai-noel nem sorte grande na loteria esportiva. Ela é produto de uma acumulação de forças e, quando a luta de classes atinge um ápice, a avalanche se cria primeiro espontaneamente, depois organizadamente e, por fim, ela poderá minar e destruir a sociedade de classes, construir o socialismo. Mas não podemos partir da avalanche. Se partirmos da avalanche, arriscamo-nos a nos destruir. O terreno tem que ser conquistado assim, de uma forma paciente, sólida, organizada. Luta tenaz, pois se trata de uma luta contra um inimigo que sabe o que perde, solidamente entrincheirado, que luta tenazmente. A burguesia da América Latina tem lutado e, quando preciso, apela para a burguesia internacional e seu poderio militar. Ela perde os anéis mas não perde os dedos. Isso é importante. É preciso reter essa imagem. Ela é tenaz, é uma burguesia que, se não possui condições para enfrentar seus papéis históricos construtivos, dispõe de condições para enfrentar seus papéis históricos negativos e conta com coragem para fazer isso. Em 1964, por exemplo, ela se preparara para a guerra civil aqui. Não fomos à guerra civil porque não houve confronto armado. Do ponto de vista dos estratos hegemônicos das classes privilegiadas isso foi uma pena, pois o confronto armado permitiria levar a contrarrevolução muito mais longe e muito mais fundo. A "esquerda" não se preparou porque ficara na bazófia, uma bazófia que precisa terminar. Portanto, é preciso reconquistar e consolidar o terreno por meio de ziguezagues. O ziguezague faz parte de uma evolução política proletária. A classe dominada não pode avançar como se tudo estivesse a seu favor. Tudo está a favor da burguesia no plano nacional e no internacional. Para as classes dominadas, tudo é contado em termos de destruição, de solapamento e a primeira coisa a fazer consiste em vencer essa resistência, esse solapamento.

De modo que o avanço de uma direção a outra é gradual, é lento e, à medida que o avanço se dá, a saliência do partido se impõe, o partido predomina e ele passa a determinar não mais o que é comum no movimento socialista, mas o que é e precisa ser variável, o que pode ser escolhido, o que representam as opções intransigentes e irredutíveis de maiorias consolidadas. Aí, então, as definições dos partidos encarnam as opções dessa maioria. As correntes vitoriosas decidem que ideais socialistas devem prevalecer e os rumos que devem ser imprimidos à luta pela conquista do poder.

Tudo isso evoca a questão das alianças de classe. Trata-se de uma questão delicada. Pelo que falamos até agora, nós temos que perguntar de uma maneira crítica, direta, cruel, quem quer a aliança? Quem e para quê? Quem quer aliar-se com quem e por quê? A quem vai beneficiar a aliança? Quando dizemos que se deve dar prioridade ao movimento socialista, pensamos em conferir prioridade para a construção de um espaço político que é necessário para o aparecimento de pressões radicais populares e proletárias. Na verdade, colocamos em primeiro plano a prioridade das classes trabalhadoras, das suas necessidades de organização para a luta política. Estamos dando prioridade à luta de classes, não à aliança de classes. Nós poderíamos dizer que, onde o radicalismo burguês possui validade, tem consistência e é viável, as pressões de cima para baixo abrem espaço político para as classes intermediárias e, inclusive para as classes subalternas. Daí resulta um padrão histórico de revolução nacional e de revolução democrática útil às classes possuidoras, nos seus diferentes estratos, e também para as classes despossuídas. Porém, essa é a realidade histórica da América Latina, essa é a realidade histórica do Brasil? É claro que não é! Então não se pode privilegiar a aliança com as outras classes, colocar a aliança acima da força da classe que pode realizar e comandar o impulso radical de transformação da sociedade de baixo para cima.

Toda aliança de classe traduz uma debilidade pelo menos tática e transitória. Reflete uma situação de fraqueza. Ora, se estamos diante de uma sociedade burguesa que possui um espaço político democrático acessível às classes trabalhadoras, essa fraqueza é visível, compensada e se justifica. Pode-se dizer que a aliança cria alguma coisa em termos de avanços possíveis em direção ao alargamento progressivo da ordem existente. Quando nós pensamos a partir da América Latina dentro de uma situação concreta, concreta como a que impera no Brasil, o que as classes trabalhadoras ganham quando elas cedem, o que elas ganham quando convertem os fins da burguesia em seus próprios fins? Quem está cedendo o que em nome das classes trabalhadoras? Esta é a pergunta central. Ora, nós não podemos ter ilusões constitucionais. Essa frase é célebre porque Lenin (repetindo Marx) a aplicou a uma situação típica. Nós não podemos alimentar a esperança de que o anti-imperialismo, por si só, desperte uma burguesia tímida, reacionária e retrógrada, que não tem coragem de enfrentar a revolução nacional e a revolução democrática; que prefere, de modo tenaz, a aliança com o imperialismo, quaisquer que sejam as consequências para o futuro da nação; e que esmaga as classes trabalhadoras e o povo em benefício de privilégios iníquos e desse pró-imperialismo cego. Uma burguesia que cede quando as classes trabalhadoras pressionam um pouquinho e que recorre à contrarrevolução quando as classes trabalhadoras pressionam mais forte. Nós observamos essa oscilação recentemente. Vimos os empresários dizerem: “Oh, que beleza! Os operários afinal de contas aprenderam a dançar! 1964 valeu a pena. Os operários já sabem qual é o lugar deles”. Quando o fluxo da pressão operária ressurgiu, elogiaram o Lula e converteram-no no paradigma do “comportamento operário realista”. Ao descobrirem qual era a lógica política da orientação do Lula, mudaram de opinião. Ele deixou de ser o herói da “grande imprensa liberal”. Pudera! Ele não correspondia à imagem do “operário cordial” e sabia como tocar a autonomia do movimento sindical para a frente.

Outros líderes sindicais da mesma qualidade ou envergadura não são mais um mito. Por quê? Uma burguesia que se alia ao imperialismo e divide com ele o poder de seu Estado nacional não faz alianças de classe com o proletariado e tampouco absorve suas pressões radicais. Ela só conhece uma linguagem: a da força (que ela respeita nas nações capitalistas hegemônicas e em sua superpotência). É por aí, embora com prudência e maturidade política, que as classes trabalhadoras devem se afirmar. Pensar que uma aliança com tais setores é uma aliança que cria uma compensação, que “abre espaço democrático dentro da ordem”, é uma ilusão. Só se abre espaço dentro da ordem por meio de uma pressão de baixo para cima. A alternativa da pressão de cima para baixo foi frustrada muitas vezes, em ocasiões diferentes, de uma maneira cruel e em todos os países da

América Latina. Não há como negar isso, não há como fechar os olhos à ação política da burguesia quando ela se comporta como uma massa reacionária.

No quadro da I Guerra Mundial, seria possível manter essa ideia, implícita à ilusão constitucional, de que por meio da democracia burguesa se poderia abrir espaço para as classes subalternas. Em termos do pós-II Guerra Mundial, em termos do que se criou em escala universal sob a guerra fria e a defesa selvagem do capitalismo, nos dias que correm, não se pode mais manter nem a ilusão constitucional nem a ideia de que a pressão de cima para baixo abre espaço político para as classes subalternas. Especialmente se essas classes subalternas não podem ser drenadas e esvaziadas de conteúdo revolucionário de uma maneira segura. Se o dreno pudesse funcionar a contento da burguesia e do imperialismo, não haveria perigo. O consumo de massa geraria condições para diluir as pressões e, em médio prazo, todas as possíveis pressões de baixo para cima seriam manipuladas e neutralizadas. Como o dreno não pode operar, a contento, nas situações latino-americanas, o capital perdeu sua eficácia. Quando os dramas são tão pungentes e atingem uma maioria tão maciça, o capitalismo torna-se impotente; não que ele não possa resolver tais dramas – o que ele não pode é resolvê-los na escala requerida e em limites de tempo tão curtos! Quanto custaria? Nesse caso, seria melhor "financiar" o socialismo, fazer as corporações negociarem com o Estado para gerar um capitalismo de Estado *sui generis*, dotado de múltiplas funções de legitimação e, também, de cooptação do movimento socialista e de corrupção do próprio socialismo. Portanto, o capitalismo não possui eficácia para resolver os problemas latino-americanos na escala e segundo os ritmos em que seria necessário fazê-lo. E nós temos que nos defrontar com essa realidade extrema. As burguesias fracas, além de corrompidas pela reação, não podem fazer alianças para abrir espaço, para apressar a liberação das pressões radicais de baixo para cima. Quando ela faz alianças é para se fortalecer – e ela faz aliança tanto com o imperialismo quanto com o povo para se fortalecer – e não para fortalecer a "democracia". Ela se fortalece e, ao mesmo tempo, sufoca a rebelião popular e a luta pela autonomia política do proletariado.

Há ainda, uma última questão importante. Quando se dá prioridade ao movimento socialista, estamos com isso debilitando os partidos socialistas? É claro que não! Desde que surja um espaço político comum e que ele seja respeitado e possa crescer – é claro que cada partido socialista pode explorar esse espaço de uma forma crescente em termos de sua viabilidade, de sua variabilidade e de sua versatilidade. É claro que esse espaço, ao crescer, aumenta a liberdade dos partidos socialistas se realizarem; ele não limita essa liberdade, ele não a constrange. Aliás, o espaço comum não tem um fim específico, não se destina a alimentar o fluxo de desenvolvimento de uns partidos socialistas e a sufocar o de outros. De modo que o movimento não pode ser visto como uma arapuca; ele não nasce para destruir o socialismo; ao contrário, ele surge e vigora como fator de vitalidade, de versatilidade e de flexibilidade dos partidos. Ele não deve envolver concessões para um "crescimento rápido do socialismo". O crescimento do socialismo é lento. Ele pode ser relativamente rápido só em condições muito especiais, que não se repetem com frequência na história. Quando se observa que em 1905 a contrarrevolução venceu e em 1917 a revolução proletária venceu, se é forçado a admitir que alguma coisa aconteceu de uma maneira muito rápida. Mas a análise revela que não foi tão rápido, mas relativamente rápido, dada as condições da Rússia e do mundo. Nas condições da América Latina e do mundo atual, uma rapidez semelhante terá de depender do aparecimento de certas condições de universalização da revolução socialista, das quais, infelizmente, ainda estamos muito longe.

Também não se deve ter uma confiança em "milagres", porque em política – especialmente política contra a ordem existente, contra a ordem capitalista – não há milagres. A luta permanente, engajada, terrível (como na Rússia, na China ou mesmo em Cuba) continua a ser a única receita acessível. Depois da tomada do poder pela via legal, depois de tudo, veja-se o que ocorreu no Chile... De modo que o essencial é atacar corretamente o inimigo comum, o inimigo de classe, e converter as pressões espontâneas contra a ordem existente em pressões organizadas. Esses são os dois objetivos centrais do movimento socialista, visto com prioridade. Luta concreta contra o inimigo comum e, de outro lado, luta para converter as pressões de baixo para cima em forças políticas revolucionárias atuantes.

É preciso principalmente pensar muito sobre isso: o anticapitalismo não leva, em si e por si mesmo, ao socialismo. Se tal coisa fosse verdade (trata-se de uma imagem muito explorada), na década de 1960, teria ocorrido uma revolução socialista em vários países da Europa e nos Estados Unidos. Deixado a si mesmo, o anticapitalismo não levou a nada. Conduziu ao fortalecimento da direita em toda a parte. Direita da direita, direita do centro, direita da esquerda. Em toda a parte a direita venceu, graças e por meio do anticapitalismo. Então é preciso pensar concretamente não só em termos anticapitalistas, mas também em termos de socialismo – e especialmente do socialismo revolucionário – para se organizar concretamente o processo. E vejam bem, é preciso não ignorar que a hegemonia da classe dominante na América Latina não tem só uma escala nacional, ela tem uma escala mundial.

O imperialismo está envolvido nisso; está envolvido até a raiz dos cabelos, não há como envolvê-lo mais. Se vocês se iludem, lembrem da Guatemala, lembrem da República Dominicana, lembrem do Chile, para não falar em outros casos como os do Brasil, da Argentina, do Uruguai etc. Uma evolução precipitada a partir de fora, mas organizada a partir de dentro, a partir de uma contrarrevolução. Portanto, se quisermos realmente relacionar espaço político comum com uma revolução democrática controlada a partir de baixo e a partir de dentro, nós temos que converter o movimento socialista nos nervos do processo. E à medida que isso acontecer, o processo ganhará nova envergadura e nova força. Poderão surgir, ao mesmo tempo, condições para a passagem do socialismo reformista ao socialismo revolucionário. Essa oscilação é inevitável e devemos estar inteiramente maduros e preparados para conduzi-la.